ST
LEE

STAN LEE

TŁUMACZENIE: BARTOSZ CZARTORYSKI

CZŁOWIEK-MARVEL

BOB BATCHELOR

KRAKÓW 2018

Dla mojego serca i duszy, mojej córki (początkującej autorki) Kassandry Dylan.

Z całą miłością, na jaką mnie stać, dla Suzette i Sophii, za niekończącą się radość, miłość i śmiech.

Stan Lee, The Man behind Marvel

Redakcja – Paweł Wielopolski
Korekta – Aneta Wieczorek
Projekt typograficzny i skład – Joanna Pelc
Adaptacja okładki – Paweł Szczepanik / BookOne.pl

wsqn.pl
WydawnictwoSQN
wydawnictwosqn
SQNPublishing
WydawnictwoSQN
E-booki
Zrównoważona gospodarka leśna
Panta rhei 386

Wydanie I, Kraków 2018
ISBN: 978-83-8129-225-2

PODZIĘKOWANIA

Stan Lee: Człowiek-Marvel to książka, która powstała w wyniku długich lat lektury, studiowania i obcowania z komiksami oraz współczesną popkulturą amerykańską. Nauczyłem się czytać, aby odkryć radości *Spider-Mana* i *Avengers*, z czasem oszalałem też na punkcie wykręcającej rzeczywistość serii *What If*. Nie pamiętam czasu bez Stana Lee, a nagłówek „Stan Lee prezentuje" mam nieustannie przed oczyma wyobraźni.

Książka ta nie powstałaby bez ogromnego wsparcia, pomocy i przyjaźni. Przede wszystkim dziękuję Stephenowi Ryanowi, starszemu redaktorowi z Rowman & Littlefield. Jest moim współspiskowcem, współtwórcą i – mniej więcej – współautorem tej książki. Jego wiedza i sposób obchodzenia się ze słowami sprawiły, że jest ona lepsza (być może za bardzo udzieliło mi się zamiłowanie Stana do aliteracji). Chciałbym również podziękować wszystkim z R&L, którzy dorzucili do tej publikacji swoje trzy grosze, łącznie z projektantami pracującymi nad okładką, redaktorami, ekipą od marketingu i zespołem produkcyjnym: to bez dwóch zdań pierwszoligowa drużyna.

Jako że niniejsza biografia Stana Lee opiera się praktycznie w całości na dogłębnym researchu, nie mogłaby zaistnieć w podobnej formie bez wspaniałych bibliotek i archiwów, dzięki którym jego spuścizna i osiągnięcia nadal żyją. Szczególnie cenię sobie zbiory American Heritage Center (AHC) Uniwersytetu w Wyoming. Już sama historia o tym, jak rzeczy Lee trafiły do Laramie w stanie Wyoming jest nielichą opowieścią. Personel AHC, którym kieruje dyrektorka Bridget J. Burke, okazał się profesjonalny, niebywale pomocny i szczodry. Chciałbym podziękować Amandzie Stow, która powitała mnie na miejscu i służyła celnymi uwagami, oraz – w szczególności – Johnowi Waggenerowi za nieocenioną pomoc przy nawigowaniu pośród dokumentacji i fotografii, a także gotowość do odkrycia przede mną tego, co Laramie ma do zaoferowania.

Dziękuję też z całego serca Jenny Rob i cudownej ekipie Billy Ireland Cartoon Library and Museum na Uniwersytecie Stanowym w Ohio. Materiały, które tam odnalazłem, były niezbędne do ukończenia książki, a tamtejsze wystawy zapewniły mi miłą odskocznię od długich ciągów wytężonej pracy badawczej. Dodatkowe źródła komiksowe, łącznie z trudno dostępnymi, rzadkimi egzemplarzami i rzeczami prosto z Marvela wytropiłem w bibliotece publicznej Cincinnati i hrabstwa Hamilton, bibliotece publicznej Munroe Falls, bibliotece publicznej Lane w Oxfordzie w stanie Ohio i King Library na Uniwersytecie w Miami, także dzięki sprawnie działającej wymianie bibliotecznej. Na koniec, oczywiście, nie mógłbym nie wspomnieć o samym Marvelu, któremu dziękuję za wprowadzenie cyfrowego abonamentu Marvel Unlimited. Archiwum wydawnictwa umożliwia dostęp do pełnego katalogu firmy i pozwala wytropić prace Lee, które powstały w ciągu ostatnich kilkudziesięciu lat. *Stan Lee: Człowiek-Marvel* bardzo skorzystał na dogłębnych analizach mojej pisaniny Joe Darowskiego, Chrisa Olsona i Normy Jones, którzy – przeczytawszy wczesne szkice – nie szczędzili mi rozsądnych uwag. Dzięki temu moja praca tylko stała się lepsza, a wszelkie błędy to tylko i wyłącznie moja wina. Beth Johnson, dyrektorka artystyczna w Matter Creative Group, przekazała niemało mądrych uwag na temat okładki i oprawy graficznej książki.

Szczęśliwie mam przy sobie fantastyczną grupę mentorów i przyjaciół, do których mogę się zwrócić, gdy research, pisanie czy redakcja idzie mu jak po grudzie. Dlatego najszczerzej dziękuję Philipowi Sipiorze, Donowi Greinerowi, Gary'emu Burnsowi i Gary'emu Hoppenstandowi. Dzięki, że jesteście rewelacyjnymi wzorami do naśladowania i przewodnikami. Kibicowało mi też wielu przyjaciół, a pośród nich: Thomas Heinrich, Chris Burtch, Larry Leslie, Kelli Burns, Gene Sasso, Bill Sledzik, Josef Benson, Jesse Kavadlo, Sarah McFarland Taylor oraz Heather i Rich Walterowie z rodziną. Miałem szczęście do fantastycznych mentorów, którym chciałbym podziękować. A są to: Lawrence S. Kaplan, James A. Kehl, Sydney Snyder, Richard Immerman, Peter Magnani i zmarła Anne Beirne. Skorzystałem też z przyjaźni grupy podobnie myślących entuzjastów popkultury w składzie: Brian Cogan, Brendan Riley, Kathleen Turner, Norma i Brent Jonesowie oraz Leigh Edwards!

Dziękuję mojemu przyjacielowi Jasonowi Pettigrewowi z Alternative Press za wsparcie i załatwienie na czas legitymacji prasowej. Chciałbym też podziękować moim kolegom z Wydziału Mediów, Dziennikarstwa i Filmu Uniwersytetu w Miami.

Moja rodzina była niesamowicie pomocna, zważywszy na to, jak pisanie książek wpływa na czyjeś zasoby czasu i energii. Dziękuję moim rodzicom, Jonowi i Lindzie Bowenom, za wszystko, co zrobili, aby nasze życie było nieskończenie lepsze. Dziękuję też Josette Percival i Michelowi Valois za ich pomoc i życzliwość.

Nie potrafię dostatecznie wyrazić ogromu swojej miłości i wdzięczności dla Suzette i Sophii („Roberto"). Mają nieskończone pokłady miłości i śmiechu. Bez nieustępliwości Suzette mógłbym nigdy nie spełnić dziecięcego marzenia i nie poznać Lee. I na koniec dziękuję mojej córce Kassie, która jest moją inspiracją, nadzieją i radością. Nie mogę się doczekać, jak rozwinie się jej pisarskie życie. Taka cudowna córka to prawdziwe błogosławieństwo!

PROLOG

ŚWIT FANTAZJI

„Stan, musimy wypuścić paru bohaterów, bo wiesz, jest na to popyt" – wyszczekał do Stana Lee Martin Goodman, szef wydawnictwa Timely Comics. Gdy wyczuł jakiś raczkujący trend, nie krępował się pod niego podpiąć. Oczy płonęły mu wtedy na myśl o kasach fiskalnych w całym kraju podzwaniających od łykanych przezeń dziecięcych oszczędności, które ostatecznie miały trafić do jego kieszeni. Praktycznie słyszał, jak monety lądują na dnie kasety na pieniądze.

Instynkt Goodmana nie był bożym darem czy łutem szczęścia. Jako pragmatyczny przedsiębiorca nie mógł na nich polegać. Podobno podczas partyjki golfa z paroma innymi biznesmenami, którzy kierowali dystrybucją pozycji wydawanych przez jego głównego rywala, National Periodical Publications (z czasem firma znana będzie jako po prostu DC), gdzie swój dom znaleźli Superman, Batman i Wonder Woman, Goodman podsłuchał, jak tamci chwalą się nową, znakomicie się sprzedającą linią wydawniczą. Byli szczególnie dumni zwłaszcza ze świeżej drużyny superbohaterskiej, która jeszcze w owym roku miała otrzymać osobną publikację. Nigdy nie pozwalając umknąć szansie na nawiązanie zaciętej rywalizacji, Goodman zamierzał tę informację wykorzystać. Po powrocie do biura zaczął ujadać prosto do ucha Lee, aby ten stworzył własną ekipę superbohaterów, która mogłaby się mierzyć z tą od DC Comics… albo dwa razy lepszą.

Nie miał pojęcia, że jego starszy redaktor cierpiał na napady frustracji i rozpaczy. Lee nie potrafił ścierpieć perspektywy dalszej harówki przy komiksach. Rozważał zakończenie trwającej 20 lat kariery, mimo że praca u Goodmana zapewniła mu stałą wypłatę.

„Piszemy nonsensy… Straszliwe bzdury – powiedział swojej żonie Joan. – Chcę odejść. Po tych wszystkich latach stoję w miejscu. Dorosłemu człowiekowi ta durna branża nie przystoi".

Lee spędził sporą część dorosłego życia, wypuszczając tytuły, których żaden dojrzały człowiek nie zaszczyciłby spojrzeniem, od głupiutkich opowiastek o zwierzakach do historyjek o wojnie czy miłości. Pracował z Joe Simonem i Jackiem Kirbym przy pierwszych komiksach o superbohaterach, ale ich popularność podupadła. W końcu nie mógł dłużej znieść ciągłej pracy pod presją czasu i nieustannego dostosowywania się do filozofii zarządzania Goodmana. Lee był gotowy robić coś innego – cokolwiek – byle tylko nie komiksy.

Pewnego razu ponury i wyczerpany Lee przyjechał do domu w Long Island po męczącym dniu w biurze na Madison Avenue. Zastanawiał się, jak ma pokierować swoją karierą, ale nie miał pojęcia, co tak naprawdę ma zrobić. A jeśli nie zdoła zarobić na utrzymanie rodziny? Co wtedy? Opowiedział Joan o nagłej dyrektywie Goodmana i poprosił ją o radę.

„Jeśli i tak zamierzasz zrezygnować, to zrób coś po swojemu – powiedziała. – Najwyżej cię wyrzuci, a skoro i tak chcesz odejść, to żadna strata". Zawodowa przyszłość Lee zawisła na włosku, tak jak i cały jego dwudziestoletni dorobek. Dzięki komiksom mieli ładny dom w Long Island i nie brakowało im pieniędzy. Lee doskonale pamiętał czasy dzieciństwa, kiedy jego ojciec zmagał się z trudnościami chronicznego bezrobocia.

Strach i desperacja potrafią doskonale zmotywować. Lee posłuchał mądrej rady swojej żony. Joan zawsze była jego najlepszą przyjaciółką i najbliższą powierniczką. Gdy był na skraju załamania, gotowy się poddać, coś w nim pękło. Jeśli – ale tylko „jeśli" – wykorzystałby tę szansę, może coś by faktycznie się poprawiło i przełamałby zły urok monotonii. Lee uświadomił sobie, że tak naprawdę nie ma innego wyjścia. Lee, który obawiał się, co szykowała dla niego przyszłość – a szczególnie finansowego dołka – dzięki wsparciu Joan otrzymał zastrzyk pewności siebie, którego potrzebował, aby podjąć ten ostatni wysiłek, dać jeszcze jedną szansę karierze, którą rozpoczął jako młody absolwent szkoły średniej poszukujący źródła stałego zarobku.

Lee uznał, że wykona polecenie Goodmana. Do pewnego stopnia. Stworzy oryginalną drużynę superbohaterów, ale na własnych zasadach, nie według wskazówek szefa, zwykle kopiującego rozwiązania DC lub innych wydawnictw komiksowych. Goodman zasugerował mu nawet żenującą nazwę nowej drużyny: „Liga Prawych". Lee uważał, że ten pomysł to kolejna marna kopia popularnych serii DC.

Zdecydował, że jego bohaterowie będą bardziej zakorzenieni w rzeczywistości.

„Stanąłem przed szansą napisania czegoś, co naprawdę będzie mnie cieszyć – powiedział – stworzenia postaci, które będą zachowywały się jak prawdziwi ludzie i osadzenia ich w naszym świecie. Mogłem wykazać się wyobraźnią i zakończyć niektóre opowieści happy endem, a inne wprost przeciwnie".

Lee postanowił zaryzykować, nie bacząc na ewentualne konsekwencje. Cokolwiek by się nie wydarzyło, miał nadzieję stworzyć komiks, który sam chciałby przeczytać i który przywróciłby mu zawodową radość i trafił do czytelnika. Od razu zaczął szkicować nową drużynę.

„Zapomniałem o wydawcy, rozpędziłem się, zamierzałem się dobrze zabawić – opowiadał. – Nie miałem trudności z opanowaniem tej opowieści, bo wymyśliłem praktycznie wszystko od nowa... Mogłem utrzymać taki styl, jaki chciałem. Budowałem swoje uniwersum".

Popuszczając całkowicie wodze fantazji, Lee postanowił stworzyć „drużynę, jakiej komiks jeszcze nie znał". Zdał sobie sprawę, że to jego chwila prawdy. „Ten jeden jedyny raz – pomyślał – napiszę historię, jaką sam chciałbym przeczytać, gdybym był miłośnikiem komiksowych opowieści". Nadal dzwoniły mu w uszach słowa Joanie: „Potrafisz wymyślać wciągające i ciekawe fabuły, tworzyć postacie o interesujących osobowościach, które mówią jak prawdziwi ludzie". Dała mu zachętę, aby poszedł na całość. Po tych wszystkich latach wypluwania z siebie serii o potworach i pełnych napięcia opowieści science fiction Lee zabrał się do czegoś, co znał. Historia o nowej drużynie nie tylko miała czerpać z kultury popularnej, fantastyki naukowej i kina klasy B, ale również nawiązywałaby do zimnowojennych napięć i rywalizacji ze Związkiem Radzieckim w wyścigu zbrojeń nuklearnych i podróży kosmicznych.

Pierwszą rewolucją Lee było wprowadzenie zupełnie innego rodzaju lidera drużyny superbohaterów. Lee nie uczynił Reeda

Richardsa muskularnym i diablo przystojnym astronautą, ale szczupłym, genialnym naukowcem, który lubił popisywać się swoją inteligencją. Następnie potrzebował głównej postaci kobiecej. Nie miała ona być typową bezbronną dziewczyną czekającą na swojego wybawcę zajętego akurat ratowaniem świata. Sue Storm była pełnoprawną członkinią drużyny, a nie doczepką do zamaskowanego herosa.

Lee był „zdeterminowany, aby napisać komiks o superbohaterach bez tajnych tożsamości", bo doszedł do wniosku, że jakby sam był bohaterem, to chciałby, aby świat o tym wiedział. „Nigdy nie trzymałbym tego w sekrecie – tłumaczył – za bardzo lubię się popisywać".

Gdy miał już dwóch głównych bohaterów, Lee postanowił raz jeszcze wywrócić zasady gatunku do góry nogami. Potrzebował jeszcze dwóch członków drużyny, aby wszyscy mogli się ze sobą droczyć. Jednym z nich został rozgorączkowany nastolatek. Tyle że zamiast uczynić go zwyczajowym pomocnikiem, co zawsze było żelaznym punktem tradycji komiksowej, Lee stworzył Johnny'ego Storma, młodszego brata Sue, istotnego członka drużyny, obdarzonego na tyle silnymi mocami, że spokojnie mógłby radzić sobie samodzielnie. Poza tym obecność rodzeństwa generowała napięcia innego rodzaju.

Ekipa potrzebowała jeszcze siłacza. Lee sprowadził na pokład nieokrzesanego mięśniaka z ludu imieniem Ben Grimm. Dzięki zestawieniu jego postaci z Richardsem, mózgowcem, czytelnicy byli świadkami nieustannej batalii między umysłem a mięśniami. Scenariusz często zderzał ich ze sobą, co pozwalało czytelnikom porównywać obie postawy, a nawet obligowało ich do opowiedzenia się po którejś ze stron.

Gryzmoląc lewą ręką notatki, Lee co i rusz wymyślał nowe rozwiązania fabularne i sylwetki kolejnych postaci, dochodząc do wniosku, że jego opowieści nie mogą być jak typowe komiksy dla dzieci i młodzieży, napędzane tylko i wyłącznie akcją. Dlatego skupił się na interakcjach pomiędzy członkami drużyny, próbując opisać je tak, jak wyglądają one w prawdziwych rodzinach. „Chciałem, żeby myślano o nich jak o rzeczywistych i żywych ludziach, których osobiste relacje wydadzą się czytelnikom, a także i mi, interesujące". Lee celował także w nieco starszego odbiorcę, wierząc, że jeśli ludzie będą mogli odnaleźć w jego superbohaterach siebie, wtedy komiks spodoba im się tym bardziej. Telewizja i kino coraz śmielej przemawiały do nastoletniej i starszej publiczności, dlatego i on chciał podążyć za tym trendem.

Na koniec musiał jeszcze tylko wymyślić, w jaki sposób jego drużyna zdobędzie swoje nadludzkie moce. Raz jeszcze przyszły mu do głowy napięcia związane z Zimną Wojną i wyścigiem zbrojeń. Perspektywa nuklearnej zagłady przerażała cały świat, dlatego stała się główną osią fabuł literackich i filmowych. Drużyna Lee wybrała się w kosmos w eksperymentalnej rakiecie i w wyniku wypadku została poddana napromieniowaniu, które obdarowało ich niezwykłymi mocami, jednocześnie niemal skazując wszystkich na śmierć. Niemal natychmiast zdali sobie sprawę, że dla dobra ludzkości muszą połączyć siły.

Trzymając się kurczowo tak lubianej przez siebie aliteracji, Lee ochrzcił swoją bandę wyrzutków Fantastic Four, czyli Fantastyczną Czwórką. Krótko mówiąc, mieli oni uratować nie tylko Ziemię i Wszechświat, ale również karierę Lee, a także na zawsze odmienić amerykańską kulturę.

ROZDZIAŁ 1

NOWOJORCZYK STANLEY LIEBER

Kilka dni po świętach, w czwartek 28 grudnia 1922 roku, potencjalni klienci wylegli na Times Square pogapić się na sklepowe wystawy. Postawili kołnierze i instynktownie chwycili się za kapelusze, gdy Nowy Jork nawiedził nieprzyjemny śnieg z deszczem. Ciemne, szare chmury odpowiadały nastrojom szczelnie okutanych przechodniów, próbujących jakoś uporać się z ponurą pogodą. Nagły podmuch mógł niemal zepchnąć drobniejszą kobietę z chodnika albo zmusić mężczyznę do rzucenia się w pogoń za umykającym po jezdni kapeluszem. Przez Wschodnie Wybrzeże przetaczała się nieprzejednana, sroga burza dokuczająca całemu regionowi, bezlitośnie siekąc deszczem i śniegiem ludzi w okresie między świętami a Nowym Rokiem. Jack i Celia Lieber ledwie zauważali ulewę, szalejącą za oknami ich malutkiego mieszkanka na rogu Dziewięćdziesiątej Ósmej i West End Avenue. Tego dnia powitali bowiem swoje pierwsze dziecko, syna. Dali małemu brzdącowi na imię Stanley Martin.

Noworodek przyszedł na świat w osobliwym dla Ameryki okresie. Kraj nadal lizał rany po tąpnięciu, jakim było nieszczęście pierwszej wojny. Przywódcy państw na całym świecie szukali sposobu, aby zapewnić Europie bardziej pokojową przyszłość. Po wojnie amerykańska ekonomia krztusiła się i kaszlała, gdy fabryki usiłowały przestawić się z powrotem na zwyczajowy tryb produkcyjny po szaleństwie wymuszonym przez niedawne działania zbrojne. Przemysł w 1922 roku dopiero zaczynał nabierać tempa i jako tako funkcjonować, a jego dalszy rozwój był możliwy dzięki zapotrzebowaniu na wszelakie dobra konsumpcyjne, od zgrabnych aut do nowych, modnych ubrań i elektrycznych urządzeń kuchennych.

Jednak ani Celia, ani Jack nie mieli pojęcia, że złowieszcza pogoda panująca na zewnątrz będzie pewną zapowiedzią tego, co miało niebawem nadejść. Jeszcze zanim zatarło się świeże wspomnienie wielkiej wojny, wybuchł głęboki kryzys gospodarczy, od którego zachwiał się cały kraj. Będący jego wynikiem ekonomiczny chaos pchnął Lieberów na skraj ubóstwa i praktycznie zerwał rodzinne przywiązanie. Trzeba jednak oddać Celii i Jackowi to, że wychowali chłopca w wierze, że pomimo trudności oraz ciągłych rodzicielskich kłótni o pieniądze może wyczekiwać świetlanej przyszłości. Dlatego też Stanley Lieber wyrósł na niepoprawnego optymistę i przegonił ciemne chmury, które zebrały się na niebie w dniu jego narodzin i przetrwał mroczne czasy Wielkiego Kryzysu, uporawszy się z piętnem, które ten odcisnął na jego malutkiej rodzinie.

Tak się rodzą superbohaterowie.

*

Rodzice młodego Stanleya Liebera byli jednymi z milionów imigrantów, którzy na początku XX wieku przypłynęli do Ameryki. Urodzony w Rumunii w 1886 roku ojciec Stanleya przybił do nowojorskiej przystani w 1905 roku. Hyman, który potem posługiwał się imieniem Jakub albo zamerykanizowanym „Jack", miał wtedy ledwie 19 lat. Towarzyszył mu wówczas jego krewny (prawdopodobnie brat), czternastoletni Abraham. Nastoletni chłopcy dołączyli do fali żydowskiej imigracji z krajów wschodnioeuropejskich, która na początku stulecia dobiła do brzegu Stanów Zjednoczonych. Trwające od dziesięcioleci antysemickie pogromy, które przetaczały się przez Europę i Rosję, zbierały krwawe żniwo. Wymordowano tysiące osób, w wyniku czego odnotowano znaczny wzrost imigracji ludności żydowskiej do Ameryki – z 5000 w 1880 roku do 258 tysięcy w 1907 roku. Łącznie pomiędzy 1875 a 1924 rokiem z Europy do USA wyjechało około 2,7 miliona Żydów.

Hyman zostawił za sobą życie w ubogiej Rumunii, kraju leżącym w południowo-wschodniej Europie, wtedy jeszcze upchniętym pomiędzy Austro-Węgry od północy, Serbię od zachodu, Bułgarię od południa oraz Rosję i Morze Czarne od wschodu. Młody Hyman Lieber wyruszył w swoją podróż za panowania Karola I, który w 1881 roku przejął władzę nad krajem i sprawował ją aż do śmierci w 1914. Wyprawa do Ameryki kosztowała Hymana i Abrahama około 179 rubli na głowę, czyli około 90 dolarów, co było w owych czasach ogromnym wydatkiem. Z tej sumy musieli przeznaczyć 50 rubli na „fundusz na poczet życia w nowym kraju", aby udowodnić urzędnikom imigracyjnym na Ellis Island, że będą potrafili się utrzymać w Ameryce.

Hyman i Abraham należeli do jednej z pierwszych grup przybyłych z Rumunii. Od połowy ostatniej dekady XIX wieku do 1920 roku do Ameryki wyjechało stamtąd około 145 tysięcy ludzi. Dla znacznej części obywateli rumuńskich rozważających ten krok Stany Zjednoczone jawiły się jako obietnica ekonomicznej stabilizacji i religijnej swobody. Pierwsi imigranci z Rumunii, podobnie jak całe mnóstwo Europejczyków ze wschodniej części kontynentu, zdecydowali się na podróż do Ameryki, żeby zarobić tam pieniądze, a potem wrócić do ojczyzny i kupić sobie ziemię. Ogólna liczba imigrantów z Rumunii wypadała blado w porównaniu z innymi narodowościami. Przykładowo, między 1870 a 1920 rokiem do Stanów Zjednoczonych wyjechały aż trzy miliony Polaków.

Opowieść o rumuńskich Żydach jest bardziej typowa dla migracji innych Europejczyków pochodzenia żydowskiego. Powszechna dyskryminacja oznaczała, że zwykle zostawali oni w Ameryce na stałe. Młodzi mężczyźni nie mieli w Rumunii zbyt wielu szans na rozkręcenie znaczących karier. Monarchia nie zezwalała Żydom na piastowanie stanowisk prawniczych, zakazywała działalności seminariów duchownych i praktycznie uniemożliwiała im studia medyczne. Państwo uznawało rumuńskich Żydów za „przyjezdnych" bądź „obcych", nie bacząc na to, od ilu pokoleń dana rodzina żyła w kraju. Z relacji tych, którzy wypłynęli do Stanów Zjednoczonych, wynika, że przynależność do mniejszości oznaczała całkowitą podległość i wynikającą z niej dyskryminację ze względu na religię i pochodzenie.

Nadużywanie władzy było tam częste i wszechobecne. Jak relacjonowano:

„Rumuni uchwalali zawoalowane antysemickie prawa, nie posuwając się do otwarcie barbarzyńskich działań i nie uciekając się do przemocy, co mogłoby zwrócić uwagę cywilizowanego świata i skutkować potępieniem ze strony opinii publicznej". Czysto psychologiczny terror również miał poważne konsekwencje. Prawa uchwalone pod koniec XIX wieku blokowały Żydom dostęp do edukacji, podczas gdy w rumuńskich szkołach średnich otwarcie nauczano antysemityzmu.

Trzymane na poły w tajemnicy pogromy doprowadziły do niezliczonych demonstracji przeciwko ludności żydowskiej i szeroko zakrojonych grabieży, które policja i armia ignorowały. Ba, nierzadko sami mundurowi uczestniczyli w owych akcjach. Rumuńscy Żydzi musieli nauczyć się żyć pod butem. Jak tłumaczy jeden z historyków: „głębokiemu kryzysowi gospodarczemu, którego opłakane skutki Rumunia odczuła szczególnie pod koniec XIX stulecia, towarzyszył wzrost przemocy, czego wyraźnymi oznakami były antysemickie protesty w Bârladzie (1867), Buzău (1871), Botoşani (1890), Bukareszcie (1897) i Iaşi (1898)". Z uwagi na to, że w Stanach Zjednoczonych mieszkało niewielu Rumunów, podobne informacje z rzadka docierały do Ameryki i nie były przedmiotem szczególnego zainteresowania prasy.

Nastoletni Hyman został w Nowym Jorku, lecz około 60 tysięcy imigrantów z pierwszych fal ostatecznie powróciło do kraju. Inni wschodnioeuropejscy przybysze przemieszczali się dość płynnie pomiędzy Ameryką a swoimi ojczyznami. Trudności, które napotykali podczas planowanej wyprawy do Stanów Zjednoczonych, i potencjalne niebezpieczeństwa pracy przy produkcji przemysłowej wydawały się warte podjęcia ryzyka, bo zarobione przez nich pieniądze potrafiły radykalnie odmienić los całych czekających w ojczyźnie rodzin. Ruchy migracyjne znacząco osłabły u zarania ery jazzu. Przez kolejne ćwierćwiecze Rumuni nadal wyjeżdżali do Ameryki, ale niezbyt licznie. Następna fala wezbrała dopiero, gdy naród podczas drugiej wojny światowej stanął przed groźbą nazistowskiej okupacji.

Po przyjeździe do Stanów Zjednoczonych pierwszy rumuńscy imigranci musieli stawić czoła rozmaitym przeszkodom, które przewartościowywały ich głęboko zakorzenione, tradycyjne wartości rodzinne. Zwykle byli niewykwalifikowanymi pracownikami fizycznymi. Praca w zakładach i fabrykach amerykańskich miast przemysłowych bywała trudna i niebezpieczna, a uszkodzenia ciała i zgony nie były obce przyjezdnym robotnikom wszystkich nacji. Ale i tak te trudności bledły w porównaniu z tym, co potencjalnie czekało rumuńskich Żydów w kraju, który opuścili. Amerykański Sen dawał im nadzieję na lepsze życie mimo ubóstwa i ciężkiej sytuacji mieszkaniowej. Nade wszystko jednak ci świeżo upieczeni Amerykanie mogli cieszyć się swobodą wyznania i nie musieli drżeć przed coraz śmielszymi aktami przemocy przeciwko ludności żydowskiej, które były w Rumunii niemalże codziennością.

Liczni kawalerzy, jak nastoletni Hyman, zostawiali dom i ciepło rodzinnego ogniska, zamieniając je na skromny żywot i zmagania z losem. Często nieżonaci robotnicy pomieszkiwali razem w internatach albo wynajmowali mieszkania z przybyłymi z Rumunii rodzinami. Dla młodych mężczyzn spotkania z kulturą owego miejsca i czasu oznaczały z grubsza odwiedzanie lokalnych restauracji i spelun oraz uczęszczanie do okolicznych świątyń. Żydowscy imigranci również na obczyźnie spotykali się z antysemityzmem, dlatego trzymali się z rodakami, dzięki czemu mogli odciąć się od uprzedzeń. Zwykle niewielu przyjezdnych potrafiło porozumieć się po angielsku, co niejako dodatkowo wymuszało zawiązywanie jeszcze ściślejszych relacji pomiędzy rodakami, aby solidarnie mierzyć się z anglojęzycznym światem. Maurice Samuel tak wspominał rumuńsko-żydowską restaurację na Lower East Side, gdzie ludzie zbierali się, „chcąc zjeść dania, takie jak karnatzlech, beigalech, mămăligă, kashkaval, napić się... i zagrać w 66 lub tablaneta", rozmawiając przy tym w rumuńskiej odmianie jidysz i opowiadając sobie przepełnione nostalgią historie o żydowskich lokalach w Bukareszcie. Nieodmiennie były one jednak naznaczone żalem, bo przypominano również o pogromach, przez które uciekli z kraju.

Hyman Lieber i Abraham zatrudnili się w przemyśle włókienniczym na przełomie wieków, kiedy nowojorskie firmy odzieżowe na gwałt szukały rąk do pracy. Spora część (około 65 procent) żydowskich imigrantów przyjechała do Ameryki wyuczona fachu, lecz trudno stwierdzić, czy i Hyman odebrał w Rumunii stosowne kursy lub miał jakiekolwiek doświadczenie w tej branży. Antysemickie prawa ograniczające Żydom dostęp do edukacji i nieuczciwe praktyki biznesowe wskazywałyby jednak, że to raczej wykluczone. Jak pisze pewien historyk: „Po przyjeździe do Stanów Zjednoczonych imigranci zostawali krawcami, nawet jeśli nigdy wcześniej nie trzymali w ręku igły i nitki, bo na Manhattanie istniał na tę profesję popyt".

*

Tak jak wiele rodzin z Europy, Lieberowie niechętnie rozmawiali o swojej przeszłości ani o ścieżkach, które doprowadziły ich do Ameryki. Choć imigranci zwykle przybywali z pewnymi przyzwyczajeniami wynikającymi z kulturowych uwarunkowań i trzymali się ich na tyle, na ile było to możliwie, często rodziny starały się zaadaptować tamtejszy styl życia, żeby rozpocząć nowe życie. Toczono dyskusje na temat tego, co może przynieść przyszłość, nie roztrząsano lat ciężkiej pracy, którymi okupiono podróż do USA.

Klarowniejszy portret rodziców i dalszej rodziny Lee wyłania się z analizy liczniejszej fali imigrantów żydowskich i europejskich, którzy przybyli do Nowego Jorku na początku XX wieku. Trudności, które napotykali ci młodzi ludzie, były podobne do tych, z jakimi zmagały się inne żydowskie rodziny oraz pojedynczy przybysze usiłujący się zasymilować pod koniec XIX stulecia.

W 1910 roku Jacob i Abraham mieszkali z Gerszonem Moszkowiczem, pięćdziesięciodwuletnim Rosjaninem, oraz jego francuską żoną Meintz przy Alei A na Manhattanie. Małżeństwo miało dwójkę dzieci, Rosie i Josepha. Joseph i Abraham pojawiają się w spisie ludności jako ekspedienci, być może pracowali w tym samym sklepie. Jacob z kolei rozpoczął karierę krojczego u sprzedawcy płaszczy. Pracownik urzędu statystycznego odnotował również, że Lieberowie, tak jak dzieci Moszkowiczów, chodziły do szkoły i potrafiły czytać i pisać po angielsku, lecz nie podał żadnych konkretniejszych informacji. Prawie na pewno rozmawiali w rumuńskim jidysz w domu i ze znajomymi.

Dziesięć lat później, w 1920 roku, trzydziestoczteroletni Jacob nadal dzielił mieszkanie ze współlokatorami, tym razem z Davidem i Beckie Schwartz oraz trójką ich dzieci przy Sto

Czternastej Ulicy na Manhattanie. Schwartzowie wyjechali do Ameryki w 1914 roku z Rumunii. Ale w przeciwieństwie do Jacoba nie potrafili mówić, czytać ani pisać po angielsku. Wydaje się, że życie prywatne ówczesnych imigrantów nieodmiennie przecinało się z tym zawodowym. Obaj, David i Jacob, pracowali w przemyśle odzieżowym. Budynek przy Sto Czternastej Ulicy i najbliższą okolicę zamieszkiwali głównie żydowscy imigranci z Rosji i Rumunii, dlatego jidysz był tam bardziej rozpowszechniony niż angielski. No i Schwartzowie byli znacznie młodsi niż Jacob (David miał 26 lat, a Beckie 25).

Życie Liebera znacznie się odmieniło w ciągu kolejnych dwóch lat. Jeszcze w 1920 roku mieszkał ze Schwartzami, ale pod koniec 1922 ożenił się z Celią Solomon, a tuż przed Nowym Rokiem urodził się Stanley Martin.

Trudno odtworzyć drzewo genealogiczne Lieberów, podobnie jak rodziny ze strony Celii. Salomonowie byli liczną rodziną, która wyjechała do Ameryki w 1901 roku. Jej losy można opisać jako bardziej reprezentatywne dla żydowskich imigrantów u progu XX wieku: nie wyobrażali sobie rozłąki, więc opuścili kraj razem, co było kosztownym przedsięwzięciem dla Żydów oszczędzających każdy grosz na ucieczkę z Rumunii. Po dziewięciu latach, w 1910 roku, Solomonowie wprowadzili się do budynku przy Czwartej Ulicy, gdzie mieszkało parę innych rumuńskich rodzin.

Dostępna dokumentacja podaje dwa warianty imion rodziców Celii, ojciec przewija się jako „Sanfir" albo „Zanfer", ale matka posługiwała się bardziej powszechnym „Sophia" albo „Sophie". Sanfir, urodzony w 1865, i Sophia, urodzona rok później, w 1866, mieli ośmioro dzieci. Robbie, najmłodszy z tej gromadki, przyszedł na świat w 1903 roku, już w Stanach Zjednoczonych. Celia urodziła się albo w 1892, albo w 1894 roku. Wiadomo, że w 1910 roku pracowała jako sprzedawczyni w sklepie wielobranżowym. Ani ona, ani jej starszy brat Louis, który stał za ladą pasmanterii, nie chodzili do szkoły, ale czwórka ich młodszego rodzeństwa mieszkającego z rodziną – Frieda, Isidor, Minnie i Robbie – już tak. Czyli starsze dzieci pracowały, wspomagając tym samym finansowo całą rodzinę, a młodsze codziennie chodziły na lekcje, co było niejako typowym schematem w rodzinach imigranckich.

Tak jak wielu rodaków, Solomonowie osiedlili się w Stanach Zjednoczonych z nadzieją na wyższy standard życia i wykorzystanie szansy, jaką dawał tamtejszy system edukacji, i coraz chętniej flirtowali z amerykańską kulturą popularną. Podczas gdy Sanfir i Sophia nadal mówili w jidysz, ich dzieci perfekcyjnie opanowały angielski, co było ogromnym krokiem naprzód ułatwiającym im zaadaptowanie się w nowym domu. Solomonowie przeprowadzili się później na zachodnią stronę Sto Pięćdziesiątej Drugiej Ulicy.

Lee pamięta, że mniej więcej wtedy jego rodzina przeniosła się z dotychczasowego mieszkania w Zachodniej Dziewięćdziesiątej Ósmej i West End Avenue do Washington Heights. Urodził się wtedy jego młodszy brat Larry (26 października 1931 roku). Przeprowadzka do biedniejszej dzielnicy sygnalizowała pogorszenie sytuacji finansowej rodziny. Wielki Kryzys stłamsił Lieberów i zahamował ich dążenia, żeby spełnić swój Amerykański Sen. Zresztą nie tylko ich.

*

Około dwóch tysięcy mężczyzn stojących przed kościołem episkopalnym na Dwudziestej Dziewiątej Ulicy na Manhattanie postawiło kołnierze płaszczy i schowało dłonie głęboko do kieszeni, usiłując schronić się przed przenikającym do kości wiatrem, który chłostał miasto. Takie kolejki nie były niczym szczególnym w pierwszych latach Wielkiego Kryzysu, zawijały się gdzieś daleko na Piątą Aleję. Ludzie ci słyszeli, że kościół wydaje ubogim jedzenie i mieli nadzieję dostać tam cokolwiek, co mogłoby pomóc im wyżywić rodzinę. Część jednak odprawiono, kiedy racje się skończyły. Desperacja mieszała się ze strachem, bo wielu ludzi musiało tamtej nocy głodować.

Mieszkańcy miasta czuli niepokój, widząc tylu potrzebujących nowojorczyków, z których wielu musiało przełknąć dumę i przyjąć jałmużnę, żeby przeżyć. Coraz dłuższe ogonki po darmowe posiłki i przyjmowane z konieczności zasiłki stanowiły ogromny psychologiczny ciężar dla mimowolnych świadków i uczestników gospodarczego załamania. Nikt nie chciał być zmuszony do szukania podobnej pomocy. Amerykanie byli dumnymi ludźmi i cenili sobie solidną etykę pracy, wierzyli, że zostaną za taką postawę wynagrodzeni. Duża część tych, którzy otrzymywali różne świadczenia socjalne, od odzieży do pieniędzy na czynsz, jedzenia i leków, przyjmowała je opornie.

Załamanie się krajowej gospodarki wynikające z korupcji panującej na Wall Street rozsierdziło i zniechęciło obywateli. Pieniądze w latach 20. stanowiły ostoję amerykańskiej kultury. W tamtych czasach brokerów i bankierów inwestycyjnych traktowano niczym nowych herosów i celebrytów, stali się oni bohaterami socjety. Byliby jak Nick Carraway z *Wielkiego Gatsby'ego* F. Scotta Fitzgeralda, gdyby ten zrobił podobną karierę. I był prawdziwy. Wahania na Wall Street, gorące akcje i głośne transakcje handlowe były przedmiotami soczystych plotek. Rozgrzana gospodarka zebrała drewno na podpałkę, ale to Wall Street rzuciło zapałkę.

Stojący po darmową zupę, wijący się pomiędzy ulicami Manhattanu ogonek złamanych ludzi był intrygującym portretem narodowej rozpaczy. Każdy z tych mężczyzn reprezentował pokonaną przez los rodzinę okaleczoną finansowym upadkiem. Jacoba i Celię po przeszło 20 latach spędzonych w Stanach Zjednoczonych, po zakochaniu się w sobie i założeniu rodziny, spotkał kryzys, który ich zniszczył. Stanley, nadal zbyt młody, żeby pojąć skalę tego, co się wydarzyło, słyszał jednak w głosach rodziców złość i udrękę.

„Moje najwcześniejsze wspomnienia dotyczą rozmów matki i ojca rozprawiających o tym, co zrobią, jeśli nie zdobędą reszty pieniędzy – mówił. – Na szczęście nie zostaliśmy wyrzuceni z mieszkania".

Codzienna szarpanina o niezbędne do życia artykuły postawiła całe rodziny w stan gotowości.

Krach na giełdzie z 1929 roku nastąpił, kiedy Jacob był w Stanach Zjednoczonych od przeszło 20 lat, lecz nic nie mogło ochronić ani jego, ani pracujących z nim ludzi przed podobnym chaosem. Branża odzieżowa podupadła, zabrakło roboty. Lee opowiadał, że jego ojciec przez jakiś czas prowadził jadłodajnię, lecz interes nie wypalił, co kosztowało go oszczędności całego życia.

Ciągłe bezrobocie odbiło się na małżeństwie Jacoba i Celii. Im więcej gromadziło się codziennych trudności, tym bardziej presja stawała się nie do wytrzymania. Stanley, niemający jeszcze nawet siedmiu lat, był świadkiem, jak rodzice „nieustannie się sprzeczali i wykłócali", niczym kiepska płyta nastawiona na ciągłe odtwarzanie, „chodziło o pieniądze, a raczej ich brak".

Rumuńskie rodziny zwykle trzymały się bardzo blisko siebie i nawet mimo kryzysu niektórzy patriarchowie nie godzili się na posyłanie dzieci do pracy, uważając, że to edukacja jest drogą do sukcesu, choćby mieli cierpieć kłopoty finansowe. Stanley był i tak zresztą jeszcze zbyt mały, aby pracować. Najtrudniejsze lata Wielkiego Kryzysu spędził, patrząc na zmagania ojca i matki, usiłujących jakoś zapewnić byt rodzinie.

Niekończące się spory pomiędzy Jacobem a Celią ustawały jedynie w niedzielne wieczory, kiedy chłopiec wraz z rodzicami siadał przy radiowym odbiorniku. Młody Stanley lubił słuchać brzuchomówcy Edgara Bergena w programie NBC *The Chase and Sanborn Hour*, który przez dziesiątki lat emitowano tego dnia między 20.00 a 21.00. Drewnianym pomocnikiem Bergena był Charlie McCarthy, wygadany i często przebiegle sugestywny kawalarz będący nieodłącznym partnerem komediowych skeczy. Słuchacze nie mogli zobaczyć, że Charlie to kukła, dlatego prawdziwą radością było słuchać zabawnej paplaniny Bergena, umiejętnie tworzącego złożone postacie.

Kiedy Celia sprzątała mieszkanie albo krzątała się przy ciasnej kuchni, Jacob przeglądał drobne ogłoszenia, nie potrafiąc zamaskować swojej coraz głębszej rozpaczy. Jako młody chłopiec Stanley obserwował, jak jego ojciec codziennie udaje się do miasta w poszukiwaniu pracy. Każdej nocy przychodził do domu wyczerpany i mentalnie pobity, coraz bardziej zdesperowany i smutny. Jak opowiadał potem jego syn, Jacob siadywał przy kuchennym stole i gapił się przed siebie, tym bardziej zrozpaczony, im bliżej jego rodzinie było do przepaści. Czasem namawiał żonę, aby zabrali syna do parku na spacer. „Nienawidziła tego – mówił Lee. – Nigdy się nie dogadywali".

Nie mając wyjścia, Celia często zwracała się o pieniądze do sióstr. Próbując jakoś uratować topniejące fundusze, po narodzinach Larry'ego, młodszego brata Stanleya, Lieberowie przeprowadzili się do mniejszego lokum na Bronksie. Starszy chłopiec spał na kanapie w salonie mieszczącym się, jak w większości tanich mieszkań w mieście, z tyłu budynku. Okno wychodziło bezpośrednio na inny, stojący obok budynek. Ciasnota i kolejna gęba do wyżywienia jeszcze bardziej pogorszyły nastroje. Jak mówił sam Stanley: „Mogłem sobie popatrzeć jedynie na ceglany mur kamienicy naprzeciwko. Dlatego nigdy nie widywałem na ulicach żadnych bawiących się czy grających w podwórkowego baseballa dzieci, do których mógłbym dołączyć".

*

Ubrany w ciemną replikę marynarskiego uniformu dopełnioną tradycyjnym szkockim filcowym nakryciem głowy, lekko przy tym przekrzywionym, młody Stanley Lieber siedział za staroświeckim biurkiem, podpierając się chudym prawym ramieniem. Była to popularna poza, w jakiej rodzice kazali fotografować swoje dzieci w latach 20., a którą te musiały grzecznie znosić. Mimo że był zaledwie małym chłopcem, już wtedy miał ciemne, hipnotyzujące oczy i nieobecne spojrzenie niechybnie kryjące klucz do jakiejś odległej tajemnicy.

Będąc jeszcze zbyt młody, aby w pełni zrozumieć trudności, z jakimi zmagali się rodzice, Stanley liczył, że miłość jego matki przezwycięży podenerwowanie ojca i wymagające zasady narzucone przez świat. Siostra Celii, Jean, opowiadała, że Jack był w stosunku do dzieci „wymagający". Nie spuszczał ich z oka i pilnował, aby wykonywali wszystkie codzienne obowiązki zgodnie z jego zaleceniami: „Umyjcie zęby tak, wyszorujcie język siak i tak dalej". Celia była jednak zupełnie inna i sączyła Stanleyowi do ucha swoje nadzieje i marzenia. Wspierała go na każdym kroku. Gdy uczył się czytać, matka rozumiała, że edukacja może pomóc mu wydostać się z ciężkiego położenia.

„Często prosiła, abym poczytał jej na głos – opowiadał Stan. – Lubiłem to robić, bo wyobrażałem sobie wtedy, że byłem na Broadwayu i czytałem ze sceny dla licznej, zafascynowanej publiczności". Celia i Jack robili, co mogli, aby uporać się z realiami kryzysu, ale to matka starała się izolować Stanleya od jego przykrych konsekwencji.

Dla ubogiego dziecka niemogącego pozwolić sobie na wyjazdy na letnie obozy, niemającego zbyt wielu przyjaciół, czytanie na głos było sposobem na przezwyciężenie rodzinnych trudności. „Był to mój sposób na ucieczkę przed szarością i smutkiem mojego rodzinnego domu". Co ważniejsze, tak szlifował swój zmysł przygody i kreatywność. „Odkąd sięgam pamięcią, gryzmoliłem swoje komiksy – mówił Lee. – Rysowałem na kartce linię horyzontu i nanosiłem na nią proste ludziki z kresek, opowiadając sobie przy tym różne historyjki".

Celia popychała chłopca do nauki, aby zdobywał jak najlepsze stopnie. Przez to „byłem swojego rodzaju outsiderem – wspominał Stanley. – Matka chciała, abym ukończył szkołę tak prędko, jak to możliwe, znalazł pracę i pomógł utrzymać rodzinę". Mając nadzieję uszczęśliwić Celię, Stanley pracował na tyle ciężko, że przeskakiwał z klasy do klasy i szedł przez szkołę jak burza, mimo że starsze dzieci nie szczędziły mu docinków. Dojrzał wcześniej od innych i wyróżniał się inteligencją, ale nie ułatwiło mu to nawiązywania przyjaźni ani z rówieśnikami, ani ze starszymi kolegami, którzy chodzili do tej samej szkoły od lat.

Chłopak, tak jak niejeden bystry student, znalazł sobie mentora w osobie młodego żydowskiego nauczyciela Leona B. Ginsberga, który każdego dnia rozpoczynał zajęcia od opowiedzenia historyjki o wymyślonym baseballiście, pałkarzu Swacie Mulliganie. Były one zawsze, jak opowiadał Stanley, „zabawne i ekscytujące". Bohaterskie wyczyny Mulligana budowały swobodną atmosferę sprzyjającą nauce, co w podstawówce Lee było rzadkością. Stanleyowi Lieberowi lekcje życia czerpane z opowieści Ginsberga wydawały się mówić jedno: „Gdy chcę coś zakomunikować ludziom, zawsze muszę próbować robić to lekko i na tyle zabawnie, jak to możliwe".

Zadziwiające historie skrzące się jaskrawymi kolorami i wywołujące niemałą ekscytację korespondowały z jeszcze inną pasją Stanleya – filmami. Pod koniec lat 20. i na początku 30., kiedy chłopak rozmyślał na temat czekającej go przyszłości, nie potrafił wyobrazić sobie niczego doskonalszego od Errola Flynna, ikony kina. Aktor wybił się filmem *Kapitan Blood* z 1935 roku, zaprezentował w nim światu swoją przystojną aparycję, ekstrawagancki urok i atletyczną sylwetkę. Flynn stał się topową gwiazdą kina akcji i przyciągał młodą publikę historiami z pieczołowicie zaplanowaną choreografią pojedynków, jak w *Przygodach Robin Hooda* (1938), jego pierwszym kolorowym filmie. Dla chłopca, tworzącego swoje opowieści komiksowe i pochłaniającego książki i magazyny, kino pokazywało, że motorem napędowym akcji jest połączenie obrazu i dialogu. „Na ekranie oglądałem światy, które mnie zadziwiały, światy pełne magii i cudu, światy, gdzie chciałbym mieszkać, choćby jedynie w wyobraźni" – wspominał Stanley.

Lee chodził zwykle do Loew's 175th Street Theatre, jednego z nowojorskich pałaców filmowych należących do sieci Wonder Theatres, zbudowanego w latach 1925–1930. Budynek ten postawiono z myślą o wodewilu, lecz rosnąca popularność kina doprowadziła do przystosowania teatru do wyświetlania filmów. Ogromne, wysokie na siedem pięter organy Roberta Mortona zabawiały zgromadzoną w wystawnej sali publikę. Lee interesowały nie tylko filmy przygodowe, uwielbiał również wczesne komedie braci Marx i Laurela, i Hardy'ego. Zresztą w promieniu trzech przecznic od Sto Osiemdziesiątej Pierwszej Ulicy młody chłopak mógł wybrać któreś z pięciu kin. W soboty pokazywano tam seriale. Lee wyczekiwał niecierpliwie na kolejne odcinki przygód Tarzana oraz innego programu, który lubił, *The Jungle Mystery*, traktującego o człowieku-małpie. Po seansie spotykał się zwykle z kuzynem Mortym Feldmanem na Siedemdziesiątej Drugiej, gdzie jedli naleśniki i rozmawiali o obejrzanych filmach.

Stanley, jak sam opisywał, wyrósł na „zachłannego czytelnika". Z czasem, z uwagi na swoją fascynację dramatem i komedią, które ukształtowały jego wyobrażenie o kreatywności i sztuce narracyjnej, zaczął wymieniać Szekspira jako autora oddziałującego na niego najsilniej. Lee, jak tłumaczył, cenił go za „rytm". „Zawsze uwielbiałem to, jak obchodził się ze słowami" – mówił. Jego chęć czytania nie znała granic. Gdziekolwiek by nie szedł, zabierał ze sobą jakieś czasopismo albo książkę, nawet do śniadania, korzystając z drewnianej podpórki, którą zmajstrowała mu matka.

Ale choć kochał oglądać filmy i dużo czytał, a do tego rysował sobie na boku, młodemu Stanleyowi nawet nie przeszło przez myśl, że mógłby pracować przy komiksach. Gdy jeszcze był chłopcem, były one kojarzone głównie z gazetowymi paskami, które przedrukowywano i wydawano w formie bliższej książkom lub magazynom. Popularność w latach 20. zdobyły czarno-białe paski, przede wszystkim slapstickowe *Mutt and Jeff* autorstwa Buda Fishera, wydawane potem w większych formatach jako komiksy. Stanley czytywał je tak samo chętnie, jak robiły to inne dzieci w jego wieku, lecz nie pobudzały jego wyobraźni w równym stopniu, co filmy i powieści. „Komiksy nigdy nie były częścią moich dziecięcych marzeń – tłumaczył. – Nigdy nie myślałem o tym, żeby je pisać". Czytał jednak *Famous Funnies*, powszechnie uznawane za pierwszy współczesny komiks amerykański, którego pierwszy numer wydał w 1934 roku Dell i rozprowadzał poprzez sieć dystrybucyjną sklepów towarowych Woolworths. Stanley szczególnie ciepło zapamiętał pasek *Hairbreadth Harry* rysowany przez C.W. Kahlesa, którego bohater przeżywał różne melancholijne przygody, starając się trzymać swojego rywala, Rudolpha Ruddigore'a Rassendale'a, z dala od bohaterki, Belindy Blinks.

*

Jakkolwiek wyniszczający dla Stanów Zjednoczonych był krach na giełdzie, prawdziwym ciosem dla kraju była spowodowana kryzysem demoralizacja społeczeństwa. Szokująco szybki upadek gospodarki zachwiał wiarą w narodowy system ekonomiczny. Miliony robotników straciło pracę, bo liczne zakłady, rozpaczliwie szukając oszczędności, redukowały personel do niezbędnego minimum. Przykładowo, nowojorski przemysł budowlany niemal zupełnie wyhamował, gdy po kryzysie na giełdzie zwolniono aż 64 procent pracowników.

Panowała rozpacz, a jej epicentrum stał się Nowy Jork. Do października 1933 roku z zapomóg korzystało tam około 1 miliona 250 tysięcy osób. Kolejny milion mógł skorzystać z pomocy, ale tego nie zrobił. Około sześciu tysięcy nowojorczyków próbowało związać koniec z końcem, handlując na ulicach jabłkami. Do końca 1931 roku większość podobnych straganów zniknęła. Obroty w sklepach spożywczych spadły o połowę. Niejeden mieszkaniec miasta szukał jedzenia w śmietnikach. Badania mówią, że 65 procent afroamerykańskich dzieci z Harlemu cierpiało wtedy niedożywienie.

Dziesiątki tysięcy ludzi z Nowego Jorku zostało zmuszonych do życia na ulicach albo w slumsach na brzegach East River i rzeki Hudson. Prowizoryczne wioski zwano „Hoovervilles", co było dwuznacznym hołdem dla prezydenta Herberta Hoovera. Największe osiedle powstało w Central Parku i – o ironio – stało się tamtejszą atrakcją turystyczną. Codziennie swoje przedstawienia dawali tam bezrobotni linoskoczkowie i inni niemogący znaleźć pracy artyści.

Bezrobocie w 1929 roku utrzymywało się na poziomie około 3 procent, ale do 1932 roku wzrosło do 24 procent. Kolejne miliony, chcąc nie chcąc, trudniły się pracą tymczasową. Dwa lata po krachu około 200 tysięcy nowojorczyków stanęło przed widmem eksmisji, gdyż zalegało z czynszem. Spora część tych, którzy nie zostali wyrzuceni z mieszkań, posprzedawała posiadane kosztowności, aby mieć jak spłacić zadłużenie. Inni – jak Lieberowie – przenosili się z mieszkania do mieszkania. Niektórzy zostawiali meble kupione na kredyt, nie mając jak zapłacić rat.

Dla rodziny Stanleya krach miał daleko idące i długotrwałe konsekwencje, ale Lieberom udało się utrzymać i dach nad głową, i burzliwe małżeństwo. Oczywistym i widocznym efektem kryzysu była niemożność znalezienia pracy przez Jacoba, wszelkie perspektywy zawodowe pogrzebała skomplikowana gra popytu i podaży. Liczba krojczych zmniejszyła się diametralnie, jako że zakłady krawieckie przestały być wypłacalne. Jacob szukał pracy przez całe lata po kryzysie giełdowym, lecz bezskutecznie.

Kłótnie o pieniądze odciskały swoje piętno na małżeństwie Celii i Jacoba i były powodem sprzeczek między nimi, których z czasem Stanley, gdy dorósł, mógł do pewnego stopnia unikać. Niestety jego młodszy brat Lawrence (Larry), urodzony dziewięć lat później, cierpiał z tego powodu bardziej bezpośrednio i okres formacyjny przeżył w stresie, przypatrując się zmagającemu się z problemami małżeństwu bez nadziei na lepsze jutro.

Bezrobocie Jacoba oznaczało, że Stanley musiał jak najszybciej znaleźć pracę. Każdy dodatkowy dochód mógł uratować rodzinę przed ubóstwem. Dlatego kiedy osiągnął wiek nastoletni, chłopak (i miliony jego rówieśników) albo pracował, albo ciągle szukał pracy. Zachęty Celii i motywowanie go do harówki w szkolnej ławie prędko się opłaciły. Przedsiębiorczy, bystry nastolatek i początkujący, lecz już dobrze radzący sobie ze słowami gawędziarz znajdował różne zajęcia. Był i bileterem w kinie, i gońcem w fabryce jeansów, a nawet pisał nekrologi żyjących jeszcze znanych osób, które można by opublikować w razie, jakby nagle odeszły. Balansowanie pomiędzy szkołą średnią a robotami na część etatu stało się dla niego sposobem na życie.

Lieber uczęszczał do liceum DeWitta Clintona, liczącego sobie 21 arów kampusu mieszczącego się na Bronksie, przy 100 West Mosholu Parkway South i Wschodniej Dwieście Piątej. Męska placówka opisywana jako „zamek przy bulwarze" była jedną z największych szkół na świecie, nastawiona na imigrantów i ich dzieci. Co roku zapisywano tam 10–12 tysięcy uczniów z całego miasta, pochodzących z różnych środowisk i kultur.

Licea, takie jak Clinton, wydawały się bardziej fabrykami niż szkołami i wybicie się z takiego tłumu było trudne, o ile niemożliwe. A jednak tamte lata Lieber zapamiętał jako okres kółek uczniowskich i innych okazji do zademonstrowania swoich umiejętności wodzireja. Chłopak, który każdą chwilę spędzał na czytaniu, wyrósł na przystojnego, wysokiego młodzieńca, choć chudego jak tyczka. Dołączył do kółka krasomówczego i stowarzyszenia prawniczego, gdzie snuł marzenia o tym, żeby zostać słynnym adwokatem.

Doczekał się pseudonimu „Gaduła" (Gabby), z uwagi na swój urok i ciągłe mielenie ozorem. Lieber miał nadzieję zawojować przyszłość, a marzeniom tym wtórowali jego koledzy z klasy. Przyjaciel Stanleya z liceum, Bob Wendlinger, nigdy nie miał wątpliwości, że chłopak wyrośnie na kogoś znaczącego. „Czuło się, że osiągnie sukces – mówił. – To był pewniak".

Jako uczeń Lieber eksperymentował, przybierając różne role, tak jak wielu przystojnych i popularnych licealistów. Ciągnęło go do reklamy i należał do zespołu szkolnego magazynu literackiego „Magpie". Mimo że rozwijał swój talent pisarski i miał za sobą całe lata intensywnego czytania, objął stanowisko „dyrektora reklamy". Zespół redakcyjny pisma zbierał się w wieży, części budynku o wysokim sklepieniu. Pewnego razu Lieber znalazł tam drabinę pozostawioną przez pracownika, który wyszedł na lunch. Korzystając z okazji, żeby się popisać i zrobić coś, co jego koledzy zapamiętają, wdrapał się po niej i napisał na suficie „Stan Lee jest Bogiem". Być może, nie chcąc nagrabić sobie u dozorcy i administracji szkoły za nabazgranie swojego imienia – albo testując wymyślony przez siebie artystyczny pseudonim – bodaj po raz pierwszy użył ksywki, która później obiegła cały świat.

Stanowisko szefa reklamy magazynu „Magpie" nie było czymś, z czego nastoletni uczeń liceum mógłby ot tak sobie zrezygnować. Stanley marzył o różnych ścieżkach kariery – łącznie z aktorstwem – wydawało się jednak, że reklama jest jego prawdziwym powołaniem. Lata spędzone na czytaniu prasy sprawiły, że branża ta wydała mu się fascynująca. Rzeczy, którymi się parał jako licealista, koncentrowały się głównie albo na słowach, albo na sprzedaży i obejmowały redakcję materiałów reklamowych dla żydowskiego szpitala w Denver, pisanie nekrologów oraz dystrybucję prenumerat „New York Timesa" wśród kolegów z klasy. Już jako nastolatek chłopak zrozumiał, że ma smykałkę do aktorstwa i może zostać przekonującym mówcą, którą to umiejętność szlifował, odkąd matka prosiła go niegdyś o czytanie na głos. W szkole średniej Stanley wymyślił sobie alter ego magika – nazywał się wielkim „Naparstkinim" – i podczas krótkich przedstawień zadziwiał tłumy zaciekawionych uczniów zręcznymi sztuczkami z użyciem naparstków. Od najmłodszych lat pragnął uwagi i czuł się znakomicie w świetle reflektorów.

Jako piętnastolatek Lieber wziął udział w licealnym konkursie eseistycznym „Najważniejsze informacje tygodnia" sponsorowanym przez dziennik „New York Herald Tribune". Gazeta o zabarwieniu konserwatywnym należała do Ogdena Reida i jego żony Helen. Opisywała lokalne wydarzenia wystylizowanym językiem, kładąc nacisk na realizm i akcentując zmieniającą się dynamicznie atmosferę miasta. Lieber utrzymuje, że wygrywał konkurs trzy tygodnie z rzędu, co sprowokowało gazetę do napisania do chłopaka listu z prośbą, aby przestał i dał szansę komuś innemu. Redaktor miał też mu powiedzieć, że chłopak powinien zastanowić się nad pisaniem zawodowo, co jak mówił potem Lee: „prawdopodobnie odmieniło moje życie".

Jednakże historia ta to zaledwie apokryf. Prawdopodobnie młody Lieber zajął siódme miejsce i dwa wyróżnienia, zgarniając przy tym dwa i pół dolara, co niezbyt nadawało się na moment definiujący karierę człowieka pragnącego zostać pisarzem. „Tak czy inaczej – pisze jeden z badaczy – Lee to bajarz i jego historia o konkursie organizowanym przez »Herald Tribune« nie musiała być prawdziwa, chodziło o to, aby była dobra". Lecz nie zmienia to faktu, że otrzymana nagroda finansowa wywarła na biednym żydowskim chłopcu nie lada wrażenie. Rok później, w 1939, nastoletni Stanley przepracował pełne 12 tygodni, przynosząc do domu 150 dolarów dzięki dorywczym pracom, które udało mu się znaleźć.

*

Opuszczając wczesnym latem 1939 roku mury budzącego respekt, monolitycznego budynku liceum dla chłopców imienia DeWitta Clintona, Stanley Lieber wkroczył na rynek pracy z pewnym niepokojem i pod niejakim przymusem. Jego szkolne lata zbiegły się z najgorszym okresem kryzysu. Odbiór dyplomu nie oznaczał rozpoczęcia obiecującej kariery, ale konieczność znalezienia pracy. Rodzina potrzebowała bowiem pieniędzy.

Franklin Delano Roosevelt próbował wyciągnąć Stany Zjednoczone z finansowego dołka, lecz produkt krajowy brutto spadł w 1938 roku o 4,5 procenta, a bezrobocie osiągnęło wysoki pułap 19 procent. Gospodarcza zapaść, której pogłębieniu przysłużyły się chybione decyzje prezydenta, nie uczyniły przejścia Liebera w dorosłe życie łatwym. Był młodym człowiekiem usiłującym zostawić za sobą czasy szkoły średniej i chcącym zarabiać.

O ironio, początek działań wojennych zainicjowanych przez hitlerowskie Niemcy zaledwie kilka miesięcy po ukończeniu przez Stanleya szkoły popchnęła kraj do planowania produkcji zbrojnej, co rozruszało gospodarkę. Przez parę lat poprzedzających atak na Pearl Harbor Stany Zjednoczone wysyłały aliantom na całym świecie pomoc, równocześnie przygotowując się do – jak się wydawało – nieuniknionego przyłączenia się do globalnej wojny. Ekonomiczna odwilż nie nastąpiła jednak wystarczająco szybko, aby ułatwić Lieberowi szukanie pracy. Stanley, zobowiązany, żeby pomóc rodzinie, nie mógł myśleć o college'u. Jeszcze jako chłopiec, a potem nastolatek, mógł marzyć o aktorstwie czy adwokaturze, lecz najbliższa przyszłość przewidywała znalezienie jakiegokolwiek zajęcia. Potrzebował stałej pracy, a nie kolejnej serii upokarzających i cokolwiek podrzędnych prac dorywczych, na które zgadzał się jako uczeń szkoły średniej. Lieberowie cierpieli podczas finansowego kryzysu. Dyplom Stanleya miał zapewnić mu stałą pracę, a tym samym rodzinie finansową stabilność, której chłopak nie zaznał przez dużą część swojego życia.

Dla wielu rodzin żyjących w latach 20. i 30. gospodarcza zapaść i codzienne zmagania o powrót do normalności zdefiniowały amerykański sposób życia. Dorastanie w Nowym Jorku podczas Wielkiego Kryzysu odbiło się także na młodym Stanleyu Lieberze. Mógł chwytać się mętnych wspomnień jeszcze sprzed krachu na Wall Street, lecz jego postrzeganie świata zostało ukształtowane przez niemożność znalezienia przez ojca stałej pracy. Lieberowie dotkliwie odczuli konsekwencje przedłużającego się bezrobocia, co poruszyło chłopaka do głębi i było kluczowe dla kształtującego się podejścia samego Stanleya do swojego życia zawodowego.

Dlatego u podstawy myślenia Liebera o pracy leżało „poczucie, że najważniejsze dla człowieka jest mieć coś do roboty, być zajętym, być potrzebnym". Jako dorosły mężczyzna Stanley musiał nie tylko nieustannie pracować, lecz czuć, że jest komuś niezbędny. „Nawet kiedy mogłem pozwolić sobie na wygodne życie, mój tata nigdy by nie powiedział, że mi się powiodło – opowiadał. – Zwykle był dość egotyczny i ja też to w pewnym stopniu przejąłem. Przyglądałem się ludziom radzącym sobie lepiej ode mnie i miałem nadzieję, że będę mógł kiedyś robić to, co oni… Jakaś część mnie zawsze uważała, że poradziłem sobie nie dość dobrze".

Unosząca się nad małżeństwem Lieberów ciemna chmura, którą Stanley określiłby mianem „widma ubóstwa", wysysała z Celii i Jacoba radość i miłość. Strach przed bezrobociem kazał młodzieńcowi szanować pracę i zarobek ponad wszystko inne. Lee dzielił podobne doświadczenie z innymi rówieśnikami, w tym weteranami komiksowymi, z których spora część należała do pierwszego pokolenia żydowskich imigrantów urodzonych w Stanach Zjednoczonych. Przeważnie znali się ze swoich podwórek i starali się jakoś przetrwać w przygniecionej kryzysem Ameryce i Nowym Jorku. Na własne oczy widzieli rozpacz bezrobotnych stojących w kolejce po zapomogi i byli świadkami, jak ludzi zwalnia się z pracy i wyrzuca z mieszkań.

Burzliwe życie w biedzie i nieustanne kłótnie rodziców odcisnęły na Stanleyu piętno, mimo że Celia poświęcała mu sporo uwagi i miłości oraz zapewniała, że któregoś dnia odniesie sukces. Autor opisujący jego losy tak przedstawiał efekty oddziaływania na chłopaka przeciwstawnych czynników: młody człowiek stał się „boleśnie wrażliwy, rozpaczliwie poszukujący akceptacji i łatwo ulegający wpływom". Wysoce inteligentny, tęsknił za czymś większym niż życie, pragnąc wypełnić matczyne przepowiednie o przyszłej sławie i bogactwie.

ROZDZIAŁ 2

NASTOLETNI REDAKTOR

Dźwignąwszy się z krzesła i spojrzawszy na zagracone biurko, na którym walały się szkice i rysunki przemieszane z pootwieraną korespondencją, Joe Simon, główny scenarzysta i dyrektor do spraw wydawniczych Timely Comics, wyciągnął dłoń i przywitał swojego nowego, młodego asystenta. Stanley Lieber, nadal nieco oszołomiony tym, jak prędko z aplikanta zrobiono go pracownikiem etatowym, z ożywieniem potrząsnął dłonią starszego mężczyzny. Promieniał wdzięcznością. Jego myśli pędziły z nieprawdopodobną prędkością, kiedy próbował sobie to wszystko poukładać.

Stała pensja... Osiem dolarów tygodniowo!

Dla dzieciaka ledwo po liceum, którego rodzina od zawsze zmagała się z kłopotami finansowymi, ta marna suma była gwarantem, że Lieberowie staną na nogi. I – co ważniejsze – stała praca dawała nastolatkowi poczucie bezpieczeństwa i oferowała szansę kariery w biznesie literackim i wydawniczym. Kusiły go słowa. Jako dziecko czytał, aby uciec od szarej rzeczywistości ojcowskiego bezrobocia i ciasnoty taniego, zaniedbanego mieszkanka, przy czym marzył, że któregoś dnia napisze jedną z Wielkich Amerykańskich Powieści.

Lecz na długo, zanim pozwolono mu napisać cokolwiek, Stanley Lieber przepracowywał całe dnie jako chłopiec na posyłki dla Simona i innego etatowego pracownika Timely Comics, Jacka Kirby'ego. Czasem musiał napełniać tuszem ich kałamarze, innym razem biegał po kanapki, kiedy słynny duet wymyślał kolejne historie o superbohaterach.

Nastolatek nie miał nic przeciwko tym prostym zadaniom, nawet jeśli przychodziło mu przez całe godziny zamiatać podłogi albo ścierać niepotrzebne kreski ołówkiem na ukończonych już stronach i przygotować je do publikacji. Przyglądał się pracy wybitnych osobistości świata komiksu i uczył się od nich fachu. Co istotniejsze, osiągnął swój główny cel tamtych czasów: znalazł stałą posadę. Miał pracę! Nie podzieli losu ojca. Przeciwnie, chłopak zamierzał zrobić karierę.

*

Młodość Liebera pełna jest niejasności: niektórzy jego przodkowie zniknęli bez śladu na początku XX wieku, a oficjalna dokumentacja niczego nie wyjaśnia. Również tajemnicą pozostaje to, jak młody człowiek, który ukończył liceum Clintona, został asystentem Simona i Kirby'ego w Timely Comics. Owe luki są również wynikiem procesu mitotwórczego.

Istnieje kilka wersji tego, jak Stan Lee trafił do tego wydawnictwa. Według jednej z nich Celia, jego mama, motywowała go do nauki tak, że chłopak wcześniej otrzymał dyplom. Kobieta bezsprzecznie pokładała w najstarszym synu nadzieje, szczególnie gdy zawiodła się na mężu, który niemal doprowadził rodzinę na skraj ubóstwa.

Celia powiedziała synowi o możliwej pracy w wydawnictwie, gdzie był zatrudniony jej brat Robbie. Młody absolwent szkoły średniej zjawił się więc w budynku McGrawa-Hilla na Zachodniej Czterdziestej Drugiej Ulicy, nie mając praktycznie pojęcia o komiksach, a nawet nie za bardzo orientując się, czym zajmuje się firma. Lecz mimo to Simon zdecydował się wyjaśnić chłopakowi, czym są komiksy i jak się je robi, po czym zaproponował młodzieńcowi stanowisko. Ogólnie byli z Kirbym tak zajęci i zmęczeni ciągłą pracą pod presją czasu nad ich nowym przebojem *Captain America*, że potrzebowali kogoś (tak naprawdę kogokolwiek), kto mógłby im trochę ulżyć w codziennych obowiązkach, aby mogli skupić się tylko i wyłącznie na tworzeniu.

Centralną postacią innej historii jest Robbie Solomon, który był pewnego rodzaju łącznikiem pomiędzy Simonem a Martinem Goodmanem, właścicielem domu wydawniczego. Poza tym że był bratem Celii Lieber, Robbie ożenił się z Sylvią, siostrą wydawcy. Goodman, znany z despotycznego modelu zarządzania, lubił otaczać się członkami swojej rodziny. Nie sposób tego udowodnić, ale wydaje się, że rekomendacja Robbiego i koligacje rodzinne zadecydowały o przyjęciu Liebera. Simon, bez różnicy – czy chciał zatrudnić chłopaka, czy nie – został praktycznie postawiony przed faktem dokonanym. „Całe to jego imperium wydawnicze było rodzinnym przedsięwzięciem" – kwitują dwaj historycy komiksu. Sam Solomon pełnił w wydawnictwie tajemniczą rolę, był kimś w rodzaju szpiega, który donosił Goodmanowi na tych, którzy nie pracowali wystarczająco ciężko albo zbyt lekko traktowali panujące w firmie zasady.

O ile opowieść o koligacjach rodzinnych wydaje się wiarygodna i pasuje do ogólnie znanego nepotyzmu Martina Goodmana, Lee proponuje inną wersję wydarzeń, według której otrzymał pracę w Timely Comics zupełnym przypadkiem. „Byłem świeżo po szkole – opowiadał – i chciałem, o ile było to możliwe, przebić się do przemysłu wydawniczego". Lecz nie mówiąc nic o protekcji wujka Robbiego, Lee tłumaczy: „Zobaczyłem w gazecie reklamę »Szukamy asystenta w wydawnictwie«". Ta alternatywna wersja stawia pod znakiem zapytania, kiedy dokładnie Lee rozpoczął pracę. Dlatego zwykle jako rok jego zatrudnienia w Timely Comics podaje się 1940 albo, jak utrzymuje on sam, 1939.

Lieber, jako młody człowiek dopiero szukający swojej drogi, może i nie wiedział zbyt wiele o komiksach, ale dostrzegał szansę, jaką biznes wydawniczy stwarzał dla kogoś o jego umiejętnościach. Wiedział, że potrafi pisać, ale nie znał sposobu, aby rozwinąć swoje talenty i nie miał zbytniego pojęcia, jak wyglądała praca w domu wydawniczym. Choć Goodman stał się jego kuzynem (przez ślub Robbiego z Sylvią), nie miał on zbytniego kontaktu z młodszym krewniakiem, dlatego raczej nie sprowadziłby Liebera do firmy celowo, aby przygotować go do roli naczelnego. Tak naprawdę nigdy się nie dowiemy, ile było w tym zasługi Solomona i czy to on przekonał Simona do przyjęcia młodego Stanleya do pracy, ani czy Goodman coś o tym wiedział. W każdym razie Lee opowiadał, że wydawca był zaskoczony, kiedy zobaczył go po raz pierwszy w dziale komiksu.

Nastolatek, choć bystry, utalentowany i pracowity, potrzebował odpoczynku. Lee nie mógł pozwolić sobie na pójście do college'u przez zapaść gospodarczą. Finansowa niestabilność zmusiła jego rodzinę do polegania na pomocy majętniejszych krewnych, a etat w Timely Comics był raczej przedłużeniem stażu niż prawdziwą pracą. Zajęcie to okazało się zaledwie praktykami pobieranymi na komiksowym uniwersytecie.

Mimo to Lieber sumiennie wykonywał obowiązki Simona i Kirby'ego, ucząc się fachu, kiedy ci tworzyli nowe rzeczy. Jako że obaj byli znani z szybkiego tempa, młody chłopak mógł przypatrywać się największym na rynku talentom przy każdym etapie pracy. To, czego się wtedy nauczył, położyło podwaliny pod jego karierę scenarzysty i redaktora, a także menedżera zarządzającego utalentowanymi ludźmi, którzy pracowali pod jego okiem.

*

Jednak bez względu na to, czy Lieber otrzymał posadę w Timely Publishing dzięki rodzinnej protekcji, szczęśliwemu zbiegowi okoliczności czy może kombinacji jednego i drugiego, długoletnia relacja, jaka z czasem wykształciła się między nim a wydawcą Martinem Goodmanem ostatecznie zdefiniowała całą jego karierę.

Goodman założył Timely w 1933 roku z zamiarem sprzedaży tanich, tandetnych czasopism dla mężczyzn. Nie aspirowały one ani do miana sztuki, ani nie były wyjątkowo innowacyjne pod jakimkolwiek względem. Wydawcę motywowały jedynie dolary. Chciał po prostu zarobić kupę forsy, zbytnio się przy tym nie przemęczając. Dlatego skupił się na męskich periodykach. Jako przenikliwy przedsiębiorca Goodman śledził trendy wydawnicze i osobiście upominał się o krzykliwe, prowokacyjne i sensacyjne okładki, szczególnie jeśli chodziło o umieszczanie roznegliżowanych dziewcząt zdobiących lubiane przez niego groszowe magazyny o interesujących tytułach, takich jak *Marvel Science Stories* albo *Mystery Tales*. Niektóre czasopisma, które sprzedawał Goodman i jego konkurenci były tak sprośne, że można było uznać je za pornografię i trzeba było je sprzedawać spod lady. Aura otaczająca tę branżę przyciągała do niego element przestępczy, łącznie z mafią i gangsterami. Pisma pulpowe stały się dla nich sposobem na szybki zarobek i przykrywką dla nielegalnych interesów.

Ze swojego rozległego gniazda, czyli gabinetu mieszczącego się w budynku McGrawa-Hilla na styku Zachodniej Czterdziestej Drugiej Ulicy i Dziewiątej Alei, Goodman przyglądał się, co porabiają inny wydawcy, rozgryzał, które magazyny sprzedają się najlepiej, a potem gonił za obowiązującymi modami. Nie obchodziło go stworzenie czegoś nowego, chciał jedynie, aby firma zarabiała i tym samym zapewniała mu wygodne życie. Tak jak praktycznie wszyscy mężczyźni prowadzący w owym czasie magazyny groszowe, Goodman dorastał w tym niełatwym i chimerycznym biznesie, pełnym opowieści o przerażających bankructwach i korupcji, ale też historiach o ludziach, którzy błyskawicznie stali się bajecznie bogaci.

Lata 20. były dla niejednego wydawcy szczególnie dochodowe, bo zapotrzebowanie na magazyny pulpowe dla mężczyzn było wtedy ogromne. Karmili regularnie wygłodniałego czytelnika (który miał więcej wolnego czasu oraz pieniędzy, żeby kupować czasopisma) dzięki zaawansowanym technikom druku umożliwiającym publikację zdjęć wyższej jakości oraz wydajniejszym systemom dystrybucji. Mimo sukcesu Goodman i inni wydawcy podobnych publikacji stali się obiektami krytyki na różnych frontach z uwagi na rozprowadzane przez nich lubieżne materiały oraz śmiałe okładki.

Liczne wydawnictwa zakładały mniejsze firmy, które szybko wydawały rozmaite czasopisma. Duże koncerny mogły mieć pod sobą kilkanaście takich przedsiębiorstw i nawet jeśli któreś się wyłożyło, to nie szkodziło to imperium jako takiemu. Scenariusz ten przewidywał zadłużanie zależnego wydawnictwa, a kiedy zbankrutowało, jego aktywa były wykupowane przez tajną firmę-siostrę za grosze (albo i mniej). Brak sprawnie działającego organu nadzorczego powodował, że wydawcy skakali z jednego trendu do drugiego, od przesyconych erotyką opowieści przygodowych do historii bazujących na prawdziwych sprawach kryminalnych z obowiązkowo porozbieranymi damami w opałach lub tematów science fiction. Mnóstwo czasopism tamtego okresu nie stroniło od seksu i wyuzdanych modelek na okładkach. Tytuły, takie jak *Real Confessions* czy *Mystery Tales*, przemawiały do najprostszych męskich instynktów.

Magazyny pulpowe odwołujące się do niewyszukanych fantazji rozpleniły się na tyle, że nowojorscy urzędnicy uznali, że czas coś z tym zrobić. Zajęli się punktami sprzedaży prasy, a potem zagrozili dystrybutorom, po czym zebrali dość materiału, aby oskarżyć szychy z wydawnictw o propagowanie obscenicznych treści. W połowie lat 30., kiedy kryzys pogrążył krajową gospodarkę, wydawcy owych czasopism starali się ominąć regulacje narzucone przez agresywnie działających prokuratorów okręgowych, takich jak chociażby Thomas Dewey, nowojorski rzecznik praw obywatelskich prowadzący przeciwko nim istną krucjatę, przyszły kandydat partii republikańskiej na urząd prezydenta. Korzystając z panującego ówcześnie fermentu, jak pisze jeden z badaczy, wydawcy „nagięli się do obowiązującego prawa, sprzedając paskudne, jawnie rasistowskie treści i publikując sadystyczne fantazje seksualne". Nieustannie szukano sposobu na obejście panującego prawa i trzymano się z dala od ziejących ogniem grup obywatelskich oraz przyciągniętych przez nie polityków walczących o tak zwaną przyzwoitość.

Goodman nie od razu zorientował się, że przeciwko magazynom pulpowym zawiązała się koalicja, co spowodowało powstanie innego formatu prasowego – komiksu. Wyrosłe na gruncie publikowanych na łamach gazet pasków pierwsze komiksy były po prostu wydawanymi zbiorczo przedrukami, które sprzedawano na straganach z prasą. Zwykle były one przeznaczone dla najmłodszych, jak *Yellow Kid* Richarda F. Outcaulta albo *Matt and Jeff* Buda Fishera. Z czasem magazyny pulpowe publikowały historie o heroicznych bohaterach, które miały pobudzać próżność i zabawiać spragnione podobnej rozrywki masy. Tarzan, Doc Savage i Cień posiadali niezwykłe umiejętności, zdumiewające biografie i niemalże nadludzkie moce. Miliony czytelników pochłaniały opowieści z ich udziałem, co stworzyło gałąź publikacji pośrednich, biegnącą pomiędzy lubieżnymi, pulpowymi historyjkami oraz dziecięcymi komiksami.

W 1929 roku Dell wydało *The Funnies*, pierwszy komiks, który nie był przedrukiem pasków z gazet, lecz całkowicie oryginalnym materiałem. Publikacja przetrwała tylko rok, ale dzięki niej powstały inne tytuły poświęcone jedynie komiksom. M.C. Gaines, sprzedawca z Eastern Color, firmy, która drukowała kolorowe paski dla dużych, północno-wschodnich gazet, eksperymentował z mniejszymi formatami i w pierwszej połowie lat 30. rozprowadzał je za cenę okładkową wynoszącą dziesięć centów. *Famous Funnies* #1 wyprzedało się w całym nakładzie, a magazyny z historyjkami obrazkowymi stały się narzędziem promocyjnym wykorzystywanym przez duże korporacje, na przykład Procter & Gamble, czy sieci handlowe, jak Kinney Shoes. Niedługo potem wyniki sprzedaży czasopism komiksowych przekroczyły granicę 100 tysięcy egzemplarzy, a promocyjne gratisy liczono w milionach. Nadciągające szaleństwo nabierało kształtu.

Przemysł komiksowy lat 30. wyrósł z dziwacznego zderzenia dwóch szalonych, niemal mitycznych postaci: majora Malcolma Wheelera-Nicholsona oraz Harry'ego Donenfelda. Wheeler-Johnson mógł się pochwalić niejasną przeszłością pełną awanturniczych opowieści o pierwszej wojnie światowej i walkach z bolszewikami w Rosji. Po tym jak zjawił się w Nowym Jorku, zasłynął jako autor opowiadań do czasopism, których czytelnicy cenili realistyczne zobrazowanie frontowych trudności i wojennych przygód.

Z kolei Donenfeld, rumuński Żyd, imigrant, który dorastał na Lower East Side, miał talent do nagabywania ludzi i namawiania ich, aby finansowali jego interesy. Gdy przebijał się przez kolejne szczeble rynku wydawniczego, Donenfeld zawiązał znajomości z gangsterami; krążyły plotki, że wykorzystywał swój system dystrybucji, aby przemycać alkohol w okresie prohibicji. Zajmował się publikacją świńskich pisemek graniczących z pornografią, często nazywanych „magazynami z dziewczynkami", na długo zanim Hugh Hefner założył „Playboya".

Ścieżki obu mężczyzn przecięły się, kiedy Wheeler-Nicholson zgodził się za zaproponowaną mu przez należące do Donenfelda Independent News Company umowę dystrybucyjną obejmującą przygotowywany przez niego nowy tytuł *Detective Comics*. W latach 1937–1938 Wheeler-Nicholson balansował na granicy wypłacalności. Ciągle brakowało mu pieniędzy i miał u dystrybutora ogromny dług, dlatego zgodził się utworzyć do spółki z Donenfeldem Detective Comics, Inc. i pod tym szyldem wydać pierwszy numer nowego komiksu (niedługo potem firma będzie znana jako po prostu DC). Wkrótce Independent News zakupiło na aukcji należące do Wheelera-Nicholsona National Allied Publications i zmusiło go do odejścia z firmy. Historyk komiksu Gerard Jones pisze, że „urodzony w Tennessee major kawalerii nie przepadał za Żydami" i sama myśl o współpracy z Donenfeldem przyprawiała go o spazmy, lecz „dokonał jedynego możliwego wyboru". Donenfeld i jego kumple „ewidentnie chcieli dyktować warunki" i jak tylko wchłonęli interesy majora, ich przebranżowienie się na komiksy było niemalże przyklepane.

Komiksowa rewolucja potrzebowała jeszcze tylko pojedynczej iskry, od której mogłaby się zająć cała Ameryka. Zapłonęła ona w Cleveland w stanie Ohio, a rozniecili ją dwaj amatorscy twórcy opowieści obrazkowych, scenarzysta Jerry Siegel i rysownik Joe Shuster, którzy z miejsca rozbili bank pierwszą wymyśloną przez siebie postacią – Supermanem. Po wydawniczych perturbacjach superbohater ten trafił na okładkę pierwszego numeru *Action Comics*; rozbijał o kamień uniesiony nad głowę samochód, z którego leciały odłamki, a gapie uciekali w popłochu. Z początku nikt nie zdawał sobie sprawy, jak niespodziewanie ogromnym hitem okaże się Superman, lecz po paru miesiącach Donenfeld otrzymał wyniki sprzedaży, które potwierdziły to, co słyszał od pewnego czasu od sprzedawców prasy: miał pod ręką skarb. Stanęło na tym, że *Action Comics* sprzedawało się w nakładzie przeszło miliona egzemplarzy miesięcznie, a pierwszy numer wydanego na początku 1939 roku *Supermana* rozszedł się w wysokości 900 tysięcy egzemplarzy. Siegel i Schuster, jak prawie wszyscy ówcześni twórcy komiksowi, z miejsca sprzedali prawa do stworzonej przez siebie postaci i pracowali przy pierwszym komiksie za dychę od strony, czyli za swoją debiutancką historię o Supermanie zarobili łącznie 130 dolarów.

Szaleństwo na punkcie Supermana doprowadziło do uruchomienia całej machiny marketingowej rozgałęziającej się na inne media, łącznie z paskiem gazetowym, audycją radiową i serią animowanych kreskówek. Radio umożliwiło dalszą ekspansję, a według jednego ze źródeł: „pasek komiksowy sprzedawano w 1941 roku do niemalże 300 tytułów prasowych". Zatrudniony przez Donenfelda do promocji Supermana spec od reklamy twierdził, że „35 milionów ludzi śledziło przygody Supermana za pośrednictwem przynajmniej jednego medium". Nowy bohater trafił na sklepowe półki, sprzedawano najróżniejsze produkty z Supermanem, łącznie z kartami kolekcjonerskimi, przypinkami i metalowymi figurkami, które z czasem uczyniły wydawcę niewyobrażalnie bogatym.

Donenfeld wczuł się w rolę i nosił pod marynarką koszulkę z charakterystycznym symbolem „S". Gdy hulał z przyjaciółmi i swoją panią po modnych nowojorskich barach i restauracjach, ludzie z zachwytem pokazywali go sobie palcami jako człowieka, który wydawał Supermana. Donenfeld nie zwykł marnować nadarzających się okazji i czatował na jakieś pomniejsze wypadki, zrywał się z krzesła, rozdzierał białą koszulę od smokingu i odkrywał superbohaterski symbol.

Goodman jednak nie lubił siedzieć z założonymi rękami i patrzeć, jak jego konkurencja zarabia kokosy, dlatego od razu podpiął się pod komiksowy szał. Frank Torpey – menedżer sprzedaży z Funnies, Inc., który pracował z wydawcą z Eastern Distributing – namawiał Goodmana do uruchomienia działu komiksu. Udało im się dogadać co do tego, aby Timely opublikowało prace Billa Everetta i Carla Burgosa, praktycznie nieznanych scenarzystów, którzy sami ilustrowali swoje prace. Ich superbohaterowie, którym to terminem opisywano gniewnego Namora Sub-Marinera oraz zafrasowanego androida Human Torcha, stanowili centralne punkty *Marvel Comics* #1, antologii wydanej przez Goodmana pod koniec sierpnia 1939 roku. Goodman, jak zwykle ostrożny, przyjął postawę pełną rezerwy, chcąc jeszcze poczekać i przyjrzeć się rynkowi komiksowemu, dlatego produkcję serii powierzył całkowicie ekipie Funnies, Inc.

Pierwszy zeszyt tylko w samym wrześniu rozszedł się w liczbie 80 tysięcy egzemplarzy, a łącznie – w dziesięciokrotnie większym nakładzie, co było wynikiem przewyższającym te osiągane przez znaczną część tytułów z wydawnictwa Donenfelda, Timely mogło więc śmiało konkurować ze sprzedażą *Supermana*. *Marvel Comics* zostało niebawem przemianowane na *Marvel Mystery Comics* i skupiło się na owych dwóch popularnych bohaterach. Namor i Human Torch z każdym zeszytem stawali się coraz potężniejsi, innymi słowy – bardziej jak Superman. Na błyskawicznie pęczniejącym rynku szaleli liczni naśladowcy, do gry przystąpiło bowiem co najmniej kilkunastu wydawców i nowojorskiemu środowisku artystycznemu i scenopisarskiemu nie był obcy rozlegający się tu i ówdzie krzyk: „Znajdź mi nowego Supermana!".

Zamiast płacić zespołowi Funnies, Inc., Goodman zdecydował się zatrudnić własnych rysowników i scenarzystów. Nie chciał być całkowicie zależny od byle kaprysu zewnętrznych podwykonawców, co mogłoby negatywnie odbić się na jego komiksowym biznesie. Zaproponował weteranowi Joe Simonowi, dotychczas głównie wolnemu strzelcowi, pracę za 12 dolarów od strony, czyli o wiele więcej, niż ten zarabiał w Funnies. Doświadczony redaktor sprowadził ze sobą młodego rysownika imieniem Jacob Kurtzberg, twardego dzieciaka z Lower East Side, który zanim nie oszalał na punkcie wymyślania i rysowania historii o komiksowych bohaterach, należał do gangu. Kurtzberg miał za sobą pracę dla słynnego studia animacji Fleischer Brothers, gdzie pomagał przy kreskówkach z Popeye'em i Betty Boop. Rysownik potrafił wypluwać z siebie kolejne strony z bezprecedensową szybkością, co zadziwiało każdego, kto z nim pracował.

Simon i młody chłopak – który używał teraz pseudonimu Jack Kirby – uzgodnili, że będą działać razem, niegdyś pracowali zresztą nad Blue Boltem, postacią stworzoną przez tego pierwszego dla Novelty Press. Niejeden zespół wyglądał dobrze tylko na papierze, ale Simon i Kirby faktycznie funkcjonowali jak dobrze naoliwiony mechanizm, przede wszystkim dlatego, że każdy z nich mógł zająć się dowolnym etapem roboty, od pisania scenariusza do szkicowania i rysowania okładek. I kiedy ludzie pytali, kto się czym zajmował przy danym projekcie,

Simon, wzruszając obojętnie ramionami, odpowiadał: „Zrobiliśmy wszystko we dwóch". Duet ten przetrwał 16 lat, aż rozdzieliła ich druga wojna światowa.

Wyczuwając, że Simon i Kirby są nieprzeciętnie utalentowani, a rynek komiksowy rozrasta się ekspresowo, Goodman nie bał się na nich postawić i zaoferował spółce autorskiej, prócz stałej stawki za stronę, tantiemy. Pod koniec 1939 roku Simon otrzymał pełny etat jako pierwszy redaktor naczelny Timely, choć scenarzysta od jakiegoś czasu i tak faktycznie pełnił tę funkcję. Następnie Simon przekonał Goodmana, aby ten dał Kirby'emu podwyżkę, argumentując, że ten pracuje tak wydajnie, że stała tygodniówka będzie dla niego jeszcze bardziej opłacalna. Simon i Kirby, działając w tandemie, zasiedli do opracowywania nowych koncepcji dla Timely. Goodman umyślnie nie rozbudowywał działu komiksu, ponieważ nie miał zamiaru inwestować dopóty, dopóki nie nabierze pewności, że mu się to opłaci.

Zadowolony, że nie musi wszystkiego dopilnowywać osobiście (choć nadal miał obsesję na punkcie dorzucania nowych serii i kontrolowania okładek), Goodman praktycznie przekazał zarządzanie działem Simonowi i Kirby'emu. Po kilku niewypałach, w tym fiasku słabo sprzedających się nowych serii *Red Raven* i *The Vision*, duet nareszcie złapał wiatr w żagle. Razem wymyślili Kapitana Amerykę, choć z czasem nie mogli dojść do porozumienia, kto miał większy wkład w powstanie tej postaci, i jeden umniejszał rolę drugiego. Steve Rogers otrzymał nadzwyczajne moce w wyniku wojskowego eksperymentu i po wstrzykniętej mu dawce superserum stał się niemal niezwyciężony. Uświadomiwszy sobie, że mają dla swojego patriotycznego superbohatera idealnego przeciwnika, Simon i Kirby na okładce pierwszego zeszytu umieścili Hitlera. Nazistowscy żołnierze bezskutecznie strzelali do Kapitana, podczas gdy ten zwalał niemieckiego przywódcę z nóg mocnym prawym sierpowym.

Gdy Simon i Kirby stali na czele działu komiksu, Goodman ponownie skupił się na magazynach pulpowych, których wydawał przeszło dwa tuziny, wśród nich „Gayety", „Amazing Detective Cases" i „Uncanny Stories". Praktycznie od razu trafił na żyłę złota dzięki Human Torchowi i Sub-Marinerowi, a 20 grudnia 1940 roku (data okładkowa zawsze wyprzedzała o trzy miesiące tę faktyczną, czyli na komiksie widnieje marzec 1941 roku) pierwszy numer *Captain America*. Komiks ten, jak podaje jeden z badaczy: „prawie dorównał wynikowi Supermana i rozszedł się w milionie egzemplarzy". Z dnia na dzień Timely zyskało status modnego wydawcy komiksowego. Simon i Kirby zdobyli tym samym sławę jako ludzie odpowiedzialni za sukces Kapitana Ameryki, jednego z pierwszych superbohaterów spoza DC Comics, który potrafił dorównać najgorętszym tytułom rynkowego potentata i zagrozić pozycji Supermana i Batmana.

*

Simon zatrudnił Liebera i znalazł dla niego miejsce. Nieco starsi i bardziej doświadczeni, dwudziestotrzyletni Kirby i dwudziestosiedmioletni Simon, byli pod ręką, kiedy zakwitł współczesny rynek komiksowy. Simon pracował w gazecie w Syracuse i znał chimeryczną branżę na wylot. Choć nie uważał się za wielkiego biznesmena, dojrzał potencjał, jaki mają twórcy oryginalnych materiałów i negocjował dla siebie i Kirby'ego umowy, jakich wówczas nikt inny nie dostawał, nawet cudowny duet od Supermana, Siegel i Schuster.

Obaj potrafili sprawnie zarządzać Timely mimo braku rąk do pracy i niedocenienia przez Goodmana i kierownictwo. Lecz po tym, jak Human Torch, Sub-Mariner i Kapitan Ameryka wyrośli na szalenie popularne wśród czytelników postacie i zajęli centralne pozycje na rynku superbohaterskim, redakcję przepełniła entuzjastyczna energia.

Lieber, młody, przystojny nastolatek o bujnej czuprynie i nieschodzącym z twarzy szerokim uśmiechu dołączył do nowych szefów tłoczących się w ciasnym biurze. Byli ludźmi zupełnie niepodobnymi do niego, poważnymi i nieprzerwanie kurzącymi cygara, z których unosiły się kłęby dymu. Simon obarczał nowego pracownika pomniejszymi zadaniami.

„Napełniałem kałamarze i biegałem do sklepu po kanapki, po czym sprawdzałem błędy na stronach – mówił Lee. – Czasem podczas czytania mówiłem: »Wydaje mi się, że to zdanie nie brzmi zbyt dobrze i wypadałoby napisać je od nowa«, a oni odpowiadali: »No to je napisz!«. Mieli to w nosie!"

Lubiący być ciągle w centrum uwagi, Lieber irytował Kirby'ego, grając w biurze na niewielkim flecie. Rysownik rzucał wtedy w młodego protegowanego tym, co miał pod ręką, przy wtórze śmiechu Simona, co jeszcze bardziej wprawiało go w irytację. Kirby, artysta z powołania, cierpiał na kompulsywną, niemal obsesyjną potrzebę rysowania – i rysował szybko.

Simon i Goodman korzystali z popularności Kapitana Ameryki, wypuszczając kolejne, pokrewne tytuły, które miały za zadanie poszerzyć superbohaterski katalog. Gwiazdy wydawnictwa otrzymały młodych pomocników. Wkrótce u boku Kapitana walczył Bucky, który już w drugim numerze miał okazję wymierzyć Hitlerowi kopniaka w żołądek, a do Human Torcha dołączył Toro, cyrkowy połykacz ognia, również spowity płomieniami i tłukący złych gości. DC z kolei dokooptowało do Batmana nastoletniego Robina, który – jak wierzyli jego twórcy – miał pomóc im pozyskać młodszego czytelnika. Sukces Batmana zapoczątkował falę młodych pomocników. Nowe tytuły wymagały jednak dodatkowej roboty. Żeby wyrobić się z robotą, Kirby i Simon sprowadzili na pokład paru współpracowników zewnętrznych i zlecili Lieberowi napisanie kilku zapchajdziur, co miało również posłużyć za test badający, czy dzieciak ma jakikolwiek talent.

Pomniejsza historyjka, którą Simon i Kirby zrzucili na nastolatka, miała ukazać się w trzecim zeszycie *Captain America* (z maja 1941 roku) i nosić tytuł *Kapitan Ameryka udaremnia zemstę zdrajcy*. Lieber, chcąc zachować prawdziwe nazwisko na okładkę powieści, jaką miał zamiar kiedyś napisać, po raz pierwszy posłużył się nową tożsamością, pseudonimem „Stan Lee". Biorąc pod uwagę cykl wydawniczy, chłopak mógł napisać swój debiutancki kawałek najpóźniej w lutym 1941 roku, lecz najprawdopodobniej nastąpiło to wcześniej. Data jest niezwykle istotna, bo mówi sporo o rozwoju kariery Liebera. Jeśli faktycznie dołączył do firmy pod koniec 1939 roku, tuż po Kirbym i Simonie, kiedy ci dopiero wymyślali Kapitana Amerykę, wtedy nie było jeszcze dla niego zbyt wielu okazji do pracy z tekstem. Lecz gdy przyjmiemy bardziej prawdopodobną końcówkę 1940 roku, oznaczałoby to, że Lieber dość szybko złapał za pióro, zapewne z powodu chaosu, któremu musieli stawić czoła Simon i Kirby, przygotowując następne zeszyty o Kapitanie Ameryce i inne tytuły, a także redagując i nadzorując postępy serii z Human Torchem i Sub-Marinerem.

Lee przyznał później, że jego dwustronicowa historyjka była typowym zapychaczem napisanym po to, aby komiks „kwalifikował się do tańszej wysyłki pocztą jako magazyn". Powiedział jednak coś jeszcze: „Nikt tych rzeczy nie czytał, ale nie myślałem o tym, bo zostałem opublikowanym autorem. Profesjonalistą!". Simon doceniał jego nastoletni entuzjazm i zapał, z jakim podszedł do przydzielonego mu zadania.

Pierwszej historii napisanej przez Liebera dla Simona i Kirby'ego towarzyszył dynamiczny kadr przedstawiający Kapitana Amerykę nokautującego czarny charakter. Samo opowiadanie – dwie strony litego tekstu – znalazło się pomiędzy komiksem o Kapitanie tropiącym demonicznego mordercę grasującego po Hollywood a drugim, traktującym o innym zabójcy, przebranym za motyla; występował tam również nazistowski siłacz. „Dało mi to poczucie wielkości" – wspominał Lee. Choć wielu czytelników zapewne nawet nie zwróciło uwagi na ten krótki tekst, jego styl i rytm były nieoszlifowaną wersją brawurowego, natchnionego języka i pomysłowych gierek słownych, które z biegiem czasu staną się charakterystycznymi elementami pisarstwa Liebera.

Lou Haines, główny zły, jest należycie niegodziwy, lecz nie dowiadujemy się, czym zasłużył sobie na miano „zdrajcy". Jak to potem często u Lee bywało, złoczyńca warczy wściekle na dowódcę bazy, pułkownika Stevensa: „Niech no pana ostrzegę, że jeszcze nie powiedziałem ostatniego słowa! Jeszcze wyrównamy rachunki. Proszę mi wierzyć, zapłacicie za to!". Podczas walki wręcz z Hainesem Kapitan Ameryka zadaje decydujący cios w momencie, kiedy czytelnik myśli, że bohater stoi na straconej pozycji. „Żaden człowiek nie wytrzymałby takiego ciosu – pisał nastolatek. – Uścisk Hainesa od razu zelżał i mężczyzna padł nieprzytomny na ziemię!". Następnego dnia, kiedy pułkownik pyta Steve'a Rogersa, czy słyszał o wydarzeniach z poprzedniej nocy, ten odpowiada, że przespał całą awanturę. Stevens, Rogers i Bucky przypieczętowują zwycięstwo serdecznym śmiechem. Opowiadanie o „zdrajcy" co prawda jeszcze nie ujawnia późniejszej pewności siebie, z jaką Lieber puszczał do czytelnika oko, ale już demonstruje kiełkujące zrozumienie docelowego odbiorcy oraz wypracowywanie określonego stylu i tempa narracji.

Lee zaliczył swój pierwszy „prawdziwy" komiks w piątym numerze *Captain America* (z sierpnia 1941 roku). Była to pięciostronicowa historia w tradycyjnej formie obrazkowej, a nie zwyczajowy blok tekstu, zatytułowana *Łowca nagłówków, zagraniczny korespondent*. Opowiadała ona o niejakim Jerrym Hunterze, reporterze prasowym szukającym gorącego tematu w rozdartym wojną Londynie. Co prawda dziennikarz nie był żadnym superbohaterem, ale wykazywał się nadludzką siłą i sprytem, a do tego miał na sobie odlotowy niebieski garnitur i czerwony krawat, przez co przypominał trochę Kapitana Amerykę.

Ostatecznie Hunterowi udaje się udaremnić nazistowski plan wykradnięcia map z zaznaczonymi drogami morskimi, którymi marynarka przewozi towary pomiędzy Stanami Zjednoczonymi a Wielką Brytanią i przy okazji wysadza niemiecką fabrykę amunicji. „E tam, to nic takiego! Ale, chłopie, popatrz na to! Ładny materiał dorwałem" – chwali się na końcu amerykańskiemu ambasadorowi.

Młodzieżowy język i radosny ton opowiadania zdradzają, że rodził się charakterystyczny styl Stana Lee. Hunter mógł być wczesną inkarnacją Petera Parkera, miał bliźniaczy sposób bycia i podobnie się wysławiał. Historyjka okazała się całkiem przyzwoita, szczególnie zważywszy na to, że był to jedynie zapychacz upchnięty pomiędzy popularne komiksy o Kapitanie Ameryce, lecz i tak okazał się o niebo lepszy niż sąsiadujący z nim w tym samym numerze *Tuk: Cave Boy*, osobliwa kopia Tarzana zmagająca się z przerośniętymi jaskiniowcami. Ówczesne komiksy miały po sześćdziesiąt parę stron, dlatego Kapitan miał do dyspozycji jakieś dwie trzecie objętości, a zadaniem całej reszty było jedynie wypchać numer dodatkowymi stronami, co umożliwiało załapanie się na obniżone stawki na poczcie.

Lee nie spoczął na laurach po swojej pierwszej publikacji o superbohaterze. Awans z chłopca na posyłki na początkującego scenarzystę był nadzwyczajnie prędki z powodu ogromnego wzrostu popularności serii komiksowych i nieustannej potrzebie Timely, aby poradzić sobie z popytem przy ograniczonych środkach. Redakcja liczyła zaledwie parę osób, co wymuszało na Lee, który nadal był zaledwie nastolatkiem, regularne dostarczanie materiałów do komiksów i wymyślanie nowych postaci.

Kombinacja szybkiego rozwoju zawodowego, niemalejące zapotrzebowanie na komiksy oraz szaleńcze tempo publikacji doprowadziły do stworzenia przez młodego człowieka jego pierwszego autorskiego bohatera. Nosił on imię Jack Frost i pojawił się na łamach *USA Comics* #1 (z sierpnia 1941 roku) jeszcze tego samego miesiąca, co historyjka Lee w *Captain America Comics* #5. Mimo że była to jedna z pierwszych jego samodzielnych prac, bije od niej momentalnie rozpoznawalna energia. Kiedy „król chłodu" znajduje w swoim „królestwie wiecznej ciszy" umierającego mężczyznę, poprzysięga, że doprowadziły mordercę przed oblicze sprawiedliwości, wykrzykując: „Martwy! Dotarły do mnie słuchy, że zbrodnia kwitnie na całym świecie, lecz teraz dotarła do mej krainy… Pomszczę ten czyn i zapobiegnę kolejnym!".

Jack Frost jest kimś w rodzaju antybohatera, nierozumianego przez dowódcę nowojorskiej policji, któremu oferuje pomoc. Zostaje też wyśmiany przez szefa dochodzeniówki. Ratuje potem damę w opałach i rozbija gang „żałosnych złoczyńców". Kiedy policja próbuje go aresztować, komiks kończy się deklaracją Frosta, który zwraca się przeciwko gliniarzom: „Po takim przyjęciu zmieniłem zdanie i skoro nie mogę stanąć u waszego boku, stanę przeciwko wam, dlatego strzeżcie się, gdy spotkamy się po raz kolejny!". Sam pomysł, że superbohater może być jednocześnie dobry i zły, a przynajmniej skonfliktowany, przyszedł Lee do głowy już jakiś czas temu.

Jako że miał już doświadczenie przy serii z Kapitanem, nic dziwnego, że Lee wymyślił podobną historię z Destroyerem, popularną postacią wymyśloną przez niego do spółki z rysownikiem Jackiem Binderem. Superbohater ten pojawił się na okładce *Mystic Comics* #6 (z października 1941 roku) i był nim reporter Kevin Marlow, którego nazistowskie Niemcy oskarżyły o szpiegostwo i posłały do obozu koncentracyjnego (termin ten jeszcze nie był nieodłącznie powiązany z Holokaustem). Tak jak

Kapitan Ameryka, on również otrzymuje superserum, które obdarowuje go nadzwyczajną siłą i przemienia w Destroyera, którego emblematem staje się czaszka na piersi. On również walczy z nazistami i rozbija w pył nieludzkie oddziały Hitlera.

Destroyer nigdy nie zdobył popularności Kapitana, lecz sprzedaż komiksu rosła, a bohater dzielnie walczył z nazistami w rozdartej wojną Europie; jego wrogowie byli diaboliczni i przerażający i rysowano ich z niemal zwierzęcymi, nieludzkimi rysami. Żeby ukryć swoją tożsamość, Destroyer nosił kostium: spodnie w krwistoczerwone pasy i długie, szkarłatne rękawice. Jego przebranie czyniło go niemal tak nieludzkim, jak nieludzcy byli jego przeciwnicy, z którymi toczył boje.

*

Pod pewnymi względami wczesny etap historii rozwoju amerykańskiego komiksu można by nazwać bitwą o talenty. Gdy Simon i Kirby okazali się najgorętszym kreatywnym zespołem na rynku, inni wydawcy zaczęli się o nich starać, a oferty okazywały się niejednokrotnie naprawdę atrakcyjne, zwłaszcza dla Kirby'ego, który zawsze drżał o pieniądze. Artyści wynajmowali razem pokój hotelowy nieopodal siedziby Timely, który służył im również za pracownię. Chodzili tam na lunch, a po godzinach pracowali nad dodatkowymi zleceniami. Rynek komiksowy wydawał się wtedy polegać na podpisywanych za kulisami umowach i twórcy komiksowi nierzadko lawirowali pomiędzy wydawcami, żeby zgarnąć jak najlepszą stawkę. Zwykle płacono im za stronę, ale Simon wynegocjował dla siebie i Kirby'ego znacznie lepsze warunki.

Simon opowiadał, że Lee często łaził za nimi, kiedy jego starsi koledzy wychodzili z biura, i któregoś dnia pobiegł za nimi, kiedy rysownik i redaktor wymknęli się do hotelu. Nie mogąc pozbyć się swojego protegowanego, zabrali go ze sobą i wtedy Lee zorientował się, że pracowali nad komiksami dla DC. Simon opowiadał potem, że chłopak „przysiągł dyskrecję" pomimo „mojej teorii, że w środowisku komiksowym wszyscy wiedzą wszystko... Nie ma tu tajemnic".

Biorąc pod uwagę złowrogą przepowiednię Simona i panującą na rynku zazdrość o to, kto ile zarabiał u jakiego wydawcy, nie było dla nich zaskoczeniem, że nareszcie odkryto ich zdradę i zostali wyrzuceni. Simon pisał w pamiętniku, że pracowali akurat nad numerem dziesiątym *Captain America*, gdy część klanu Goodmana pracującego dla Martina – Abe, Dave i Robbie – wpadła do biura Timely gotowa skonfrontować się z Simonem i Kirbym. Abe oskarżał ich: „Pracujecie dla DC. Nie byliście z nami szczerzy. Nie byliście lojalni. Powinniście się wstydzić" – cytował ich Simon. I nareszcie Abe zadał decydujący cios: jak tylko skończą bieżący zeszyt, zostaną zwolnieni. Nie było wtedy z nimi jednego członka klanu. Simon pisał: „Stan jakby wyparował".

Choć Simon uważał, że zwolnienie było „upokarzające", Kirby tylko się rozzłościł. Rysownik obarczał odpowiedzialnością Lee, bo wszystko aż nazbyt podejrzanie zbiegło się w czasie. Poza tym Stan był związany z klanem Goodmana. „Jack zawsze uważał, że to Stan powiedział wujowi o naszej umowie z DC – mówił Simon. – Nigdy nie zmienił zdania. Nienawidził go przez resztę swojego życia, aż do śmierci". On sam nie był tak radykalny w ocenie sytuacji i później, pisząc pamiętnik, podważał podejrzenia Kirby'ego. Sugestia, że Kirby nigdy nie przebolał zwolnienia i do końca życia nienawidził swojego współpracownika, rzuca nowe światło na relacje pomiędzy twórczym duetem, który zrewolucjonizował amerykański komiks. Po pierwsze, musieli zostawić przeszłość za sobą i zakopać topór wojenny, aby dalej razem pracować, a ponadto tolerować się na tyle, żeby niemal nieprzerwanie spędzać razem czas podczas okresu rozkwitu Marvela, kiedy wypuszczali komiks za komiksem, miesiąc po miesiącu. Animozje jednak powróciły z czasem, gdy spierali się co do tego, kto jest odpowiedzialny za wymyślenie słynnych postaci Marvela; najwyraźniej odżyła wtedy dawna „nienawiść" Kirby'ego i wybuchła ze wzmożoną zawziętością.

Lee zapamiętał ten dzień zupełnie inaczej. Mówił, że Goodman osobiście wyrzucił Simona i Kirby'ego, kiedy odkrył, że ci układają się z wrogiem: „Niespodziewanie Joe i Jack odeszli z Timely Comics. Podobno dlatego że pracowali na boku dla National Periodicals. Ale prawda jest taka, że nigdy się nie dowiedziałem, czemu nas opuścili. Tylko jedno było wtedy dla mnie istotne: to ja musiałem zająć się komiksami". Lee powiedział również, że „odejście Joego i Jacka z Timely w 1941 roku było kompletnie niespodziewanym zdarzeniem". Przypisywał to czystemu „szczęściu", które „wydaje się rozdawać w grze życia większość kart".

Nagłe zwolnienie Simona i Kirby'ego jest kolejnym enigmatycznym epizodem w karierze Lee. Bo choć rzucenie swojemu wujowi na pożarcie ludzi, którzy byli dla niego mentorami, wydaje się zupełnie nie pasować do młodego asystenta, to wspomnienie finansowych trudności sprzed zaledwie paru lat mogło popchnąć go do podobnej zdrady. Albo – jak sugeruje Simon – Goodman wreszcie zmierzył się z tajemnicą poliszynela. Wydawca zwykle nie przymykał oczu na nielojalność, lecz duet Kirby/Simon zarabiał dla niego spore pieniądze dzięki niesłabnącej popularności doskonale sprzedającej się serii z Kapitanem Ameryką. Być może Goodman uznał, że jeśli Lee albo jakaś inna ekipa przejmie ten tytuł, to zminimalizuje ewentualne straty.

Podobne spekulacje umożliwiają spojrzenie na tę sytuację z różnych perspektyw. Dowody wskazują jednak na to, że obie strony wykazały się nielojalnością. Goodman i jego księgowość oszukiwali bowiem swój zespół i zaniżali wyniki sprzedaży, aby wypłacać Simonowi i Kirby'emu mniejsze tantiemy. Z drugiej strony Simon i Kirby faktycznie pracowali potajemnie dla DC i innych w czasie, który powinni poświęcać Timely. Po kryjomu wynegocjowali u trzęsącego rynkiem konkurenta tygodniówkę w łącznej wysokości 500 dolarów, nadal przyjmując czeki od Goodmana. Manewrowali pomiędzy dwoma firmami, starając się wybadać sytuację i ciągnąć, ile się dało z obu wydawnictw.

*

Nawet będąc obdarzonym tak bogatą wyobraźnią jak Lee, chyba żaden nastolatek nie mógł marzyć, że przejmie dział komiksu w tak młodym wieku. Zresztą chłopak nie miał absolutnie żadnego doświadczenia w kierowaniu czymkolwiek, co znacznie utrudniało sprawę. Na szczęście dla niego był to mały dział i Lee pełnił rolę istnego jednoosobowego przedsiębiorstwa rozrywkowego, a Goodman nie wydawał się tym faktem zaniepokojony i nie zamierzał stać młodemu krewniakowi nad głową. Artyści Al Avison i Syd Shores dalej zajmowali się rysowaniem bohatera w czerwieni, bieli i błękicie, a Lee przejął obowiązki scenarzysty.

Sukces Kapitana Ameryki wywarł jednak na nim dodatkową presję, bo musiał stale dostarczać nowe materiały i nie miał nawet czasu zastanawiać się, co to tak naprawdę dla niego oznaczało; cykl wydawniczy nie zwalniał dla nikogo. Gdy Kirby i Simon zostali zwolnieni, akurat kończyli dziesiąty numer z datą okładkową „styczeń 1942 roku", czyli musieli odejść z Timely późną jesienią.

Lee, obarczony nagle obowiązkami kierowniczymi, postąpił jednak mądrze – naśladując Kirby'ego i Simona – i zaharowywał się przy rozmaitych projektach, narzucając sobie niesamowite tempo. Jak opowiadał: „Byłem odpowiedzialny za wszystkie te historie, albo je pisałem, albo kupowałem od innych ludzi". Poszerzył się też zakres jego obowiązków. „Odkąd pamiętam, naczelny był również kierownikiem artystycznym, bo nie da się redagować komiksu bez upewnienia się, że rysunki wypadły okej i że współgrają z tekstem… No i że tekst współgra z rysunkami. Muszą iść ze sobą pod rękę". Tak więc gdy jego starsi, bardziej doświadczeni mentorzy odeszli do DC, nastolatek został głównym scenarzystą, redaktorem naczelnym i kierownikiem artystycznym. Wszystkie elementy komiksowej układanki musiały do siebie idealnie pasować, a jego zadaniem było sprawne zarządzanie całym tym procesem.

Nastoletni redaktor musiał tworzyć nowy materiał. Nie chcąc, aby wyszło na jaw, że wszystko robi praktycznie samodzielnie, posługiwał się szytymi grubymi nićmi pseudonimami i podpisywał się pod niektórymi komiksami jako „Stan Martin", „Neel Nats" albo wymyślał jeszcze inne ksywki będące anagramami jego przybranego imienia. Jak mówił później Stan Goldberg, który zajmował się w Timely kolorami, Lee był tam „jedynym redaktorem". Miał co prawda do dyspozycji asystenta imieniem Al Sulman – lecz Goldberg nie przypomina sobie, aby ten się zbytnio przepracowywał – oraz dwie dziewczyny do spraw administracyjnych. Poza tym Lee współpracował z freelancerami, którzy mieli przejąć obowiązki dotychczas spoczywające na Kirbym. Na szczęście trafił na ludzi utalentowanych, w tym rysownika Alexa Schomburga oraz Burgosa i Everetta, którzy przez cały czas pracowali nad popularnymi seriami komiksowymi.

Chłopak, pracując pod nieustanną presją, tworzył więcej – i szybciej – niż ktokolwiek inny, stając się poniekąd scenopisarską wersją Kirby'ego. Tyle że jakość jego pracy bywała dyskusyjna.

„Pierwsze komiksy Lee nie były zbytnio odkrywcze" – wyjaśnia scenarzysta i historyk komiksu Arie Kaplan. – Rzeczy napisane przez niego na początku lat 40. nie wyróżniały się spośród natłoku innych, ale pod czujnym okiem Martina Goodmana nie było miejsca na innowacje czy złożone portrety charakterologiczne". Za to rysownik Dave Gantz nie krył zachwytu: „Dla mnie był Orsonem Wellesem rynku komiksowego".

Niewykluczone, że Goodman awansował go tylko po to, aby Lee wygrzał fotel szefa działu komiksu dla swojego następcy, lecz ten złapał wiatr w żagle i pokazał, że może podołać zadaniu. Poza tym dopisało mu szczęście, bo był jedyną jako tako kompetentną osobą, którą wydawca miał pod ręką. „Wydaje mi się, że przez jakiś czas szukał kogoś bardziej doświadczonego – mówił Lee – ale chyba miał ważniejsze sprawy na głowie, bo szybko te poszukiwania zakończył". Nastoletni redaktor wymyślił sobie nowy pseudonim: „Pan Timely Comics" (Mr. Timely Comics). Lee szlifował swój warsztat, pisząc scenariusze, redagując prace wysyłane mu przez wolnych strzelców i nadzorując rysowników. Można by rzec, że dojrzewał do (i w) pracy.

ROZDZIAŁ 3

ŻOŁNIERZ DRAMATURG

W 1942 roku Stany Zjednoczone przygotowywały się zrywami do pełnej mobilizacji. Atak na Pearl Harbor poderwał cały kraj na nogi, lecz przestawienie całej gospodarki, która dopiero co pozbierała się po Wielkim Kryzysie, w globalną machinę wojenną wymagało niebywałej koordynacji. Wojna nigdy nie ogranicza się jedynie do pól bitewnych i sztabów planowania. Amerykański wysiłek zbrojny zależał niemal całkowicie od totalnej mobilizacji krajowego przemysłu. Korporacje oraz przedsiębiorstwa, małe i duże, musiały utworzyć skomplikowaną infrastrukturę, aby sprostać temu zadaniu. Choć nie było to dla obywateli łatwe, zrobili, co konieczne, żeby pomóc amerykańskim oddziałom walczącym po drugiej stronie oceanu.

Stan Lee, zaledwie dziewiętnastoletni, pojmował, że nie może zostać w kraju i dalej kierować Marvelem, podczas gdy niezliczeni młodzi mężczyźni bili się i umierali, walcząc z nazistowską machiną wojenną. Dla chłopaka, który nie tak dawno temu zadebiutował historią o Kapitanie Ameryce – superbohaterze, który na okładce pierwszego zeszytu nokautował Hitlera – unikanie frontu byłoby nie do pomyślenia. 19 listopada

1942 roku Lee zaciągnął się do armii. Jeszcze przez siedem tygodni był tylko nastolatkiem.

Armia potrzebowała bystrych ludzi, dlatego oceniała rekrutów na bazie ich potencjału intelektualnego oraz predyspozycji, korzystając z tak zwanego Ogólnego Wojskowego Testu Klasyfikacji. Żołnierzy przydzielano do jednej z pięciu grup i – z uwagi na techniczną i naukową naturę pracy w korpusie łączności – do dywizji tej trafiali tylko ci, którzy osiągnęli wyższy wynik na teście. Tuż przed tym jak Lee się zaciągnął, około 39 procent rekrutów podpadało pod klasę I lub II, ale do 1943 roku liczba ta podskoczyła aż do 58 procent. Inteligencja Lee pozwoliła mu jednak uzyskać dostatecznie wysoki wynik, aby dostać się do korpusu łączności.

Goodman z obawą przyjął decyzję swojego naczelnego o zaciągnięciu się do armii. Nikt nie miał pojęcia, jak długo będzie trwała wojna. Inni artyści i scenarzyści przeważnie na wyścigi kończyli kolejne strony, czekając na powołanie. Wydawca nie mógł się jednak o to zbytnio wykłócać, bo zostałoby to niechybnie uznane za zachowanie niepatriotyczne.

O ile spora część komiksiarzy została wysłana za ocean – zwykle, jak Jack Kirby, trafiali pod ostrzał wrogiej armii – Lee znowu dopisało szczęście, bo został w Stanach. Młodziaka przeniesiono z korpusu łączności do specjalnej, wydzielonej w jej ramach jednostki zajmującej się produkcją filmów instruktażowych i innych wojennych materiałów informacyjnych. Praca Lee dla Goodmana okazała się przydatną praktyką. Pisał szybko i miał lekki, energiczny styl, który rekruci i inni stażyści mogli z łatwością zrozumieć. Jego przełożonym również podobały się umiejętności Lee, ponieważ prowadzenie wojny polegało także na sprawnie opracowanych taktykach komunikacyjnych stosowanych na różnych wyspecjalizowanych polach.

Bliskość Timely była dla młodego wojaka kolejnym atutem: mógł dalej pisać komiksy i teksty do czasopism Goodmana i tym samym trzymać się kurczowo cywilnego zajęcia. Dlatego kiedy niektóre branżowe osobistości dosłownie zniknęły wtedy z rynku, Lee przez cały czas szlifował umiejętności. Równocześnie ciężko pracował przy obowiązkach przydzielonych mu przez armię – pisał, a nawet rysował proste postacie – i tym samym dawał upust swojemu pracoholizmowi. Lee spędzał po służbie długie godziny, pisząc dla Goodmana.

Podczas wojny *Captain America* pozostał najpopularniejszym komiksem Timely, a rynek dalej pęczniał. Do 1943 roku na stojakach z prasą leżało już ponad 140 tytułów, które – jak podaje jedno ze źródeł – „każdego miesiąca czytało ponad 50 milionów ludzi". Ale z powodu wprowadzonego podczas mobilizacji racjonowania papieru do końca roku przetrwało tylko około setki. Trudności związane z jego dostępnością w pewnym stopniu wyhamowały rozrost obiecującego przemysłu rozrywkowego, ale popyt nie malał ze względu na spore zapotrzebowanie na komiksy pośród wojskowych. Na przykład w 1944 roku wydawane przez Fawcett *Captain Marvel Adventures* sprzedało się w łącznym nakładzie 14 milionów egzemplarzy, czyli firma odnotowała wzrost w wysokości 21 procent w porównaniu z poprzednim rokiem. Sprzedaż napędzały opowieści z superbohaterami, ale wydawcy zdobywali nową publiczność, wypuszczali komiksy humorystyczne, nastoletnie romanse i historyjki z zabawnymi zwierzątkami.

Słupki sprzedaży rosły, a wydawcy się bogacili. Mogło się wydawać, że Goodman obdarzony był midasowym dotykiem. Stały dochód zapewniany przez oddaną bazę czytelniczą był zbawienny także dla Lee. Pobierał żołd i dorabiał sobie na boku u Timely. Nigdy nie był dziany, ale podczas wojny zarabiał wystarczająco, aby pod koniec miesiąca zostawało mu trochę pieniędzy.

*

Gdy zdecydował się zaciągnąć, Lee miał za sobą niecały rok pracy jako redaktor naczelny Timely Comics. Sporą część tego czasu spędził, wymyślając nowe postacie i starając się utrzymać wysoką sprzedaż istniejących serii, szczególnie *Captain America*. Ale na czas wojny Goodman musiał znaleźć kogoś na jego stanowisko. Zwrócił się więc do przyjaciela Lee, rysownika Vince'a Fago, który pracował dla słynnego studia Maxa Fleischera przy wczesnych kreskówkach o Supermanie, Popeye'u czy przygodach Guliwera. Kirby również zaczynał między innymi od tworzenia animacji. Firma Fleischera konkurowała wtedy z Disneyem i zacięcie rywalizowała o niemałe pieniądze. O ile jednak Disney skupiał się na gadających myszach, kaczkach, psach i innych antropomorficznych zwierzętach, bohaterami kreskówek Fleischera byli zazwyczaj ludzie, tacy jak Betty Boop albo Klaun Koko. Z czasem jego studio zostało sprzedane wytwórni Paramount.

„Chciałbyś moją robotę?" – zapytał swojego kolegę Lee. Fago miał świadomość, że Goodman chce go zatrudnić, aby jego dział komiksu się nie wykoleił, lecz podczas wojny Timely nie było tym samym wydawnictwem, co kiedyś. Zmieniły się czytelnicze gusta i ludzie chcieli czytać głównie lżejsze opowiastki humorystyczne. Popularność postaci Disneya i kreskówek Fleischera otworzyła podwoje rynku rozrywkowego dla dzieci. Seryjny imitator, taki jak Goodman, nie potrzebował żadnej zachęty, aby podpiąć się pod nowy trend. Fago specjalizował się w uwielbianych przez dzieciaki zabawnych zwierzakach, dlatego przyjęcie oferowanej mu posady było dla niego naturalnym krokiem rozwoju zawodowego. Poza tym przydałoby mu się 250 zielonych tygodniowo, które mu zaproponowano na stanowisku redaktora naczelnego Timely Comics.

Goodman obrał sobie Disneya za przewodnika i podpatrywał kolejne decyzje studia, które udzielało licencji na swoje postacie wydawnictwu Dell. Dlatego przemodelował strategię wydawniczą i rozpoczął publikację paru serii o śmiesznych zwierzakach – jak *Comedy Comics* i *Joker Comics* – tym samym upodabniając firmę do lżejszej wersji Disneya. Niektóre z nich, jak Świnkę Ziggy czy Fikuśną Foczkę, wymyślił Lee do spółki z Alem Jaffee'em, przyszłym ilustratorem magazynu „Mad". Komediowy duet – Ziggy był tym rozsądnym, a Fikuśny mniej inteligentnym – toczył boje z Twardym Kocurem, który nosił jasnoczerwone spodnie z frędzlami u nogawek i niedobrane szelki. Ich błazeństwa i rosnąca popularność pozwoliły Timely przetrwać wojnę i parę lat po jej zakończeniu. Duet ten ciągnął swoją serię aż do września 1949 roku.

Tytuły wydawane przez Timely sprzedawały się tak dobrze, że Fago ledwie nadążał z dostarczaniem czytelnikom nowych opowieści, co we wczesnych latach komiksu było ciągłym wyzwaniem. Jak oceniał, miesięczny nakład każdej serii sięgał około 500 tysięcy. „Czasem wypuszczaliśmy aż pięć zeszytów tygodniowo, nawet więcej – opowiadał Fago. – Dostawaliśmy raporty sprzedaży, z których wynikało, że Goodman jest milionerem". Wydawca przez cały czas trzymał rękę na pulsie komiksowej braci i nieustannie monitorował, co robi konkurencja, dlatego jego biznesowa przenikliwość polegała tak naprawdę na podejmowaniu wykalkulowanego ryzyka z nowymi gatunkami i ciągłej obserwacji, co udało się sprzedać rywalom.

Chcąc pójść za ciosem i powtórzyć sukces odniesiony na rynku dla dzieci, Goodman napierał na Timely, żeby wydawnictwo spróbowało pozyskać także i czytelniczki. Tak narodziła się Miss America, nastoletnia dziedziczka obdarowana w wyniku uderzenia piorunem nadludzką siłą i umiejętnością latania. Pojawiła się po raz pierwszy na okładce *Marvel Mystery Comics* #49 (z listopada 1949 roku), gdy razem z Human Torchem i Toro udaremniała atak japońskiego niszczyciela. W styczniu 1944 roku otrzymała własną serię, lecz kiedy sprzedaż pierwszego zeszytu nie spełniła oczekiwań Goodmana, opóźniono wydanie kolejnego aż do listopada i wydano ze zmienionym tytułem, jako *Miss America Magazine* #2, na okładce umieszczono zdjęcie prawdziwej modelki przebranej za tytułową heroinę. Z nową oprawą graficzną szły w parze także nowe treści, co więcej – ekipa Fago stopniowo wygaszała pojawiające się na łamach magazynu komiksy o superbohaterach na rzecz historii przeznaczonych dla nastoletnich dziewcząt.

*

Lee przeszedł podstawowe szkolenie w Fort Monmouth, dużej bazie w New Jersey, gdzie stacjonował Korpus Łączności. Zajmowano się tam również badaniami naukowymi. Zaledwie przed kilkoma laty tamtejsi specjaliści skonstruowali radar oraz krótkofalówki, a po kolejnych paru nauczą się, jak odbijać fale radiowe od powierzchni Księżyca. Lee dowiedział się, jak montować i naprawiać linie komunikacyjne, co – jak się spodziewał – miało być przygotowaniem do wysłania go na front. Stratedzy byli świadomi, że losy wojen zależą częstokroć od odpowiedniej infrastruktury, dlatego Korpus Łączności odgrywał istotną rolę w nowoczesnych działaniach zbrojnych; od niego zależało, czy komunikacja będzie przebiegała bezproblemowo. Lecz nawet mimo ściągnięcia na pokład utalentowanej, bystrej młodzieży, Korpus Łączności ledwo nadążał z zaspokojeniem zapotrzebowań armii, co doprowadziło do otwarcia nowych centr szkoleniowych w Camp Crowder w stanie Missouri i na Zachodnim Wybrzeżu, w Camp Kohler, nieopodal Sacramento w Kalifornii.

W bazie Lee wypełniał także wszystkie codzienne zadania, które ciążyły na każdym żołnierzu, jak patrolowanie perymetru czy wypatrywanie wrogich jednostek na wodzie i w powietrzu, mogących szykować się do niespodziewanego ataku na nękane dotkliwą zimą wybrzeża New Jersey. Lee opowiadał, że przez zimny wiatr wiejący od Atlantyku nie raz o mało nie przemarzł do kości. Gdy przełożeni Lee dowiedzieli się, że chłopak pracował jako redaktor i scenarzysta komiksowy, przydzielono go do dywizji zajmującej się realizacją filmów szkoleniowych, która – co ciekawe – mieściła się w nowojorskim Queens. Dołączył tam do ośmiu innych rysowników, filmowców i scenarzystów pracujących przy kronikach, narzędziach propagandowych i ulotkach informacyjnych. Lee zawdzięczał przeniesienie umiejętnościom scenopisarskim. Tak jak wielu innych, on również odgrywał na wojnie rolę pomocniczą. Do Korpusu Łączności w połowie 1943 roku należało 27 tysięcy oficerów i 287 tysięcy poborowych, z którymi współpracowało 50 tysięcy cywilów.

W 1942 roku wojsko kupiło i dostosowało do potrzeb armii budynek stojący przy Trzydziestej Piątej Alei i Trzydziestej Piątej Ulicy w Astorii, w Queens. Mieściło się tam Centrum Fotograficzne Korpusu Łączności, gdzie stacjonowali fotografowie i filmowcy armii. Dowódcą jednostki był pułkownik Melvin E. Gillette, który pracował już w Laboratorium Produkcji Filmowej w Fort Monmouth około dziewięciu miesięcy przed zaciągnięciem się Lee. Pod czujnym okiem pułkownika Gillette'a stare studio filmowe, założone w 1919 roku, przeszło gruntowną renowację i modernizację. Zakupiono między innymi sprzęt, którego nie powstydziłaby się żadna duża hollywoodzka wytwórnia.

Gillette i urzędnicy wojskowi uzmysłowili sobie, że potrzebują nieprzebranej ilości filmów instruktażowych i innych pomocy ćwiczeniowych, aby przeszkolić rekrutów pochodzących ze wszystkich części kraju, posiadających różne wykształcenie. Ze względu na wysoce wrażliwe i tajne materiały armia sprawowała ścisłą kontrolę nad całym procesem realizacji, od scenariusza przez filmowanie aż do magazynowania taśm. Po swoim otwarciu w maju 1942 roku Centrum szybko stało się bazą operacyjną obsługującą wszystkie działania wojenne związanych z fotografią i filmem.

Z zewnątrz duży budynek Centrum wydawał się prawdziwie imponujący. Grube kolumny sąsiadowały z rzędami wysokich, wąskich okien. Armia zbudowała tam największe studio filmowe na Wschodnim Wybrzeżu, co umożliwiało pracującym tam ekipom odwzorowanie dowolnej scenografii wojennej.

Lee został przydzielony do niewielkiej grupy scenariuszowej. „Odpowiadałem za materiały szkoleniowe i scenariusze filmowe, robiłem plakaty, pisałem instrukcje obsługi – mówił. – Byłem jednym z największych nauczycieli tamtego okresu!" Do znamienitego oddziału należały słynne osobistości świata artystycznego – albo miały się nimi niebawem stać – jak trzykrotny zdobywca nagrody Akademii reżyser Frank Capra, rysownik „New Yorkera" Charles Addams czy autor książek dla dzieci i ilustrator Theodor Geisel, którego świat zdążył już poznać pod autorskim pseudonimem „Dr Seuss". Jakież rozmowy musiały się tam toczyć podczas przerw!

Lee zajmował biurko pośród innych pisarzy, po prawicy znakomitego autora Williama Saroyana, ale tylko w tych rzadkich chwilach, kiedy tamten, zadeklarowany pacyfista, w ogóle zjawiał się w biurze. Saroyan, który w 1939 roku zdobył Pulitzera za swoją sztukę *The Time of Your Life*, zwykle pracował w hotelu na Manhattanie. Gdy przyznano mu rzeczoną nagrodę, odmówił jej przyjęcia, co uczyniło go jeszcze popularniejszym pośród czytelników i innych pisarzy. Armia wysłała go później do Londynu, gdzie pracował przy filmach. Lee, razem z paroma innymi, w tym scenarzystą Ivanem Goffem i producentem Huntem Strombergiem Jr., otrzymali oficjalną wojskową desygnację i zostali „dramaturgami". Niektóre jednostki potrzebowały Lee i jego współpracowników u siebie, na miejscu. Dlatego chłopaka wysyłano na czasowe delegacje do baz wojskowych na południowym wschodzie z przystankami w Północnej Karolinie, Indianie i innych miejscach. Każda z nich rozpaczliwie potrzebowała łatwych do przyswojenia instrukcji obsługi, filmów instruktażowych oraz innych materiałów powiązanych z public relations. Do armii wstępowali nowi rekruci lub nieprzerwanie powoływano kolejnych mężczyzn, przez co nie było szansy gruntownie ich przeszkolić. Dlatego za każdym razem, kiedy Lee miał napisać instrukcję obsługi jakiegoś ustrojstwa albo scenariusz na temat, o którym często nie miał zielonego pojęcia, starał się przedstawić żądane informacje w jak najprostszy sposób. „Często pisywałem całe instrukcje w formie komiksowej. Był to znakomity sposób edukacji i komunikacji" – opowiadał.

Którąś z delegacji zabrała go do samego serca kraju, do Fort Benjamin Harrison w Indianie, zaraz na północny zachód od Indianapolis, co było zapewne wstrząsające dla chłopaka z Nowego Jorku, który nigdy nie wyjeżdżał ze swojego stanu. Pracował tam z ludźmi z wojskowego Departamentu Finansowego, który wydawał się nieustannie zmagać z terminowymi wypłatami i stale potrzebował instrukcji szkoleniowych i filmów, ponieważ armia nie potrafiła znaleźć poborowych z doświadczeniem w finansach. Obserwując tych domorosłych księgowych i żołnierzy odpowiedzialnych za zarządzanie żołdami maszerujących podczas musztry, Lee zauważył, że brakuje im zapału. Dlatego napisał dla nich piosenkę, aby mogli śpiewać przy marszu, dopisując nowe słowa do znanej *Air Force Song*. Pełen animuszu scenarzysta zawarł tam godne zapamiętania wersy, takie jak: „Piszemy, obliczamy, ale nigdy nie strzelamy", które mimo wszystko rozbudziły maszerujących żołnierzy i nieco ożywiły musztry.

Lee realizował też inne projekty, które obrazowały, czym zajmował się młody żołnierz podczas wojny. Gdy przełożeni zdali sobie sprawę, że szkolenie dla księgowości zajmuje zbyt dużo czasu, poprosili Lee, aby napisał podręczniki od nowa i upewnił się, że program będzie działał efektywniej. Chłopak stworzył komiksową postać, która przydała instrukcjom odrobinę beztroski i pomogła oficerom nauczyć się odpowiednich metod w nieco lżejszy sposób.

„Uprościłem napisane sztywnym językiem zasady zarządzania listami płac – wspominał Lee. – Wymyśliłem postać, którą nazwałem Fiskalnym Freddym, który starał się o żołd. Zrobiłem z tego istną grę. Przeplotłem paroma drobnymi żartami. Tym sposobem udało nam się skrócić procedurę szkoleniową o ponad 50 procent. Chyba samodzielnie wygrałem tę wojnę!". Lee rozumiał, że humor pomagał żołnierzom zapoznać się ze skomplikowanym procesem. Kolejne przydzielone zadanie było jego „najdziwniejszym projektem". Chodziło o stworzenie plakatów przestrzegających żołnierzy stacjonujących w Europie przez chorobami wenerycznymi. Choroby przenoszone drogą płciową zawsze były zmorą każdej armii, dlatego amerykańscy dowódcy potraktowali tę sprawę poważnie, przygotowując kompleksowe programy edukacyjne i udostępniając całym oddziałom kondomy, ale i tak wielu mężczyzn cierpiało na syfilis i rzeżączkę. Środki zapobiegawcze wymagały sporego wysiłku dla armii i były bardzo ważne. Na przykład Brytyjczycy – oporni przed stawieniem czoła sytuacji – podczas kampanii włoskiej miesięcznie leczyli z chorób wenerycznych 40 tysięcy ludzi.

Żołnierzy szczegółowo instruowano, czasem odbywali nawet kilka pogadanek w miesiącu, a każdy przed pójściem na przepustkę otrzymywał zestawy zapobiegawcze, które zawierały maść leczniczą, czyściwo i chusteczki. Często dostawali też prezerwatywy, pakowane zwykle po trzy sztuki. Organizowano również kampanie edukacyjne. Dowódcy wojskowi robili wszystko, co mogli, aby walczyć z chorobami wenerycznymi, łącznie z projektowaniem plakatów propagandowych, na których Hitler, Mussolini i Tōjō knują, jak można rozbić wojska alianckie za ich pomocą. Wiele z nich, tak jak słynne ilustracje przygotowane przez Artura Szyka, przedstawiały dowódców państw Osi jako zezwierzęconych podludzi, zwykle o szczurzych rysach. Ich zasugerowany związek z chorobami umyślnie tworzył wrogi, ksenofobiczny obraz.

Lee siedział przy biurku, rozmyślając nad projektem plakatu. Musiał za ich pośrednictwem poinformować żołnierzy o istnieniu założonych przez armię stacji profilaktycznych, które – jak mówił Lee – powstawały „w całej Europie". Można było poddać się tam ciężkim i bolesnym zabiegom mającym na celu zapobieżenie chorobom wenerycznym. „Te małe stacyjki rozsiano dosłownie po całej mapie – mówił – a nad wejściem umieszczono zielone światełka, aby można było je łatwo rozpoznać". Lee rozważał parę koncepcji, aż doszedł do wniosku, że najlepszy będzie prosty komunikat: „Choroba? Nie dla mnie!". Zilustrował swój plakat postacią radosnego żołnierza idącego do stacji, nad której drzwiami jarzyło się jasnozielone światło. Przełożonym się spodobało i za ocean popłynęły niezliczone plakaty. Być może projekt ten był jedną z najczęściej oglądanych rzeczy, które stworzył Lee. I najczęściej ignorowanych.

O ile trudno ocenić wagę filmów, plakatów, fotografii i innych materiałów produkowanych przez Korpus Łączności, dowództwo sił zbrojnych wyliczyło, że użycie filmów instruktażowych zmniejszyło czas potrzebny na szkolenie o 30 procent. Korpus dostarczał w kraju od 30 do 50 procent ogółu kronik filmowych pokazywanych w kinach, które informowały opinię publiczną o przebiegu działań zbrojnych. Fotografowie dzięki nowym teleobiektywom mogli robić zdjęcia na froncie i wysyłać je z powrotem do Ameryki, aby Lee, Capra, Geisel i inni wojskowi „dramaturdzy" mogli jeszcze lepiej wypełniać swoje obowiązki wobec kraju.

*

Lee pracował przy scenariuszach filmowych, plakatach i broszurach dla armii tak, jak jeszcze niedawno dla Martina Goodmana na Manhattanie: szybko i wydajnie. Doszło nawet do tego, że pozostali „dramaturdzy" nie mogli za nim nadążyć. Przełożony kazał Lee zwolnić tempo.

Chłopak, niereformowalny pracoholik, kiedy nie miał co robić, brał zlecenia od Timely i w jego kieszeni regularnie lądowały pieniądze z wydawnictwa. Z czasem uzbierał tyle, że gdy stacjonował na Uniwersytecie Duke'a, dodatkowy zarobek pozwolił mu na zakup pierwszego samochodu. Był to poobijany plymouth z 1936 roku, rzęch, za którego zapłacił dwie dychy. Ale jeździł, a nawet miał składaną przednią szybę, dzięki czemu Lee mógł cieszyć się ciepłym, karolińskim powietrzem dmuchającym mu prosto na twarz.

Lee brał zlecenia, kiedy tylko mógł. Gdziekolwiek nie wysłała go armia, tam odbierał w piątki listy od redaktorów Goodmana ze szkicami fabularnymi scenariuszy, których potrzebowali. Gdy tylko miał wolne, spisywał je na maszynie i odsyłał w poniedziałek, żeby wyrobić się w narzuconych terminach. Nie dość, że Lee pisał dla Fago komiksy, również pomagał przy magazynach pulpowych. Pisywał chociażby podpisy pod rysunkami w „Read!", jednym z czasopism wydawanych przez Goodmana z myślą o dorosłym czytelniku.

Oto przykład takiej rymowanki ze stycznia 1943 roku: „Piła cię przetnie na pół / Automat zmiele na wiór / Ale za nic na świecie / Nie podpadnij kobiecie!". Tekstowi towarzyszyła ilustracja przedstawiająca otyłą matronę karmiącą łysego męża przypiętego łańcuchem do psiej budy. Rubaszny humor był w owych czasach jak najbardziej mile widziany i pasował jak ulał do magazynów dla mężczyzn wydawanych przez Goodmana, pełnych seksistowskich podtekstów, pikantnych zdjęć i ostrej przemocy.

Lee pisywał także krótkie opowiadania z zaskakującymi rozwiązaniami zagadek kryminalnych, podobne do tych, które zlecał mu niegdyś Joe Simon. W *Tylko ślepiec widzi*, opowiadanku opublikowanym na łamach magazynu „Joker" (1943–1944), mydlił czytelnikowi oczy. Okazywało się, że niewidomy żebrak, którego wszyscy uważali za oszusta, faktycznie jest ślepy. Lee zwracał się bezpośrednio do odbiorcy, w drugiej osobie, nazywając go „Kolesiem". Zdradzał, że pechowy biedaczyna był zbyt dumny, aby konfrontować się z ludźmi zarzucającymi mu fortel i dopiero gdy został potrącony przez jadące szybko auto, tamci uzmysłowili sobie prawdę. Tego typu historyjki były dla

Lee poligonem doświadczalnym i solidnym ćwiczeniem, które po wojnie pomogło mu pisać opowiadania science fiction i komiksy o potworach.

O ile przełożeni Lee nie zwracali zbytniej uwagi na jego dodatkowe zajęcie, któregoś razu został z jego powodu aresztowany, oczywiście w zwariowanych okolicznościach, jakżeby inaczej. Lee rutynowo odbierał zlecenia razem z piątkową pocztą, aby popracować przez weekend, kiedy miał więcej czasu. Któregoś razu znudzony urzędnik nie zauważył zaadresowanego do chłopaka listu i powiedział, że nic do niego nie przyszło. Tyle że nazajutrz, gdy Lee akurat przechodził obok zamkniętego już pokoju pocztowego, zauważył w swojej przegródce list z adresem zwrotnym Timely na kopercie. Nie chcąc spóźnić się z oddaniem tekstu, poprosił dyżurnego o otwarcie drzwi, lecz ten odmówił i kazał mu czekać do poniedziałku. Rozzłoszczony Lee chwycił za śrubokręt i poodkręcał zawiasy, aby jak najszybciej odebrać przesyłkę. Oficer zobaczył, co się stało, i zgłosił zdarzenie do nieprzepadającego za Lee kapitana. Chłopakowi groziło postawienie zarzutu złamania tajemnicy korespondencji i – jeśli zostałby skazany – pobyt w więzieniu w Leavenworth. Na szczęście zanim sprawy zaszły aż tak daleko, interweniował pułkownik zawiadujący Departamentem Finansowym i ocalił młodzikowi skórę. Tym razem Fiskalny Freddy faktycznie uratował dzień!

Owo spięcie z przełożonymi okazało się jedyną plamką na nieskazitelnej służbie Lee. Resztę wojny spędził za biurkiem, redagując materiały szkoleniowe i plakaty.

*

Nareszcie, już jako sierżant, podpisał się i odbił pomazany kciukiem tusz pod dokumentem potwierdzającym zwolnienie ze służby. Lee wskoczył do auta, jeszcze zanim wyschnął mu palec. Dwudziestotrzyletni rezerwista miał już wtedy nowy samochód, dużego, czarnego buicka kabriolet z fotelami obitymi czerwoną skórą, oponami zdobionymi paskiem z białej gumy i lśniącymi felgami. Buick był dla niego wyraźnym skokiem naprzód, kiedy porówna się go z poobtłukiwanym plymouthem, którego kupił w Północnej Karolinie.

Lee otrzymał dodatek w wysokości 200 dolarów (zwany „odprawą"), który armia wypłacała żołnierzom szykującym się do rozpoczęcia życia w cywilu, ale obowiązkowy wykład z zarządzania tymi środkami już sobie odpuścił. Jeszcze przed wyjazdem wpłacił połowę na konto oszczędnościowe. Była końcówka września 1945 roku i armia przyznała Lee 42 dolary i 12 centów na powrót do Nowego Jorku z ośrodka w Camp Atterbury w środkowej Indianie, jakieś 80 kilometrów na południe od Fort Harrison, gdzie stacjonował.

Lee, miłośnik aut, szczególnie lubujący się w długich, opływowych kabrioletach, wyruszył w długą trasę. Był tak podekscytowany powrotem do rodzinnego miasta, że żartował: „spaliłem mundur, wskoczyłem do auta i pojechałem, nie zatrzymując się, do Nowego Jorku. Pędziłem jak concorde!". Nie mógł się doczekać odzyskania dawnego stanowiska w Timely, pod które – po przeniesieniu do nowego biura na czternastym piętrze Empire State Building – Goodman podpiął również i swoje magazyny. Lee wyruszył czym prędzej. Miał do pokonania ponad 1000 kilometrów.

ROZDZIAŁ 4

POWRÓT DO MARVELA

Stan Lee, niezgrabny i chudy jak tyczka, przypominał bohatera kreskówki chyboczącego się na ekranie albo krętą smugę, kiedy przeciskał się przez tłum pieszych i wymijał sprawnym slalomem klientelę przyglądającą się sklepowym wystawom na Broadwayu. Prawie że biegł przez trzy i pół kilometra dzielące jego nowe dwupokojowe lokum w hotelu Alamac i biuro Timely Comics mieszczące się w majestatycznym Empire State Building. Mijając stajnie w Central Parku, czasem wskakiwał na koński grzbiet i galopował ubitymi traktami, aby niedługo później siedzieć za biurkiem wydawniczego magla. Buty szurające o chodnik wystukiwały dziki rytm, za którym nadążały jedynie kiełkujące mu w głowie myśli, z których miały narodzić się scenariusze.

Powojenne lata stwarzały ambitnym ludziom takim jak Lee niemałe możliwości. Sprzedaż komiksów w czasie drugiej wojny światowej znacząco wzrosła. Ludzie potrzebowali choć chwili oddechu, szczególnie mężczyźni na froncie oraz ci, którzy wspierali działania wojenne z baz w kraju i za granicą. Komiksy zapewniały rozrywkę łatwą i szybką, były zabawne, ekscytujące i pozwalały oderwać się od brutalnej rzeczywistości, która pochłaniała media rozprawiające nieustannie o zmarłych, zaciętych bojach i niezliczonych rannych. Po wojnie, jak oceniali badacze rynku, aż 90 procent dzieci i nastolatków w wieku od 8 do 15 lat regularnie czytało komiksy. Lee, który aktywnie pracował w branży podczas służby wojskowej, zdążył się zorientować, że choć moda na gatunki zmieniała się okresowo, czytelnicy nie rezygnowali z kontaktu z komiksami. Po zakończeniu wojny naród był naelektryzowany. Kultura popularna, nieograniczana już dłużej racjonowaniem i niezbędnymi poświęceniami, eksplodowała rozmaitymi, nowymi i jaskrawymi kolorami, obrazami i dźwiękami. Był to dobry okres dla przemysłu wydawniczego.

Lee powrócił do Nowego Jorku i skierował swoje kroki do biur Timely Comics zaraz po zakończeniu służby w środkowych Stanach. Hotel Alamac stojący przy Broadwayu i Siedemdziesiątej Pierwszej, gdzie się zatrzymał, był okazałym, dziewiętnastopiętrowym budynkiem o ciemnobrązowej fasadzie z cegieł, którego budowę ukończono w 1925 roku. Hotel w drugiej połowie lat 20. był domem dla wielu zespołów jazzowych, a także zwyczajowym miejscem, gdzie zatrzymywały się przyjezdne pierwszoligowe drużyny baseballowe. Alamac miał około 600 pokojów gościnnych, na parterze mieściła się restauracja oraz parę sklepów. Później, na początku lat 50., CIA używało hotelu jako kryjówki dla niemieckich naukowców i techników biorących udział w amerykańskich operacjach obronnych podczas zimnej wojny.

Podczas wojny przez dłuższy czas przerzucano Lee po przeróżnych bazach i ośrodkach szkoleniowych leżących zwykle pośrodku niczego, teraz więc był podekscytowany powrotem do rodzinnego miasta. Przez Alamac przewijali się nowi przyjaciele i znajomi. Co ważniejsze, aby dotrzeć do biura Timely, musiał stamtąd przejść 40 przecznic. Choć zajmowało mu to przeszło godzinę, chodził w obie strony, a jego niespożyta energia napędzała niespokojne nogi. Chłopak chodził pieszo praktycznie wszędzie, po całym mieście, nie bacząc na odległości, chciał utrzymać formę i pozbyć się nadmiaru energii. Lee uwielbiał to, co miasto miało mu do zaoferowania podczas tych codziennych przebieżek do pracy, poczynając od dreszczyku emocji na Times Square, kończąc na wysokich wieżowcach i przewalających się po chodniku tłumach ludzi. Czasem wynajmował łódkę i wiosłował po jeziorze w Central Parku.

Lee naprawdę uwielbiał swoją pracę. Czuł się, jakby zyskał nowe życie. Miał ładne lokum i stały dochód (który ciągle rósł), a obok niego kręcił się tłumek młodych kobiet. Lecz życie nie przebiegało mu bez żadnych zmartwień. „Było coś, co mnie irytowało i frustrowało – tłumaczył po latach. – Fakt, że nikt spoza naszego małego kręgu nie miał do powiedzenia o komiksach choćby jednego dobrego słowa". Zwykle uważano je za stratę czasu i robotę głupiego.

Negatywna postawa otoczenia przyprawiała Lee czasem o zwątpienie, mimo że ogólnie był zadowolony ze swojej pracy. Dla kogoś, kto był nastawiony na sukces od małego, było to męczące. Podczas wojny miał okazję służyć z paroma największymi kreatywnymi umysłami w kraju; teraz znowu był tylko scenarzystą od komiksów. Choć Lee miał dwadzieścia parę lat i całe życie przed sobą, zastanawiał się, co mógł zaoferować mu przemysł, który większość ludzi uważała po prostu za rozrywkę dla dzieci, niezbyt bystrej młodzieży i niedojrzałych dorosłych.

*

Choć Lee jeżył się, kiedy widział, jak ludzie reagują na to, czym się zajmuje, uwielbiał pisać dla Timely. Podczas służby w dywizji odpowiedzialnej za filmy szkoleniowe młody mężczyzna dostrzegł, w jaki sposób animacja i filmy mogą poszerzać ludzkie horyzonty. Okres po wojnie pokazał, że istnieje ogromne zapotrzebowanie na przemysł rozrywkowy i biznes oparty na kreatywności.

Konsumenci zainteresowali się nowymi formami kultury dokładnie wtedy, kiedy mieli więcej pieniędzy do wydania i dodatkowy czas wolny, który zyskali dzięki technicznemu postępowi dokonanemu podczas wojny oraz dzięki kwitnącej powojennej gospodarce. Stany Zjednoczone osiągnęły status prawdziwego supermocarstwa, a wynikającą z tego korzyścią było uformowanie się dobrze prosperujących klas: średniej i średniej wyższej. Lecz Lee musiał jakoś pogodzić codzienne radości z rzucanymi mu spode łba spojrzeniami, którymi raczyli go ludzie, kiedy dowiedzieli się, jak zarabia na życie.

Krytykanci nie znali przeszłości Lee i nie mieli pojęcia, jak poważnie traktował swoją pracę, bo zapewniała mu stały dochód. Lee wciąż pamiętał o ubóstwie, którego doświadczył w dzieciństwie, podobnie jak duża część wschodnioeuropejskich oraz żydowskich rysowników i scenarzystów działających w branży komiksowej. Lee pamiętał też o ojcu, który był chronicznie bezrobotny. Timely zapewniało Stanowi pracę, a na stanowisku redaktora naczelnego zarabiał niemało, poza tym lubił to, co robił. Ale musiało minąć jeszcze trochę czasu, zanim udało mu się zmazać złośliwy uśmieszek z twarzy swoich rozmówców, gdy dowiadywali się, że pisał i redagował opowieści o zabawnych zwierzątkach oraz romanse o nastolatkach.

Podczas swojej nieobecności Lee zadbał, aby Timely zarządzał niewielki personel (posadę redaktora naczelnego przekazał przyjacielowi, Vince'owi Fago) któremu w czasie wojny udało się sprzedać miliony komiksów, a portfel Goodmana pęczniał, co uczyniło proces powrotu do cywila i na stanowisko kierownicze wydawnictwa bezbolesnym. Fago i tak chciał wrócić do rysowania na pełny etat, dlatego Lee nie miał żadnego problemu z odzyskaniem posady i dział komiksu z powrotem trafił pod skrzydła młodego redaktora.

Timely podczas służby wojskowej Lee nieco zmieniło profil. Fago, wykorzystując swoje doświadczenie przy tytułach niesuperbohaterskich, rozwijał wydawnictwo w innym kierunku, poza tym czytelnicy zaczęli się interesować tematami innymi niż nadludzie. Lee po swoim powrocie zastał wydawnictwo publikujące komiksy dla nowego odbiorcy. Cały rynek odpowiedział na rosnącą popularność Archiego i jego bandę nastoletnich przyjaciół z *Archie Comics*, którego pierwszy zeszyt ukazał się pod koniec 1942 roku. Jak przystało na lojalnego pracownika, Lee szybko i bez gadania przestawił się na pełne młodzieżowego humoru komiksy o nastoletnich dziewczętach, bo takich pożądali czytelnicy.

Ruth Atkinson, słynna rysowniczka i scenarzystka, pod koniec 1945 roku, kiedy Lee powtórnie sadowił się na fotelu redaktora, stworzyła przebojową i długowieczną serię *Millie the Model*. Jako jedna z pierwszych kobiet w branży Atkinson utorowała drogę innym, którym marzyła się kariera w przemyśle komiksowym. Wymyśliła także *Patsy Walker*, spin-off starej serii *Miss America Magazine*. Co było typowe dla Timely, Lee z biegu podpiął się pod wszystkie możliwe trendy i stworzył *Nellie the Nurse*, kolejny odprysk mody na nastoletnie romanse.

Im bliżej końca 1945 roku, tym bardziej poluzowały się ograniczenia dystrybucji papieru. Gdy je zniesiono, rynek komiksu rozpędził się na dobre. Tylko w 1946 roku sprzedawano miesięcznie około 40 milionów egzemplarzy wystawionych na stojaki z prasą. O ile nadal przyzwoicie schodziły żelazne pozycje, takie jak *Captain Marvel* od Fawcett czy *Superman* i *Batman* z DC, czytelnicy chętniej sięgali po tytuły kryminalne, nastoletnie figle i science fiction.

Pod koniec 1946 roku Lee starał się pożenić popularność kobiecych opowieści z gatunkiem superbohaterskim, wypuszczając Blonde Phantom. Tytułową bohaterką była Louise Grant, sekretarka prywatnego detektywa Marka Masona, która ukrywała swoją drugą tożsamość. Nocą zakładała jasnoczerwoną suknię wieczorową i maskę, żeby walczyć ze złoczyńcami. Opanowała na poziomie mistrzowskim sztuki walki oraz świetnie strzelała z pistoletu kaliber .45. Blonde Phantom upodobniono do Wonder Woman z DC i Miss America z Timely. Grant otrzymała swoją solową serię począwszy od *Blonde Phantom Comics* #12, która utrzymała się na rynku przez dwa lata. Przez ten czas pojawiała się także w antologiach oraz paru innych zbiorczych publikacjach Timely.

Lee, starając się rzutem na taśmę wskrzesić modę na historie o superbohaterach, skrzyknął parę postaci Timely i stworzył supergrupę podobną do Justice Society of America (Amerykańskie Stowarzyszenie Sprawiedliwości) od DC, która zadebiutowała u konkurencji w *All Star Comics* #3 (zima 1940–1941).

I tak na łamach *All Winners Comics* #19 (jesień 1946) pojawili się Kapitan Ameryka, Human Torch, Sub-Mariner, Whizzer, Miss America oraz ich nastoletni pomocnicy. Okładkę zdobiły typowe dla Lee hasła obiecujące „ELEKTRYZUJĄCY, PEŁEN AKCJI THRILLER!".

Redaktor do napisania scenariusza do historii o nowej drużynie superbohaterów zatrudnił słynnego współtwórcę Batmana, Billa Fingera. Wymyślona przez niego historia skupiała się na próbie wykradnięcia broni nuklearnej przez niegodziwego złoczyńcę. Słaba sprzedaż komiksu była jednak ostatecznym dowodem na spadek popularności trykociarzy i *All Winners* okazało się raczej przystanią nie dla zwycięzców, ale dla przegranych. Tytuł ten pojawił się na rynku jeszcze raz, zanim Goodman go skasował. Decyzję poprzedziła zresztą rezygnacja z innej serii, stworzonego przez Joego Simona i Jacka Kirby'ego *Young Allies Comics*, mimo że sprzedawała się nieźle od swojej premiery w lecie 1941 roku. Dla Lee stale ewoluujący rynek był okazją do tego, żeby próbować coraz to nowych rzeczy i patrzeć, co się przyjmie.

Przemysł komiksowy rozrastał się nieprzerwanie mimo ciemnych chmur zbierających się nad superbohaterami. Lee udało się zdobyć pewien rozgłos w listopadzie 1947 roku, kiedy redakcja magazynu „Writer's Digest" zaprosiła go do napisania materiału na okładkę. Kiedy numer trafił na stojaki z prasą, Lee nie miał wtedy jeszcze nawet 25 lat. Epatując swym chłopięcym urokiem, na zdjęciu ciamkał fajkę, starając się dodać sobie lat i powagi. Mimo że nadal powątpiewał, czy zwiąże przyszłość z rynkiem komiksowym, omawiając temat, przyjął rolę doświadczonego profesjonalisty. Rosnąca popularność komiksu popchnęła „Writer's Digest" do zajęcia się tym tematem, a Lee po raz pierwszy zaprezentował się szerszemu gronu czytelniczemu.

Artykuł zatytułowany *Na komiksach da się zarobić!* oferował przyszłym scenarzystom garść rad odnośnie do przebicia się w branży, łącznie z naciskiem na realistyczne dialogi i dbałość o rozwój postaci. Tekst ten daje wgląd, co Lee myślał wtedy o pisaniu. Jak się okazuje, Stan trzymał się tego podejścia – kiedy tworzył podstawy stylu Marvela i kiedy firma w latach 60. osiągała swoje największe sukcesy. Tak jak inni młodzi scenarzyści mówiący głosem nie do podrobienia, Lee udowodnił dojrzałość wizji i zrozumienie, czego wymaga sukces w tej branży. W czasie kiedy Lee umacniał markę swojego nazwiska, Goodman zrezygnował z dotychczasowej nazwy wydawnictwa i zaczął eksperymentować z rozmaitymi wersjami słowa „Marvel", lecz szybko porzucił ewentualne wariacje. Sprzedaż rosła, lecz wydawcy nadal rozpaczliwie starali się znaleźć magiczny eliksir, którego pożądali czytelnicy. Skakali z tematu na temat, ostatecznie chwytając się różnych pomysłów, łącznie z nowym ujęciem nastoletnich romansideł, czemu początek dali Simon i Kirby, pisząc *Young Romance* (wrzesień 1947 rok) dla wydawnictwa Crestwood/Prize. Autorski duet znowu trafił w dziesiątkę. Komiksy z tej serii przedstawiano jako pierwszoosobową narrację „prawdziwych" historii i dzięki temu *Young Romance* sprzedało się w milionach egzemplarzy.

Sukces ten umożliwił Simonowi i Kirby'emu rozkręcenie miniaturowego imperium zbudowanego na pieniądzach ze sprzedaży. Weterani rynku komiksowego, ciągle poszukujący utalentowanych freelancerów, zatrudnili paru najlepszych wolnych strzelców, którzy zajęli się produkcją komiksu pod ich uważnym i skrupulatnym okiem. Niektóre szacunki mówią, że seria *Young Romance* i rozmaite jej odpryski aż do końca lat 40. sprzedawały się łącznie w miesięcznym nakładzie około pięciu milionów egzemplarzy. Tytuł ten wydawano do czerwca 1963 roku, kiedy Crestwood sprzedało DC prawa do serii, a amerykański gigant kontynuował jego publikację do 1975 roku.

W okresie zimnej wojny przez amerykański rynek komiksowy przewalały się sukcesywnymi falami mody na rozmaite gatunki, które wydawały się zmieniać rokrocznie. I tak czytelnicy odbijali się od jednego do drugiego, superbohaterowie ustępowali miejsca humorystycznym historyjkom dla młodzieży, które z czasem zmutowały się w romanse, a potem przyszedł czas na komiksy kowbojskie i kryminalne. Oczywiście publikowane przez Goodmana pod anonimowym szyldem serie nadal pojawiały się na stojakach i wydawca utrzymywał się w górnej połowie klasyfikacji tych najpopularniejszych, lecz jego firmie brakowało iskry, która pozwoliłaby mu zyskać popularność umożliwiającą rywalizację z większymi wydawcami. Po prostu polecił Lee korzystać ze sprawdzonych rozwiązań konkurencji. Dlatego pod koniec 1947 roku *Sub-Mariner Comics* nagle przechrzczono na *Official True Crime Cases Comics* #24, które przejęło numerację po superbohaterskiej serii.

Ludzie coraz częściej zwracali się ku filmowi i telewizji, a każde z tych mediów odciskało swoje piętno na komiksach. Popularność gwiazd westernu – najpierw Gene'a Autry'ego, potem Roya Rogersa – rozpaliła zainteresowanie komiksami o tematyce kowbojskiej. Rogers, razem z wiernym koniem Triggerem i żoną Dale Evans, wystąpił w popularnych filmach

King of the Cowboys (1943) i *Home in Oklahoma* (1947). Od początku lat 40. do końcówki 50. Rogers był jednym z najpopularniejszych aktorów westernowych w kraju. Podobizna gwiazdora, który podpisał umowę licencyjną na wykorzystanie jego wizerunku, znalazła się na niezliczonych produktach, ustępując tylko postaciom Disneya. Rogers wypuszczał przebojowe nagrania i występował w słynnym programie radiowym, który po pewnym czasie przeniósł się do telewizji i z miejsca zadomowił się pod amerykańskimi strzechami.

Lubujący się w westernach czytelnicy sięgali chętnie po komiks *Hopalong Cassidy*, którego w 1947 roku sprzedano cztery miliony egzemplarzy i aż osiem w kolejnym. DC pod koniec 1948 roku wypuściło *Dale Evans Comics*, chcąc zarobić na popularności aktorki i jej powiązaniu z Rogersem. Założony przez Goodmana w celu rozłożenia kosztów po całej firmie imprint Western Fiction Company publikował serię *Wild Western* (1948–1957). Bohaterem komiksu był niejaki Kid Colt, lecz przewijały się tam i inne postacie, od Apache Kida do Arizony Jane. Lee redagował tę serię i sam pisywał niektóre historie. Za rysunek odpowiadała stale zmieniająca się ekipa wolnych strzelców i etatowych pracowników.

Do marca 1948 roku Lee zdążył już popłynąć z kowbojską falą. Rozpoczął wydawanie serii *Two-Gun Kid* o śpiewającym rewolwerowcu w typie Rogersa i Autry'ego. Pięć miesięcy później na stojaki trafił *Kid Colt, Hero of The West* #1; popularny bohater otrzymał tym samym samodzielny tytuł. Opowiadał on o strzelcu, który zabija mordercę jego ojca, a następnie – mimo że stał się zbiegiem – pędzi ścieżką ku wybawieniu jako Kid Colt. Bohater ten nie był jednoznacznie dobry ani zły i może zostać uznany za prekursora postaci superbohaterów, które Lee i jego zespół stworzyli dekadę z haczykiem później. Ulubionym kowbojem Lee był Black Rider, lekarz, który przyjął sekretną tożsamość, aby walczyć z kryminalistami. Komiks ten dał Stanowi rzadką okazję do zrobienia czegoś, co wykraczało poza jego zwyczajowe obowiązki redaktora i scenarzysty. Goodman nie ingerował w codzienną pracę przy magazynach i komiksach, szczególnie kiedy dany tytuł przynosił mu regularnie pieniądze, lecz od zawsze miał słabość do okładek. Preferował zdjęcia niż rysunki, tak jak niegdyś przy okazji *Miss America* i mnóstwa pulpowych czasopism. Dlatego na jednej z okładek *Black Ridera* mógł pojawić się sam Lee w czarnym stroju i masce, trzymając ze złowrogą miną dwa rewolwery.

Zmienne gusta czytelnicze niepokoiły wydawniczą brać. Chcąc za wszelką cenę podnieść sprzedaż publikowanych serii, niektórzy uciekali się do dyskusyjnych sposobów pozyskania nowych odbiorców i balansowali na granicy przyzwoitości, publikując na poły pornograficzne czasopisma podobne do tych, które produkowano w latach 20. i 30. Największy wpływ na ówczesny rynek miał inny gatunek, który zyskał popularność pod koniec dekady i równocześnie okrył się niesławą – kryminał, w tym oparty na faktach. Tąpnięcie będące udziałem podobnych opowieści wstrząsnęło całym przemysłem komiksowym.

Popyt na kryminał doprowadził do tego, że w 1948 roku praktycznie każdy wydawca wypuścił na rynek nowe serie, niektóre całkiem wyważone, inne pełne sprośności i sugestywnej przemocy. Na przykład na okładce *Murder Incorporated* (ze stycznia 1948 roku) opublikowanego przez Fox pojawiła się wyraźnie rozgniewana kobieta o wydatnym biuście strzelająca do oszukującego przy karcianym stole mężczyzny, który krzywił się z bólu, gdy kula przebijała mu pierś. Choć na okładce znalazło się ostrzeżenie „Tylko dla dorosłych", twórcy zamierzali dotrzeć do młodszego czytelnika.

Popularność komiksów kryminalnych doprowadziła w 1948 roku do wzrostu liczby publikowanych tytułów o 20 procent w porównaniu z poprzednim i aż o 50 procent w stosunku do jeszcze wcześniejszego. Obsesja na punkcie nowych czasopism zwróciła uwagę dorosłych. Zainteresowali się przemocą i lubieżnymi obrazkami, które miały degenerujący wpływ na ich dzieci. W 1948 roku „Time" opublikował artykuł sugerujący, że niektórzy młodociani przestępcy kopiowali zbrodnie, o których czytali w komiksach. Panika rozprzestrzeniła się na cały kraj. Przestępstwa i zbrodnie napędzały sprzedaż gazet, dlatego media szybko podłapały temat i dorzuciły do pieca. Fredric Wertham, poczytny autor i psychiatra, podsycał nagonkę na komiksy. Zorganizował sympozjum, którego uczestnicy doszli do wniosku, że komiksy gloryfikują zbrodnię, przemoc i seks. Niespodziewanie przemysł komiksowy stanął przed nie lada kryzysem.

*

Po wojnie zarządzający działem komiksu Lee nie narzekał na brak pracy. Miał niespożyte siły i bujną wyobraźnię, lecz nie był na tyle przedsiębiorczy, żeby rozkręcić własny biznes – jak inni scenarzyści i rysownicy, na przykład Joe Simon czy William Gaines – i stać się niezależnym. Dla Lee stała wypłata była wartością nadrzędną, a poza tym naprawdę lubił pracować z zespołem redakcyjnym i wspólnie publikować komiksy, nawet jeśli było to zajęcie w dużej mierze odtwórcze. Tak podsumował typową strategię Goodmana: „Co kilka miesięcy wchodził nowy trend i od razu się pod niego podczepialiśmy, wiernie krocząc za każdą modą... Byliśmy wtedy bandą naśladowców".

Choć jego kariera przed drugą wojną światową kręciła się wokół komiksów, Lee po powrocie ze służby zrobił się nieco niespokojny. Być może pojął, że jego słowa mają moc wykraczającą dalece poza żarciki śmiesznych zwierzątek czy pochrumkiwania potworów z historyjek dla dzieci. I kiedy wyzwolił się nieco z objęć Goodmana, skupił się na projektach eksponujących jego mocne strony. Sukces artykułu z okładki „Writer's Digest" pozwolił mu zastanowić się nad stosunkowo nowym przemysłem i zadumać, jak artyści mogą mieć na niego większy wpływ. W 1947 roku własnym sumptem opublikował wycenioną na dolara broszurę *Secret Behind the Comics*, co było ceną niespotykanie wysoką, jako że wówczas komiksy sprzedawano po dziesięć centów. Przy użyciu komiksowych fontów i ilustracji przedstawiających proces pisania scenariusza i rysowania komiksu magazyn „autorstwa Stana Lee" (co odpowiednio wyróżniono na okładce) aż kipiał od charakterystycznego dla autora entuzjazmu. Publikację Lee zadedykował swojemu młodszemu bratu Larry'emu i dzieciom Goodmana, Idenowi i Chipowi.

O ironio, ujawnionym *Sekretem nr 1* była odpowiedź na pytanie, kim jest Lee i czemu wypuścił ten materiał. Towarzyszyły mu rysunek przedstawiający zamyślonego Lee z ołówkiem włożonym za ucho i kokardą w kropki pod szyją oraz lista publikacji, przy których pracował w Timely Comics jako „Redaktor zarządzający i dyrektor artystyczny". Charakterystyczny dla niego styl pisania rzucał się w oczy niemal na każdej stronie: „TERAZ, po raz pierwszy na świecie, Stan Lee zaprezentuje, jak PISZE SIĘ paski komiksowe!!!". W książeczce było wiele pustych stron, na których czytelnicy mogli, opierając się na scenariuszu Lee, narysować Blonde Phantom.

Lee zdarzało się redagować albo kierować pracami nad czasopismami dla dorosłych (a może raczej Goodman kusił młodego protegowanego taką możliwością). Choć komiksy sprzedawały się podczas drugiej wojny światowej znakomicie, medium to nie było postrzegane jako „prawdziwa" droga do kariery. Magazyny pulpowe cieszyły się większym uznaniem, nawet sprośne pisemka wydawane przez Goodmana. Kiedy wydawca niespodziewanie potrzebował dodatkowych rąk do pracy, zgarniał Lee do rozmaitych zadań, na przykład przy redakcji ilustrowanego magazynu z pin-up girls „Focus" w 1950 roku. Pismo określano „prześcieradłowym" z powodu dużego formatu 25 × 40 centymetrów. „Focus" kierowano do męskiego czytelnika (a przynajmniej tego, którego interesowały obrazki), kusząc z okładki modelkami odzianymi w skąpe bikini (łącznie z przyszłą gwiazdą ekranu Marilyn Monroe) i pełnymi sprośności nagłówkami. Rok później wydawca zmienił format do kieszonkowego, 10 × 15 centymetrów. Goodman nieustannie bawił się layoutem okładki, tytułami i właśnie formatami, mając nadzieję, że nawet niewielka zmiana podpatrzona zwykle u konkurencji zaowocuje ostatecznie wyższą sprzedażą magazynu. Lee był coraz bardziej niezadowolony, ale nie chciał za bardzo mieszać i ryzykować utratą pracy. Tak jak inni ludzie pamiętający spustoszenie wywołane przez wielki kryzys, młody redaktor po prostu bał się bezrobocia i braku poczucia bezpieczeństwa. Nie musiał sięgać głęboko w pamięci, aby przypomnieć sobie rodziców wykłócających się, jak wyskrobać pieniądze na kolejny czynsz, i strach przed możliwą eksmisją. Niespożyta energia Lee pomagała mu znajdywać zlecenia, pod którymi często się nie podpisywał. Pracował też jako ghostwriter, bo nie chciał zostać zwolniony przez Goodmana. „Pisywałem pod różnymi nazwiskami" – tłumaczył Lee. Otrzymywał zlecenia różnej maści – pisał scenariusze do telewizyjnych seriali, audycji radiowych i haseł reklamowych. Jedną z nielicznych rzeczy, do których się w owym okresie przyznał, był niedzielny pasek gazetowy *Howdy Doody*, który ukazywał się w latach 1950–1953, kiedy kukiełki przeżywały renesans popularności.

Zapracowany redaktor spędzał długie godziny na zarządzaniu działem komiksu. Mimo to miał jeszcze mnóstwo sił, żeby po pracy korzystać z uroków nocnego życia odżywającego, powojennego Nowego Jorku. Miasto wydawało mu się najlepszym miejscem na świecie, oferującym niezliczone atrakcje, rozmaite rozrywki i niepowtarzalny klimat. No i mieszkało tu mnóstwo atrakcyjnych kobiet, z którymi mógł się spotykać.

Jego życie odmieniło się znacząco w 1947 roku, kiedy poznał angielską modelkę i aktorkę imieniem Joan Clayton Boocock. Kuzyn Lee planował zorganizować mu randkę w ciemno ze znajomą modelką i powiedział mu, żeby spotkał się z nią w jej agencji. Kiedy jednak zapukał do drzwi, otworzyła mu sama Joan. Lee wybełkotał, że się w niej zakochał i rysował jej twarz, odkąd był małym chłopcem. Zamiast uciec w popłochu Joan roześmiała się na tę bezceremonialną deklarację i zgodziła się z nim umówić. Niedługo potem zostali parą.

Joan odnosiła sukcesy jako modelka kapeluszy, lecz przybyła do Stanów Zjednoczonych już jako żona innego. W czasie wojny poślubiła amerykańskiego oficera w Wielkiej Brytanii. Gdy zdała sobie sprawę, że jej małżeństwo było pomyłką, chciała wyjechać do Reno w stanie Nevada i tam ubiegać się o rozwód (nowojorskie prawo czyniło ten proces nawet nie tyle problematycznym, co niemożliwym). Z kolei wymogiem w Nevadzie było sześć tygodni spędzonych na terenie stanu.

Lee czekał niecierpliwie na jej powrót z Reno, ale młoda modelka przyciągała niejednego adoratora. Kiedy młody redaktor otrzymał list rozpoczynający się od „Drogi Jacku", pojął, że musi działać szybko. Nie bacząc na nic, wybrał się w podróż okrężną drogą na zachód, co zajęło mu 28 godzin. Gdy dotarł na miejsce, przekonał dziewczynę o swojej miłości i zrobili to, co możliwe było chyba tylko tam: spotkali się z sędzią w jednej salce, aby unieważnić małżeństwo Joan, przeszli do drugiego pokoju i ten sam urzędnik udzielił im ślubu. Po zaledwie paru minutach Joan Boocock została panią Lee.

Młoda para pojechała przez kraj pociągiem, zajeżdżając do Nowego Jorku, akurat kiedy rozpoczynał się świąteczny sezon zakupowy. Przenieśli się do niewielkiego mieszkania na Dziewięćdziesiątej Szóstej Ulicy na Manhattanie, pomiędzy alejami Lexington i Piątą Aleją, niedaleko jeziora w Central Parku, po przeciwnej stronie od niedawnej siedziby Lee w hotelu Alamac. Zwykłemu chłopakowi z miasta, który niemal całe życie tułał się po miniaturowych mieszkankach, nowe lokum wydawało się niemalże pałacem. Zamieszkał z Joan i dwoma psami, cocker-spanielami Hamletem i Hekabe.

Dwa lata później zmarła matka Lee. Larry, jego piętnastoletni brat, nie miał gdzie się zatrzymać i małżonkowie przyjęli go pod swój dach. Czując, że dobrze zrobiłaby im przeprowadzka na przedmieścia, niewielka rodzina przeniosła się do małego miasteczka na Long Island, gdzie kupiła ośmiopokojowy dom na West Broadway w Hewlett Harbor. Nabyli też zielonego buicka kabriolet należącego poprzednio do pilota formacji Blue Angels, który wyróżniał się nietypową ozdobą kratki chłodnicy, umieszczono bowiem na niej „ogromną latającą kobietę". Joan cieszyła się z sukcesów Stana i rozwojem jego kariery (tak jak inni mężczyźni pod koniec lat 40. i na przełomie 50., Lee nie chciał, aby jego żona pracowała). W 1951 roku razem z córeczką Joan Celią (urodzoną w 1950 roku i zwaną potem zwykle „małą Joan" albo „J.C.") przenieśli się do stojącego niedaleko domu przy 226 Richards Lane. Państwu Lee podobał się urok nieco starawego domu, zbudowanego ćwierć wieku wcześniej. Być może nazwa ulicy zainspirowała później Stana, żeby przywódcę Fantastycznej Czwórki ochrzcić mianem Reeda Richardsa.

Zaledwie parę kilometrów dalej mieszkał Martin Goodman z rodziną. Jego dzieci spędzały u państwa Lee sporo czasu. Iden, syn wydawcy, uczył się prowadzić na jego podjeździe. Mimo że Lee dystansował się od swojego szefa/krewniaka i mówił o nim tak, jakby nie byli za bardzo ze sobą związani, istnieją dowody na ich zażyłe stosunki poza pracą. Lee potrzebowali wsparcia rodziny i przyjaciół, kiedy w 1953 roku ich drugie dziecko, córeczka imieniem Jan, zmarła zaledwie trzy dni po narodzinach.

Stanowi i Joan udało się jednak przezwyciężyć żałobę i stworzyć stabilny, szczęśliwy dom dla siebie i J.C.

Stojąca na terenie dwuakrowej posiadłości powozownia miała wydzielony gabinet Lee. Po przeprowadzce na Long Island dojazd do pracy na Manhattanie zajmował mu jakąś godzinę. Spotykał się z rysownikami i odbierał gotowe strony. Z czasem zaczął pracować w domu dzień lub dwa w tygodniu, co umożliwiało mu pracę na wystarczająco wysokich obrotach, aby dostarczyć w terminie wymagane komiksy. Jako że jego obowiązki obejmowały nie tylko stronę redakcyjną i artystyczną, ale też zarządzanie personelem i freelancerami, te kilka zaoszczędzonych godzin robiło różnicę. Strategia Goodmana opierała się na zalaniu rynku komiksami. Lee musiał jednak tę powódź zainicjować.

Młody naczelny lubił spędzać czas z rodziną i w ciepłe dni wychodził z maszyną do pisania na ganek i stawiał ją na stoliku brydżowym, robiąc z niego prowizoryczne biurko, przy którym odgrywał na stojąco scenki z pisanych przez siebie historyjek. Joan kupiła rodzinie okrągły sześciometrowy basen z plastiku, do którego wskakiwali, kiedy letnie słońce przygrzewało wyjątkowo mocno. Lee żartował potem, że może „przepłynąć" całą jego długość, biorąc zaledwie półtora zamachu, a kolegom z Timely opowiadał „Dzisiaj zrobiłem sto basenów".

Zdeterminowany, aby zarabiać jak najwięcej i przedłużyć ten sen o wyższej klasie średniej, Lee całą swoją energię poświęcał pisaniu, redagowaniu i kierowaniu sprawami artystycznymi działu komiksu w wydawnictwie Goodmana. Choć był skłonny snuć wizje o wielkości i miewał napady kreatywnego szaleństwa, gdy wskakiwał na biurka i prezentował zewnętrznym rysownikom różne sceny, obserwowany przez nich z podziwem i lękiem, Lee przede wszystkim dojrzał do roli energicznego, motywującego innych i zaradnego dyrektora wydawniczego.

Im więcej scenariuszy pisał, tym ważniejszy się stawał dla Goodmana. Tym samym otrzymywał okazalsze bonusy za liczbę wyprodukowanych stron, dzięki czemu jego rodzinie żyło się znacznie lepiej. Utalentowany i przejawiający nieludzką wręcz kreatywność Lee tworzył jak szalony i korzystał z przywilejów bycia szefem. Nie potrafił jednak wyzbyć się napadów depresji i obaw o swoją przyszłość. Sam nazywał ten okres „czasem limbo". Wydawało się, że tkwi w miejscu: „Do biura i z biura do domu, gdzie pisałem wieczorami i w weekendy. Pomiędzy jednym komiksem a drugim wychodziłem z Joan na kolację, bawiłem się z małą Joanie, patrzyłem na samochody". Pieniądze umożliwiały Lee życie na poziomie, lecz musiał pracować bez przerwy, aby utrzymać status quo.

Gdy minęła już powojenna euforia, naród ścisnęły kleszcze zimnowojennego strachu i epoka Trumana przeszła w erę Ike'a. Lee osiągnął to, do czego aspirowała większość Amerykanów, czyli miał stałą i nie byle jaką pracę, założył rodzinę i kupił dom. Lecz tak jak wielu innych ludzi, którzy znaleźli się w podobnej sytuacji, nie osiągnął zawodowej satysfakcji. O ile bezpośrednia współpraca z personelem i freelancerami układała się jak powinna, niekończący się cykl produkcyjny generował ciągły stres i napięcia. I – co ważniejsze – Lee nie przestawał się jeżyć, kiedy słyszał, że pisanie scenariuszy komiksowych to nieprawdziwe pisanie. Dlatego rozważał zmianę. Gdy tylko miał czas, pisał inne teksty – przeważnie anonimowo – i przyjmował zlecenia, które mogłyby pomóc mu zmienić branżę.

Nie był pewien, co dalej ma robić.

ROZDZIAŁ 5

WRÓG PUBLICZNY NUMER JEDEN

Komiksy płonęły!

Na miejskich placach, przykościelnych parkingach i szkolnych boiskach całej Ameryki rozbłysły spontaniczne ogniska. Dorośli sprzymierzyli się przeciwko komiksom i zrugali dzieci i młodych ludzi, domagając się, aby odrzucili uwielbiane czasopisma, na które nie żałowali pieniędzy. Puszczając z dymem sterty czasopism komiksowych, zarówno rodzice, jak i młodzież wysyłali jasny komunikat nowojorskim wydawcom, lokalnym przywódcom politycznym i innym osobom decyzyjnym: nie będziemy już dłużej tego tolerować!

„Nienormalne motywy seksualne oraz tematyka kryminalna… Zwodnicze sztuczki, oszustwa i okrucieństwo" – z tymi tematami komiksy oswajały młodego czytelnika zdaniem Fredrica Werthama. Ten populistyczny psychiatra i autor polemicznej książki *Uwodzenie niewinnych* z 1954 roku już od końca lat 40. podjudzał swoich popleczników, nieustannie występując przeciwko komiksom i ich twórcom w każdej gazecie, programie radiowym czy innym medium skłonnym go wysłuchać. Udowadniał, że to prawdziwa zmora, istna plaga, którą należy wyplenić z kultury amerykańskiej. Komiksy wydawały mu się złem przyćmiewającym nieokiełznane okrucieństwo, mordy i destrukcję Adolfa Hitlera. Wertham dostrzegł bezpośrednią korelację pomiędzy młodzieńczymi wykroczeniami a krwawą przemocą i lubieżnością propagowaną przez wydawnictwa komiksowe. Według niego przyszłość dzieci Ameryki zależała od wyrzeczenia się komiksu i niemoralności nierozerwalnie z nimi powiązanej.

Innymi słowy, moralnemu kompasowi całego kraju groziło rozregulowanie!

*

Jeszcze w 1938 roku organizacje religijne, takie jak katolicka Narodowa Organizacja na Rzecz Przyzwoitej Literatury (National Organization for Decent Literature, NODL), manifestowała przeciwko tej „nieprzyzwoitej". Niektórzy biskupi uznali komiksy i sprośne pisemka za „drukowane obsceniczności" i „zło na tyle potężne, że stanowi poważne zagrożenie dla moralnego i społecznego ładu w kraju". Hierarchowie grzmieli, że podobne publikacje „osłabiają moralność i w efekcie niszczą religię i doprowadzają do wywrócenia społecznego ładu". W 1939 roku Organizacja obliczyła, że wydawano około 15 milionów niemoralnych pism, które docierały do jakichś 60 milionów czytelników miesięcznie. Biskup John F. Noll, prezes NODL z Fort Wayne w stanie Indiana, wiódł prym w krucjacie przeciwko nowojorskim wydawcom, którzy żerowali na biednych dzieciach i porównywał ich starania z komunistyczną infiltracją amerykańskiego społeczeństwa.

Opór przeciwko magazynom i komiksom nieco zelżał podczas wojny, ale gdy znowu zapanował pokój, postanowiono walczyć z dawnym wrogiem. Kiedy media podchwyciły publiczne oburzenie, burza, jaka się rozpętała, popchnęła lokalne samorządy. Podjęto próby zakazania sprzedaży komiksów, a obywateli angażowano do zaciętych protestów. Krytyka wymierzona w komiksy była podobna do tej, którą kierowano jeszcze niedawno pod adresem kina, muzyki i literatury. Reakcje na *Ulissesa* Jamesa Joyce'a czy Kodeks Haysa zmuszający filmowców do dostosowania się do ostrych standardów moralnych to świadectwa tamtych czasów. Kultura masowa stała się obiektem powszechnej krytyki. NODL od 1950 do 1954 roku na łamach swojej gazetki „Priest" kompilowało co miesiąc listę ich zdaniem oburzających publikacji komiksowych, na których znajdowało się od 40 do 140 tytułów. Były tam zarówno jawnie sprośne pisemka typu „Crime Detective" czy „Love Scandals", jak i popularny satyryczny magazyn „Mad".

Po drugiej wojnie światowej ekonomiczny dobrobyt i przemysł zbrojeniowy rozwinęły krajową gospodarkę, lecz nagle pozyskany czas wolny dał ludziom przyczynek do zamartwiania się o rzeczy i idee, które wydawały się nie pasować do normy. Nastała epoka konformizmu i to, co uznano za nietypowe, stawało się dla osób wyznaczających mainstreamowe trendy niewłaściwe. Pod koniec lat 40. liczne krajowe media, w tym radio ABC, „New Republic" i „Collier's", przyłączyły się do nagonki na komiksy. W tym czasie przemysł komiksowy sam się podkładał, wypuszczając kolejne kryminały i horrory niestroniące od sugestywnych scen przemocy i seksu. Niektórzy wydawcy zdali sobie sprawę, że zbierająca się nad ich głowami burza może przynieść straty całemu rynkowi. W 1948 roku liderzy branży zatrudnili wspólnie Henry'ego Schultza w charakterze „komiksowego cara", który miał stanąć na czele nowo utworzonego Stowarzyszenia Wydawców Magazynów Komiksowych (Association of Comics Magazine Publishers, ACMP). Schultz był adwokatem i należał do nowojorskiej Rady Szkolnictwa Wyższego. Z czasem stowarzyszeniu udało się tam przebić, ale nigdy nie zyskało pełnego członkostwa, dlatego niezrzeszeni w ACMP wydawcy ignorowali działania grupy, która rozwiązała się w 1950 roku. Sklepik Goodmana, bez względu na to, jak mu szła sprzedaż, nie był postrzegany jako lider na rynku, dlatego samozwańcza policja kulturalna pod wodzą takich ludzi jak Wertham czy członkowie NODL nie wzięli jego działalności na celownik. Choć Lee twierdzi, że na początku lat 50. brał udział w seriach debat, ścierając się z samym Werthamem lub którymś z jego przybocznych, nie istnieją żadne świadectwa potwierdzające jego słowa.

Jakkolwiek wyglądały jego bezpośrednie konfrontacje z palaczami czasopism komiksowych i innymi podżegaczami, Lee dogryzł Werthamowi w *Suspense* #29 (kwiecień 1953), w historii zilustrowanej przez jednego z jego najbliższych przyjaciół i wiernego freelancera Joego Maneely'ego, który zmarł potem w tragicznym wypadku pociągowym. Pisząc w typowym dla siebie bombastycznym stylu i wykazując się kompletnym brakiem subtelności, Lee zatytułował swój komiks *Szalejący maniak*.

Głównym bohaterem opowieści był sam Stan Lee. Wziął on udział w wymyślonej kłótni z człowiekiem wzorowanym na Werthamie. Po wysłuchaniu jego pyskatej wypowiedzi na temat komiksu redaktor popycha delikwenta na krzesło i wygłasza płomienny monolog na temat wolności słowa, tłumacząc, że „w dyktaturze ludzie usiłują zmienić czyjeś myślenie siłą! A ty powinieneś być wdzięczny, bo mieszkasz w kraju, gdzie używa się jedynie słów!!”. W niespodziewanym finale – co było specjalnością Lee – okazuje się, że intruz jest uciekinierem z zakładu dla obłąkanych. Po powrocie do domu redaktora witają Joan i J.C. Lee kołysze córkę i zaczyna opowiadać jej dobranockę o „podekscytowanym człowieczku”. Nie sposób powiedzieć, czy komiks ten kiedykolwiek trafił na biurko Werthama lub któregoś z jego ludzi, ale Lee sporo ryzykował, stawiając się na pierwszej linii frontu. „Dla mnie Wertham był, ni mniej, ni więcej, zwyczajnym fanatykiem – mówił. – Nigdy nie przestaje mnie zadziwiać ludzka naiwność”.

W wyniku nagonki medialnej i coraz odważniejszych ataków na komiksy amerykański senat postanowił wszcząć śledztwo – w 1953 roku utworzył Podkomisję do spraw Młodzieńczych Wykroczeń. Politycy zdawali sobie sprawę, że transmitowane przez telewizję przesłuchania przyciągają ogromną widownię – tak jak jeszcze niedawno wzbudzała sensację podkomisja Estesa Kefauvera, zajmująca się przestępczością zorganizowaną. Wtedy pewien demokrata z Tennessee prawie objął urząd prezydenta.

Dochodzenie w sprawie wykroczeń młodzieży prowadził Robert Hendrickson (R-NJ). Dołączyli do niego Kefauver i czterej inni senatorzy. Tak jak poprzednio, podkomisja upubliczniła przesłuchania, które przeprowadzono między innymi w Denver, Bostonie i Filadelfii. Podczas tych posiedzeń senatorowie zajmowali się różnymi, zależnymi od miejsca przypadkami demoralizacji młodzieży. Hendrickson ogłosił, że w Nowym Jorku podkomisja zajmie się komiksami. Głównym świadkiem miał być sam Wertham, który cieszył się, że zdobędzie krajowy rozgłos, bo dzięki temu sprzeda więcej egzemplarzy swojej książki. Jego zeznania były kulminacją wieloletnich wysiłków psychiatry starającego się zwrócić uwagę opinii publicznej na negatywny wpływ czasopism komiksowych na młodego czytelnika.

Przesłuchania odbyły się pod koniec kwietnia i na początku czerwca 1954 roku w sali numer 110 budynku Nowojorskiego Sądu Federalnego. Eksperci z zakresu edukacji i socjologii oraz przedstawiciele opieki społecznej robili, co mogli, aby oczernić środowisko komiksowe, lecz – co zaskakujące – zebrane dowody według obserwatorów nie były zbyt obciążające. Oczywiście najmocniejszą mowę wygłosił Wertham. Posunął się nawet do stwierdzenia, że „przy przemyśle komiksowym Hitler to pikuś. Wydawcy docierają do najmłodszych. Uczą czterolatki nienawiści rasowej, jeszcze zanim te nauczą się czytać". Senatorowie opierali swoją wiedzę na tym, co wyczytali w niesławnym *Uwiedzeniu niewinnych*, traktując książkę jako pewnego rodzaju podręcznik. Kefauver i jego koledzy nie kwestionowali badań Werthama i wyciągniętych przez niego wniosków.

Senatorzy złapali wiatr w żagle 21 kwietnia 1954 roku, kiedy Kefauver, nieustannie szukając rozgłosu, wezwał wydawcę Williama Gainesa z EC do odpowiedzi na wiele pytań na temat przyzwoitości. Gaines, przygotowując się do przesłuchania, nie spał całą noc, pracując nad ewentualnymi odpowiedziami, łykając tabletki deksedryny (wówczas uznawanej za cudowny lek klasy średniej, który przepisywano przemęczonym mężczyznom). Wydawca wierzył, że kiedy ludzie poznają jego perspektywę, ochłoną. Kefauver miał jednak asy w rękawie, które chciał jak najszybciej zaprezentować przed telewizyjnymi kamerami.

Herbert Beaser, doradzający podkomisji, zarzucił Gainesowi uogólnienia, poczynając od wymyślania nagłówków, kończąc na pytaniach dotyczących definicji dobrego smaku. Kefauver cierpliwie czekał na swoją kolej do przypuszczenia ataku. Gaines, który przyznał później, że leki przestały działać i poczuł nagłe zmęczenie, miał trudności z nadążaniem za nimi. Kefauver jakby na dobitkę sięgnął po kluczowy dowód: *Crime Suspenstories* #22 z EC. Na okładce komiksu znalazło się bowiem budzące grozę zbliżenie na mężczyznę trzymającego w prawej ręce zakrwawioną siekierę, a w lewej odciętą kobiecą głowę, z której ust – tak jak z ostrza rzeczonego narzędzia – ciekła krew. Obok, na podłodze, leżały obnażone nogi. Gaines twardo obstawał przy swoim, upierając się, że to okładka adekwatna do treści. Owa wymiana zdań okazała się przełomowym momentem dla tych, którzy oglądali cały ten spektakl w telewizji albo przeczytali o nim następnego dnia na pierwszej stronie „New York Timesa". Gainesa zrugały praktycznie wszystkie gazety i czasopisma, w tym popularne „Time" i „Newsweek".

Wywołane poruszenie zmusiło Gainesa do wyrzeczenia się kryminalnej działalności i zaprzestania publikacji z serii grozy. Sam twierdził, że była to jego odpowiedź na żądania rodziców, ale tak naprawdę żaden dystrybutor nie chciał z nim po takim fiasku pracować. Gaines stał się mimowolnym reprezentantem tego, co było nie tak z komiksami. Inni wydawcy również schowali głowy w piasek. Firmy, które nie zaprzestały działalności, musiały jakoś uporać się z ostrymi spadkami sprzedaży.

Komiksy Goodmana nie rozchodziły się już w 15 milionach egzemplarzy miesięcznie, jak w 1953 roku, ale w 4,6 miliona (1955 rok). „Rodzice zakazywali dzieciom czytać cokolwiek, co miało związek z pełnymi życia przygodami, dynamiczną akcją lub pełnymi napięcia konfliktami" – opowiadał Lee. Sprzedawały się jedynie serie z kobiecymi bohaterkami jak Patsy Walker, kilka tytułów science fiction, historyjki humorystyczne, zabawne zwierzaki i westerny, o ile nie były zbytnio nasycone przemocą. Goodman i Lee wydawali dostatecznie dużo, aby utrzymać się na rynku, ale nie potrzebowali już dłużej dodatkowego personelu ani tylu freelancerów.

*

Publiczne potępienie komiksów – wywołane trwającymi dochodzeniami senatu oraz niebywałym wpływem Werthama – stłamsiło rynek komiksowy. Żądania zmian były tak głośne, że nie dało się ich dłużej ignorować. Psychiatra wykorzystywał swoją ambonę, aby co i rusz wzywać do reform, które ostatecznie doprowadziły do utworzenia w 1954 roku zestawu redaktorskich reguł przyjętych przez Amerykańskie Stowarzyszenie Magazynów Komiksowych (*Conservative Morphological Anti-Aliasing,* CMAA), organizację powołaną przez samych wydawców, mającą sprawować pieczę nad przemysłem. Tak zwany Kodeks komiksowy (Comics Code Authority) zmuszał firmy do przedstawiania publikowanych przez siebie czasopism specjalnej radzie recenzenckiej, która decydowała, czy dany tytuł nie jest przypadkiem zbyt obraźliwy, a kartą przetargową potrafiły być pozornie niewinne rzeczy jak tematyka wampiryczna czy obecność słowa „horror" na okładce. Jeśli komiks przeszedł przez sito cenzury, na jego okładce mógł pojawić się firmowany przez Kodeks znaczek „Zatwierdzone". Otrzymanie owej zgody okazało się obowiązkowe, bo dystrybutorzy nie chcieli ryzykować rozprowadzania czasopism, które nie zostały przyklepane przez cenzorów.

Koncepcja Kodeksu była podobna do tej, która zrodziła rygorystyczny Kodeks Haysa rządzący całe lata przemysłem filmowym i formułujący surowe zasady dotyczące podejmowania przez kino określonych kwestii. Tak jak hollywoodzkie studia, wydawcy komiksowi również woleli samodzielnie zająć się kwestiami cenzury. Nie chcieli zostać objęci sankcjami, które odstraszyłyby firmy dystrybucyjne i sprzedawców prasy od handlowania seriami jawnie i regularnie łamiącymi postanowienia Kodeksu. Bez względu na to, czy postrzegano wprowadzone zmiany jako zamach na wolność słowa, czy nie, wielu graczy na rynku uznało radę cenzorską za pewien bufor bezpieczeństwa.

Goodman odczuł spadek sprzedaży na tyle, że ponownie zmusił Lee do cięć i zwolnienia paru członków personelu i zerwania kilku kontraktów z wolnymi strzelcami. Wydawca jak zwykle umył ręce i pozostawił niewdzięczne zadanie rozmowy twarzą w twarz z pracownikami swojemu redaktorowi. „Rynek się załamał – mówił Lee – rysownicy i scenarzyści hurtowo tracili pracę. Byłem zaskoczony, że Martin mnie nie wylał. Ale z drugiej strony potrzebował kogoś, kto pójdzie i powie innym, że już tu nie pracują". Po szalenie przykrej sytuacji, kiedy musiał przekazać smutne wieści przyjaciołom i współpracownikom, niełatwo było mu zachować optymizm. Lee łamał sobie głowę nad tym, jaki gatunek mógłby przelecieć poza zasięgiem radaru Werthama i jego ludzi.

Podczas gdy przemysł komiksowy zapadał się pod ciężarem presji wywieranej przez Werthama i przesłuchania senackiej podkomisji, Goodman nieprzerwanie wypuszczał kolejne tytuły, sugerując Lee podążanie za modnymi trendami, które wyznaczała konkurencja. Dla redaktora naczelnego i jego niewielkiego zespołu rysowników, inkerów i kolorystów oznaczało to zajmowanie się głównie tytułami romansowymi, wojennymi, kryminalnymi oraz westernami i komiksami o zwierzętach, które produkowali z zawrotną prędkością, aby wyrobić się w terminach. Dla Goodmana zdecydowanie liczyła się bardziej ilość niż jakość. „Byłem najpośledniejszym pismakiem" – wspominał Lee. Kolorysta Stan Goldberg opowiadał: „Goodman zostawił wszystko na głowie Stana. Nie wydaje mi się, by kiedykolwiek przyszedł do niego do biura, nigdy nie widziałem go w naszej zagrodzie".

Przemysł komiksowy zrobił się jeszcze bardziej konserwatywny, a Lee pisał same niewinne historyjki, które nie mogły chyba nikogo obrazić. Zwykle były to opowiastki ocierające się o absurd, ze stereotypowymi postaciami przeżywającymi niegroźne przygody, jak długowieczne i zupełnie nieszkodliwe serie *Nellie The Nurse* czy *Millie the Model*. Lee uważał, że to materiał poniżej jego możliwości. „Czułem, że jestem na to zbyt dobry… Nie powinienem był marnować życia na takie rzeczy" – mówił. Dla Lee jedynym pozytywem była radość z pracy z kreatywnym zespołem. „Zostanę jeszcze chwilę dłużej – powtarzał sobie – dobrze się tutaj bawię".

Z uwagi na pogarszającą się sytuację branży z powodu ciągłej nagonki Werthama i antykomiksowych fanatyków Goodman zdecydował się przenieść z Empire State Building do mniejszych biur przy 655 Madison Avenue, serca amerykańskiej branży reklamowej. Spora część jego działalności nadal kręciła się wokół wydawnictw magazynowych – pod szyldem Magazine Management, Inc. – o szerokiej rozpiętości gatunkowej i tematycznej, różniących się tylko nieznacznie od sprośnych pisemek publikowanych przez niego w erze pulpowej. Lee, siedząc w małym gabinecie, starał się wskrzesić dział komiksu, lecz pozostali redaktorzy i scenarzyści zwyczajnie go ignorowali, uważając wykonywaną przez niego pracę w najlepszym przypadku za odrażającą, a w najgorszym – za świadectwo kompletnej deprawacji.

*

Goodman, z powodu katastrofalnych przesłuchań senackiej podkomisji i wejścia w życie Kodeksu komiksowego, podjął kilka decyzji biznesowych, które niemal od środka rozwaliły stworzony i zarządzany przez Lee dział komiksu. Nie bacząc na cykliczny charakter działalności całego przemysłu, Goodman zawsze mógł sprzedawać swoje produkty, bo był jednocześnie ich dystrybutorem. Toczył ciągłe boje o jak najlepsze rozmieszczenie swoich pism na stojakach, mimo że – tak czy inaczej – zawsze były one tam obecne.

W 1956 roku Goodman zaczął ciąć koszty procesu produkcji. Zdecydował się zrezygnować z samodzielnego rozpowszechniania swoich pism i podpisał umowę z branżowym potentatem – American News Company (ANC). Był to zarazem największy książkowy hurtownik w kraju i dystrybutor znacznej części liczących się czasopism i komiksów. Na pierwszy rzut oka wydawało się, że to była bardzo dobra decyzja, lecz za kulisami ANC prowadziło trwającą od czterech lat batalię na śmierć i życie z przepisami antymonopolowymi. Krążyły też plotki, że firma ma powiązania z mafią, co dało rządowi dodatkowego kopa, aby zająć się działalnością giganta. Goodman mimo wszystko zdecydował się zaryzykować. Szybko okazało się, że postawił na złego konia.

Na początku lat 50. wydawca zmienił nazwę Timely na Atlas Comics, lecz nie chciał związać przyszłości całej firmy z działem komiksu, który wydawał mu się tonącym statkiem. Gdy Goodman powierzył swoje imperium ANC, nieciekawa sytuacja dystrybutora jeszcze się pogorszyła. W styczniu 1957 roku zamknęły się dwa najpopularniejsze tytuły firmy, magazyny „Collier's" i „Woman's Home Companion". Ale to nie było najgorsze. Dell Publishing znokautował ANC, w kwietniu wycofał się ze współpracy i zaczął szukać nowego dystrybutora komiksów i książek w miękkiej oprawie. W tej sytuacji niedawny gigant zrezygnował z działalności komiksowej. Tego dnia krajowy potentat stracił osiem milionów dolarów i zwolnił osiem tysięcy pracowników. Dwa miesiące po zamknięciu działu komiksu ANC całkowicie zakończyło swoją działalność.

Klęska ta wydawała się oznaczać koniec dla Goodmana i Lee. Stan opowiadał: „Wydawało się, że kupiliśmy ostatnie bilety na Titanica!". Porażka ANC miała daleko idące konsekwencje. Część wydawnictw komiksowych i magazynowych również została wypchnięta z rynku. Pustkę wypełnili niezależni dystrybutorzy, którzy objęli kontrolę nad zdesperowanymi kontrahentami. Korzystali z ich trudnej sytuacji i narzucali im swoje warunki. W rezultacie diametralnie zmienił się cały amerykański rynek czasopism, począwszy od regularności wydawania publikacji, na formatach kończąc. Branża zuniformizowała się, a marginalne tytuły czy mniej popularne magazyny niemal zniknęły. Dla Goodmana upadek ANC oznaczał nie tylko ryzyko zamknięcia prowadzonego przez Lee działu, ale również groził jego życiowemu interesowi. Nie miał bowiem pojęcia, jak dotrzeć ze swoimi publikacjami na stoiska z prasą, a co za tym idzie – do odbiorcy.

Chcąc uratować swoje rozlatujące się imperium wydawnicze, Goodman ubłagał dotychczasowego rywala na rynku dystrybucyjnym, Independent News (należące do National Periodical/DC Comics), aby przygarnął pod swoje skrzydła cały katalog Atlasu, łącznie z popularnymi magazynami i komiksami. Szefowie Independent News – pamiętając, że jeszcze niedawno ANC musiało odpierać zarzuty o monopolizację rynku – obawiali się podobnych reperkusji lub sankcji ze strony rządu, gdyby odmówili Goodmanowi. Zresztą wydawca był zdesperowany, nie miał nic do zaoferowania w zamian. Independent wiedziało, że zarobi na tej umowie swoje, głównie na jego magazynach. Korzystając z mocnej pozycji do negocjacji, firma podpisała umowę z Goodmanem, zastrzegając, że kontrakt będzie obowiązywał przez dziesięć lat. Co więcej, Atlas może publikować tylko osiem komiksów miesięcznie, co uzależniało wydawnictwo od Independent.

Praktycznie z dnia na dzień dział komiksu runął. Mimo że trwała nagonka na komiksy i Stan nie miał już do dyspozycji zespołu freelancerów, nadal publikował od 60 do 70 tytułów miesięcznie. Pisał scenariusze lub szkice większości z nich, nadzorował również prace redakcyjne i pilnował rysunków. Tyle że Independent News jednym ruchem wykastrowało swojego konkurenta i uniemożliwiło kontynuowanie strategii obranej przez Goodmana, czyli zalewanie rynku podróbkami, gdy tylko pojawiła się nowa moda. Goodman i Lee zdecydowali się na wydawanie 16 dwumiesięcznych serii, stawiając na bestsellery z każdego gatunku, łącznie z żelaznymi pozycjami jak *Millie the Model*, *Patsy Walker*, *Strange Tales*, *Wyatt Earp* i *Two-Gun Kid*. Stworzone na potrzeby skasowanych tytułów gotowe scenariusze i rysunki przerobiono i wykorzystano w owych 16, co oznaczało, że freelancerzy, którzy zostali z Lee po czystce, nie mieli szans na zlecenia w najbliższej przyszłości.

Goodman – mimo swojej reputacji twardego gracza, który samym lodowatym spojrzeniem potrafił zwalić pracownika z nóg – wyjechał na wakacje na Florydę, zostawiając Lee z niewdzięcznym zadaniem zwolnienia zbędnego personelu. Naczelny musiał także nieco przetrzebić swój oddział wolnych strzelców. Znakomici rysownicy jak John Romita czy Joe Sinnott oddali ostatnie prace i nie otrzymali nowych zleceń. Lee wspomina, że zwalnianie przyjaciół i członków redakcji było „najtrudniejszą rzeczą, z jaką się zmagałem w całym życiu". Niektórym nie zapłacono nawet za niedokończone, odwołane zlecenia. Spora część utalentowanych rysowników zupełnie porzuciła branżę komiksową i zatrudniła się w znacznie stabilniejszej reklamie albo korporacjach.

Lee zgarbił się za biurkiem i wziął się do roboty, lękając się, że może przyjść czas i na niego. Miał jednak po swojej stronie wiele argumentów świadczących na jego korzyść: pracował szybko, był dalekim, bo dalekim, ale jednak krewnym Goodmana, a poza tym wydawca nie chciał przegapić kolejnej mody na komiksy, nawet jeśli zyski miałyby być dramatycznie niższe. Potrzebował Lee, by zarobić na kolejnym trendzie, który czytelnicy pokochają, kiedy znowu zaczną kupować komiksy.

Lee, który zarazem chciał być dobrym kolegą i oddanym pracownikiem, nie zareagował dobrze na konieczność zwolnienia kolegów i współpracowników. Bał się stracić swoją posadę, ale coraz bardziej był z niej niezadowolony. „Nie potrafiłem otrząsnąć się z podgryzającej mnie depresji – tłumaczył. – Czułem się, jakbym ganiał własny ogon. Nie mogłem pozbyć się bliżej niesprecyzowanego niezadowolenia". Nie wierzył jednak, że jego doświadczenie pomoże mu znaleźć pracę w jakimś magazynie albo zdobyć posadę scenarzysty telewizyjnego, dlatego trzymał się zasady Goodmana każącej czekać na kolejną sprzyjającą okazję, choć nie miał pojęcia, co to mogłoby być.

Przemysł komiksowy nie mógł nabrać rozpędu jeszcze przez lata po przesłuchaniach podkomisji, ale machina wydawnicza Goodmana nieprzerwanie się rozrastała. Magazyny zajęły się hollywoodzkimi plotkami i rozwijającym się rynkiem telewizyjnym z jego gwiazdami (jak Jackie Gleason), a obok czasopism o romansach publikowano lubieżne gazetki dla podnieconej młodzieży. Wysiłki te doprowadziły Goodmana do prób skopiowania „Esquire" i wydawał naśladowcze „Stag" i kilka innych periodyków dla mężczyzn, takich jak „For Men Only", „Man's World" czy „Male". „Stag" i pozostałe tytuły kładły co prawda nacisk na niecenzuralne treści oraz sensacyjne zdjęcia i materiały graniczące z pornograficznymi, lecz publikowano tam teksty pierwszoligowych pisarzy, takich jak Ogden Nash, Graham Greene i William Saroyan (kolega Lee z armii).

Lee balansował pomiędzy różnymi działami, próbując nie tylko umocnić swoją pozycję, ale i zaskarbić sobie szacunek. O ironio, wtedy zdawało mu się (a także dorosłym ludziom spoza branży wydawniczej), że wyzywające magazyny ze zdjęciami i ploteczkami z Hollywood jak „Focus" to bardziej prestiżowa droga kariery niż pisanie i redagowanie serii komiksowych, choć rzeczone czasopisma publikowały prowokacyjne zdjęcia czy rysunki przedstawiające roznegliżowane kobiety oraz opowiadania pełne sprośności i przemocy, takie jak *Porwałem dziewczynę z królewskiego haremu* albo *Rozwódki, to jest to*. Te i inne opowiastki epatowały seksem, pełne były dwuznaczności i całkowitej lub połowicznej nagości.

W 1956 roku Goodman starał się powtórzyć sukces magazynu „Mad", wydając „Snafu". Zlecił nawet Lee zebranie gwiazdorskiego zespołu z Billem Everettem i Joem Maneelym na czele. Pomimo starań Lee „Snafu" się nie przyjęło i wypuszczono zaledwie marne trzy numery. Takie szybkie rezygnacje były znakiem rozpoznawczym Goodmana, który rzadko pozwalał czasopismom się rozkręcić. Jeśli wyczuł, że odbiorcy się nie zainteresowali albo odpuścili, porzucał produkt i szukał kolejnego potencjalnego przeboju. A jeśli ten nie pojawiał się od razu, Goodman usiłował wykorzystać powtórnie jakiś materiał, nadając starym artykułom nowe tytuły, albo przenosząc do innego magazynu jako zupełnie świeże treści. Goodmanowi kilkakrotnie groziły sankcje ze strony Federalnej Komisji Handlu (Federal Trade Commission, FTC) za podejrzane lub jawnie nielegalne praktyki wydawnicze.

W czerwcu 1958 roku Lee skontaktował się z dwoma rysownikami, z którymi już wcześniej pracował: Steve'em Ditko i swoim starym szefem, Jackiem Kirbym. Obaj potrzebowali na gwałt zleceń, zwłaszcza Kirby. Pracując po kryjomu dla konkurencyjnego DC Comics, spalił za sobą mosty, poza tym podczas kryzysu branży komiksowej rozpadła się jego spółka z Simonem, który poszedł do reklamy. Nie było za dużo zleceń, a jeśli udało się już jakieś złapać, trzeba było pracować za zaniżoną stawkę. Kirby miał przed sobą kilka możliwości. Goodman, praktycznie ignorując, co Lee robi przy komiksach, ledwie zauważył, że jego redaktor ponownie zatrudnił dawną gwiazdę wydawnictwa, choć panowie mogli nadal żywić do siebie żal odnośnie do zaległego honorarium za *Captain America*.

Lee przydzielił obu do serii science fiction i fantasy. Dzięki płynnemu stylowi i specyficznemu rozumieniu kształtu Ditko szybko wpasował się idealnie do działu. Kirby był mniej zadowolony, ale zależało mu na wypłacie. Wywodzący się z podobnego środowiska co Lee, Kirby, który miał duże kłopoty finansowe, był opętany potrzebą zapewnienia rodzinie bytu. Rysował potwory, o które prosił go Lee, mimo że nie była to praca na miarę jego możliwości.

Obaj mieli swoje zastrzeżenia co do rynku komiksowego, ale potrzebowali pracy i wykazywali się niemalże niezrównanym poziomem determinacji. Lee redagował i pisał magazyny, myśląc przy tym, że Goodman lekceważy go z powodu słabości działu komiksu. Bywało, że szef/krewny mijał go w korytarzu bez słowa. Cisza była ogłuszająca i łatwa do zinterpretowania. Lee zdał sobie sprawę, że „to tonący okręt, a my jesteśmy szczurami. Musimy stąd uciekać". Kirby mu zresztą wtórował, mówił, że w firmie Goodmana czuł się jak „statek, który utkwił na mieliźnie".

Ani Lee, ani Kirby i Ditko nie mieli pojęcia, że niebawem na zawsze zrewolucjonizują przemysł komiksowy i kulturę popularną.

ROZDZIAŁ 6

NARODZINY NOWEGO BOHATERA FANTASTYCZNA CZWÓRKA

Prawie nie patrząc na rozciągającą się przed nim drogę, Stan Lee pędzi ku Long Island podrasowanym buickiem kabrioletem. Po jego prawej, na siedzeniu pasażera, siedzi Jack Kirby, ćmiąc cygaro. John Romita, jeden z ulubionych rysowników Lee, trzyma się kurczowo fotela Kirby'ego. Jednym okiem zerkając na kolegów, drugim śledząc ruch uliczny, Romita uważnie słucha, choć obawia się o swoje życie. Lee nie może przestać gadać. Próbuje przekrzyczeć świst powietrza i miejski hałas, snując monologi o międzygalaktycznych przygodach kwartetu superbohaterów. Wystawieni na działanie promieni gamma, po powrocie na Ziemię i katastrofie statku kosmicznego, zostają obdarowani supermocami. Odkrywszy je, poprzysięgają, że razem poświęcą się walce ze złem.

Kirby przerywa mu od czasu do czasu i dorzuca swoje trzy grosze, gestykulując przy tym tanim cygarem. Mimo pędu powietrza przekłada je z jednego kącika ust do drugiego, czekając, aż Lee przestanie mówić. Ich kłótnie co do fabuły i kształtu scenariuszy rozpoczęły się niemal od razu po tym, jak redaktor nacisnął pedał gazu.

Lee nonszalancko wymija inne auta, sunąc pomiędzy nimi. Kirby skupia się na fabule, jak się wydaje, zupełnie nieporuszony szaleńczą jazdą kolegi. Kiedy droczą się o to, jak powinna rozegrać się dana historia, i każdy usiłuje przepchnąć swoje pomysły, Romita zdaje sobie sprawę, że jeden ani drugi w ogóle się nie słuchają. „Przerzucali się pomysłami – opowiada – ignorując siebie nawzajem. Nie miałem pojęcia, do czego zmierzają, bo każdy gadał o innym aspekcie historii".

Rozmowy te kończyły się dopiero wtedy, gdy Lee wyrzucał Kirby'ego przed jego domem w East Williston na Long Island, sielankowej, małej dzielnicy z niecałymi trzema tysiącami mieszkańców. Leżała daleko od niebezpiecznych ulic Lower East Side, gdzie dorastał wielki artysta. Podobne konferencje, które odbywały się w rozpędzonym kabriolecie Lee sunącym do Long Island, na telefonicznych łączach czy w zagraconym biurze w Empire State Building, zdefiniowały na początku lat 60. narodziny opowieści o superbohaterach. Ale żaden z nich nie zdawał sobie wówczas sprawy, że te niezliczone kłótnie odmieniły sposób pisania komiksów.

Nowy styl pisania wynikał z mariażu ożywionych dyskusji na temat storytellingu, zarysu fabuły i strony wizualnej (później zostanie on określony mianem „metody Marvela"). Na ostateczny kształt komiksu miał wpływ zarówno scenarzysta, jak i rysownik. Do tej pory zwykle ten drugi po prostu ilustrował to, co dla niego zapisano. Podejście przyjęte przez Lee pozwalało obu twórcom kształtować dzieło, nad którym pracowali, i kiedy czytelnicy oszaleli na punkcie nowej drużyny superbohaterów, Stan i Jack zrozumieli, że stoją u progu nowej ery.

A wszystko zaczęło się od promieni gamma i Fantastycznej Czwórki!

*

Od pierwszego ryku eksplozji planetarnej, ujęcia na strzelający rewolwer i pędzący naprzód na pełnej prędkości – niemal na siedzącego przed ekranem telewidza – pociąg, serial *Przygody Supermana* (*The Adventures of Superman*) przyprawiał tłumy o dreszcze ekscytacji. Ryczała orkiestrowa muzyka, a prezenter obwieszczał, że bohater walczył za „prawdę, sprawiedliwość i amerykański styl życia". Wysoki i starannie zaczesany do tyłu, barczysty aktor George Reeves ożywił stworzoną przez Jerry'ego Siegela i Joego Shustera postać. *Przygody Supermana* przemknęły przez lata 50. Odbiorniki w całym kraju były nastawione na ich odbiór.

Julius „Julie" Schwartz, dyrektor wydawniczy DC Comics, główny rywal Goodmana, uświadomił sobie, że sukces serialu dawał mu szansę na ożywienie zainteresowania komiksami superbohaterskimi. Od 1944 roku redagował historie z Wonder Woman, Flashem i Green Lanternem. Mimo ciągłych trudności, które nastręczała wydawnictwu krucjata Werthama, i konkurencji ze strony telewizji Schwartz uznał, że jeśli firma skupi się na superbohaterach, los się odwróci.

Od 1956 roku redaktor ostrożnie rozwijał wydawnictwo, wypuszczając komiksy z odświeżonymi i uwspółcześnionymi postaciami Flasha, Green Lanterna, Hawkmana, Atoma i paru innych superbohaterów. Jeden hit napędzał kolejny. Sukces prędko odniesiony przez Flasha doprowadził do utworzenia drużyny wzorowanej na Justice Society of America, która dokonała komiksowego żywotu w 1951 roku. Nowa grupa z tylko lekko zmienioną nazwą, Justice League of America

(Amerykańska Liga Sprawiedliwości), zadebiutowała na łamach *The Brave and the Bold* #28 (z marca 1960 roku). Choć Superman nie pojawił się na okładce obok przyjaciół, on i Batman również zostali ujawnieni jako członkowie ekipy. Popularność serialu o Supermanie i jego przynależność do zespołu pomogły wywindować National Comics na pozycję lidera na rynku.

Schwartz nie był jedynym człowiekiem z branży, który dostrzegł potencjał powrotu superbohaterów na szczyt. Jak zwykle nadchodzący trend wyczuł i Martin Goodman i chciał z miejsca na nim skorzystać. Nie interesowały go innowacje, tylko zysk. Pozornie Goodman miał proste dyrektywy: jak najszybciej przerzucać tony papieru. Choć od zawsze lubił dobre historie o kowbojach i przejawiał zainteresowanie science fiction, to by było na tyle, jeśli chodziło o jego rozumienie złożoności zagadnień związanych z magazynami i komiksami. Dla niego były to jedynie produkty, które należało rozprowadzić i sprzedać. Strategia Goodmana skupiała się na ciągłej obserwacji tego, co zadziałało u konkurencji i bezczelnym zerżnięciu potencjalnie zyskownego rozwiązania, bez różnicy, czy znaczyło to założenie paru fasadowych firm, które miały zapobiec zachwianiu jego wydawniczego imperium, czy trzeba było podczepić się pod aktualnie popularny gatunek i eksploatować go do momentu, aż pojawi się nowy.

Zresztą spory kawał branży działał podobnie, podpatrując lidera i naśladując go. Zwykle wydawcy komiksowi znali się osobiście, grywali razem w karty i pili, jedli kolacje w drogich restauracjach i chodzili wspólnie na golfa. Czasem nawet spędzali po sąsiedzku urlopy w Miami Beach. Choć nieustannie próbowali się spychać ze stojaków z prasą, łączyło ich wydawanie komiksów i magazynów, przez co tworzyli osobne plemię, jako że nie były to zbytnio poważane zajęcia.

Przez parę dekad, od połowy lat 40. do początku 60., Goodman szedł na skróty, gdzie się dało, aby zarobić. Często uciekał się do podejrzanych i bezkompromisowych praktyk i treści, żeby sprzedać jak najwięcej. Czasopisma, takie jak „For Men Only" czy „Stag", zdobywały czytelnika o poślednim guście, publikowały miękką pornografię, okropne zdjęcia z miejsc zbrodni i spiratowane kadry ze słynnymi hollywoodzkimi gwiazdami, stawiając na sensacyjne materiały. Ponadto Goodman nalegał, żeby jego stali pracownicy oraz freelancerzy pozowali do zdjęć, co pozwalało mu oszczędzić na prawdziwych modelkach czy aktorach. Poza tym „Stag" i inne sprośne pisemka sprzedawał po ćwierć dolara, podczas gdy komiksy chodziły po dziesięć centów.

Rentowność biznesu wydawniczego, na którym panowała ostra konkurencja, opierała się przede wszystkim na cięciu kosztów wszędzie tam, gdzie tylko się dało, oraz awersji do podejmowania jakiegokolwiek ryzyka. Goodman wierzył, że ludzie kupujący komiksy to prawie wyłącznie przygłupi dorośli oraz dzieciaki i nastoletni chłopcy, którym wystarczyło parę scen mordobicia i pełne akcji rysunki. Był święcie przekonany, że jakość to ostatnie, na czym jego czytelnikom zależy.

Dlatego kazał swojej redakcji trzymać się treści do bólu konwencjonalnych. Podczas gdy konkurencja wyznaczała trendy i popularyzowała nowe gatunki, Goodman nadal kierował się słynnym hasłem: „Jeśli trafisz z tytułem, który się przyjmie, dorzuć do niego jeszcze parę i nie ma siły, żebyś nie zarobił".

Stan Lee również nie miał złudzeń co do poziomu artystycznego redagowanych przez siebie publikacji. Niegdyś marzył o napisaniu świetnej powieści albo przebiciu się do filmu, ale lata pracy dla Goodmana wybiły mu to z głowy. Znał realia – na wydawaniu czasopism dało się zrobić spore pieniądze. Jego priorytetem było tworzenie produktu, który mógłby łatwo sprzedać. Jednocześnie rozumiał, że może chodzić o coś więcej niż zarabianie pieniędzy: komiksy mają szansę odgrywać bardziej znaczącą rolę w życiu młodego człowieka, pomóc mu oswoić się z czytaniem i rozgrzać wyobraźnię, co ułatwi mu dorosłość. Lee wciąż o tym myślał. Monotonia niezmordowanego pisania i redagowania kolejnych serii komiksowych konieczna do realizacji strategii Goodmana nie dawała jego sumieniu spokoju. Był redaktorem, scenarzystą i dyrektorem artystycznym działu komiksu, ale czuł, jakby cała ta robota nie miała sensu. Zastanawiał się, czy nie marnuje życia na komiksy. „Czułem, że ciągle robimy praktycznie to samo, od nowa, bez nadziei na lepsze pieniądze czy zawodową satysfakcję". Dlatego po niemalże dwóch dekadach spędzonych w branży, w 1960 roku Lee był już na skraju wytrzymałości. Zdesperowany i zrozpaczony chciał zmienić ścieżkę kariery, był gotowy na wszystko, byle tylko odciąć się od banalnych tematów, fabułek i postaci wypełniających komiksy.

Lee, tuż przed czterdziestką, rozważał różne możliwości, jednak jego optymizm ulatniał się, kiedy przypominał sobie dzieciństwo. Samo wspomnienie ojcowskich zmagań z wewnętrznymi demonami wywołanymi przez chroniczne bezrobocie podczas Wielkiego Kryzysu wystarczyło, aby myśl o rezygnacji z pracy wpędzała go w głęboko zakorzenioną depresję. Jacob Lieber był niewiele starszy od Stana, kiedy stracił posadę, w wyniku czego niewielka rodzina o mało się nie rozpadła. Lee nie zapomniał też, że brak zajęcia był powodem jego częstych kłótni z mamą.

Musiał jednak podjąć jakąś decyzję. Z jednej strony otrzymywał regularną wypłatę, miał stabilne zatrudnienie, co zapewniało mu szczęście rodzinne, ale z drugiej strony czuł się zniechęcony ciągłym wypuszczaniem komiksów. Jako główny scenarzysta i dyrektor wydawniczy Lee spędzał długie godziny na pisaniu scenariuszy i redagowaniu romantycznych historyjek i śmiesznych opowiastek jak *Teen-Age Romance* czy *Life with Millie* oraz nieprzemijających westernów *Rawhide Kid*, *Wyatt Earp* i *Two-Gun Kid*. Komiksy o potworach, często zakończone zaskakującym twistem, jak *Strange Tales* czy *Journey into Mystery*, również wycinały kawał z jego życia.

Lee dodał dwa do dwóch i wyszło mu, że rynek komiksowy jest przeklęty. Wysoka sprzedaż z lat 50. spadła pod koniec dekady, a publiczna nagonka zaszkodziła wszystkim zainteresowanym, jeszcze bardziej go unieszczęśliwiając. „A my dalej radośnie sztukowaliśmy opowiastki o potworkach – mówił. – Rąbaliśmy komiksy na potęgę, ale nic się nie zmieniało". Lee odczuwał ciągłą presję. Albo będzie dalej tworzyć komiksy i swoją apatię przekuje na regularną wypłatę, wymyślając kolejne wtórne postacie, aby tylko zaspokoić żądania Goodmana, albo rzuci jedyną pracę, jaką znał.

*

Latem 1961 roku Lee postanowił działać. Zamierzał stworzyć drużynę superbohaterów, dzięki której ciągle drugoligowe wydawnictwo nareszcie będzie miało szansę się wybić. Od razu zabrał się do pracy i zaczął klecić nowy zespół, ale zupełnie niepodobny do Justice Society czy Justice League, do których należeli niepowiązani ze sobą herosi. Lee zdecydował, że jego ekipa będzie rodziną i – tak jak każda zwyczajna rodzina – będzie stawiać czoła wyzwaniom, z którymi ludzie borykają się w prawdziwym świecie każdego dnia. Tyle że ci pozornie zwyczajni ludzie będą dysponować nadludzkimi mocami, o które nigdy nie zabiegali.

Lee zastanawiał się, jak przeciętniacy z domu obok albo mieszkająca na końcu ulicy rodzinka zachowaliby się, gdyby przydarzyła im się katastrofa podczas lotu rakietą kosmiczną, w wyniku której zyskaliby nadzwyczajne umiejętności pozwalające im wzbogacić świat albo go zniszczyć. „Chciałem uczynić niemożliwe możliwym – opowiadał. – Umieścić nadzwyczajne postaci w nadzwyczajnych okolicznościach i kazać im zachowywać się jak zwyczajnym ludziom. Żeby nikt, kto jest zwyczajny, nie oparł się pokusie lektury". Powrócił myślami do tego, co przyciągało go za młodu – do książek i audycji radiowych. Chciał naśladować styl opowiadania, który wtedy go ujął. „Umieść ziemskiego superbohatera w znajomym środowisku, a otrzymasz klasyczną pulpową opowieść".

Lee rozpoczął swoją historię od tego, co mogłoby rozpocząć film dramatyczny – od tego, co stanowi fundament każdej kochającej się rodziny – historii miłosnej, która połączyła Reeda Richardsa i Susan Storm. Następnie jeszcze podkręcił rodzinną dynamikę, dopisując do scenariusza młodszego brata Susan, rozgorączkowanego Johnny'ego, który wolał najpierw działać, niż myśleć. Lee domknął skład nowej drużyny Benem

Grimmem, typowym szarakiem, wprowadzając element humorystyczny. Kiedy Ben stał się Thingiem, grupa zyskała ludzką duszę. Potworna powłoka kryła bowiem wrażliwego człowieka.

Interakcje pomiędzy członkami zespołu – zarówno na płaszczyźnie superbohaterskiej, jak i rodzinnej, gdy musieli radzić sobie z nową dla nich rzeczywistością i sobą nawzajem – nadawały komiksowi niezwykły dynamizm. Lee uważał to za główny atut swojej opowieści. Tłumaczył: „Chcę, żeby bohaterowie pracowali ze sobą, jakby to był film albo opera mydlana, gdzie osobiste życie postaci pomagało pisać dialogi i inicjowało różne sytuacje". Kwartet ten miał być kochającą się, choć dysfunkcyjną rodziną, która nieustannie zmaga się z nowymi wyzwaniami wynikającymi z kłopotliwych supermocy. Trzyma się jednak razem dzięki łączącemu ją uczuciu.

Lee, rozpisując historię tej rodziny, wykorzystał bieżące wydarzenia. Drużyna podjęła się ryzykownego lotu „ku gwiazdom", aby zdobyć przewagę nad Związkiem Radzieckim, a raczej – jak kazał mówić ówczesny żargon – „komuchami" w wyścigach kosmicznych. W rzeczywistości Rosjanie przed Amerykanami zdążyli wysłać na orbitę Sputnika (pierwszego satelitę), a potem psy Biełkę i Striełkę, dlatego fabuła napisana przez Lee była jakby próbą rewizjonistycznego spojrzenia na historię.

Kiedy drużyna walczyła z Mole Manem, swoim pierwszym superłotrem, była w ciągłym pogotowiu, bo złoczyńca obrał sobie za cel „elektrownię atomową za żelazną kurtyną" i francuski ośrodek w Afryce. Owe odniesienia do rzeczywistości – oraz decyzja o ujawnieniu tożsamości całej ekipy, będąca ukłonem w stronę kiełkującej kultury celebryckiej tamtego okresu – czyniła rodzinę tym bardziej interesującą. Znajome środowisko oraz potoczny język pomógł czytelnikom utożsamiać się z trudnościami, z którymi zmagali się bohaterowie.

Lee od razu wiedział, kogo obsadzić na stanowisku rysownika. Jack Kirby od lat sumiennie dostarczał mu okładki i ilustrował scenariusze, tym samym wypracowując charakterystyczny dla wydawnictwa styl. Kirby specjalizował się w kosmicznych epopejach i ilustrował sceny akcji tak, że czytelnicy czuli siłę mocnego tąpnięcia albo trzęsienia ziemi, kiedy ogromny międzygalaktyczny stwór przedzierał się przez miasto. „Nie rozmawiałem o niczym z Jackiem – opowiadał Lee. – Napisałem całość i powiedziałem mu, że to specjalnie dla niego, bo nie ma rysownika, który zrobiłby to lepiej". Kirby, jak zachwycał się jego współpracownik, „ma niezwykłą umiejętność wizualizowania w głowie niezapomnianych scen i musi jedynie przelać na papier to, co już istnieje w jego niesamowitej wyobraźni".

Przerażające zielone monstrum przebija miejski chodnik, ściskając w łapie na poły niewidzialną blondynkę, podczas gdy wokół niego lata ludzki płomień. Gapie uciekają w popłochu. Za plecami stwora czytelnik dostrzega inną postać, również nieludzką, podczas gdy jeszcze inna ma rozciągające się kończyny, którymi usiłuje rozplątać krępujące ją więzy. Ramka na okładce zdradza nam ich imiona i mówi, że „Występują po raz pierwszy razem w jednym potężnym magazynie!".

Przybyła Fantastyczna Czwórka!

Scena ta jest dramatyczna i pełna napięcia, lecz tym, co faktycznie przyciąga wzrok czytelnika, jest tytuł napisany odważnym, czerwonym fontem. Niemal wyskakuje ze strony i oddaje znakomicie erę atomu na początku zimnej wojny. Obok tytułu umieszczono jeszcze niewielką ramkę z dużym „M" nad mniejszym „c". Lee i Kirby uważali, że *Marvel Comics* pomoże odróżnić ich komiks od innych serii wydawanych przez firmę Goodmana.

Pierwszy numer *Fantastic Four* był czteroczęściową historią, którą Lee zdecydował się opowiedzieć nielinearnie. Choć już okładka podpowiada, że bohaterowie zetrą się z potworem, ten pojawia się dopiero w trzecim akcie. Pierwsze dwa wprowadzają drużynę i opowiadają historię jej zawiązania.

Gdy Richard po raz pierwszy wysyła przedstawiający „4" znak dymny, żeby skrzyknąć swoich towarzyszy, obywatele i policja reagują strachem. Thing postrzegany jest przez nich jako monstrum, a służby zastanawiają się, czy to zapowiedź „obcej inwazji". Strzelają do niego, a on, żeby uniknąć konfrontacji, ucieka do miejskiego systemu kanalizacyjnego. Później rząd posyła przeciwko Torchowi myśliwce, które strzelają do niego rakietami nuklearnymi. Mister Fantastic ratuje Johnny'ego – i miasto – „zabierając potężny pocisk daleko od brzegu, gdzie eksploduje nad powierzchnią morza, nie czyniąc nikomu krzywdy".

Następna sekcja rozpoczyna się od kłótni pomiędzy Reedem i Benem dotyczącej bezpieczeństwa eksperymentalnej rakiety i możliwych konsekwencji lotu przez „promienie kosmiczne". Ben nie chce pilotować niebezpiecznego statku, ale Susan przekonuje go do tego. Twierdzi, że trzeba podjąć ryzyko w obawie przed budzącymi grozę „komuchami". Posuwa się nawet do tego, że nazywa go „tchórzem". Niedługo potem, odziani w śliwkowe kombinezony i niebieskie hełmy, członkowie wyprawy przekradają się obok strażnika i wsiadają do rakiety. Na kadrach – być może najlepiej narysowanych przez Kirby'ego w całej jego karierze – pulsujące promienie przechodzą przez statek. Ben pada nieprzytomny, a Johnny zajmuje się ogniem. Niemal można poczuć smród palonego skafandra nastolatka.

Po powrocie na Ziemię załoga wychodzi z wraku rozzłoszczona i skołowana. Susan jako pierwsza odkrywa swoją nową moc, kiedy powoli znika przerażonym przyjaciołom z oczu. „A c-co, jeśli już nigdy jej nie zobaczymy?" – pyta zdumiony brat. Następnie, kiedy Ben i Reed zaczynają sobie skakać do oczu, ten pierwszy zamienia się w Thinga, monstrum o pomarańczowej skórze, rozszalałą stertę gruzu. Wtedy zdradza Susan swoje uczucia, krzycząc: „Udowodnię ci, że pokochałaś złego człowieka", i zamachuje się na Richardsa pniem drzewa. Tamten unika brutalnego ataku, rozciągając swoje ciało i szyję. Odkrywając nowe umiejętności, oplata Bena ramionami niczym zwojami sznura. Johnny, jako ostatni, zaczyna płonąć. Zajmuje się od niego krzak. Łączy ich myśl: „Zmieniliśmy się! Wszyscy! Jesteśmy kimś więcej niż ludźmi!". Mówiąc za całą drużynę, Ben deklaruje, że „muszą wykorzystać tę moc, aby pomóc ludzkości". Od tej pory mają działać wspólnie pod nazwą „Fantastyczna Czwórka".

Ostatnie dwie sekcje *Fantastic Four* #1 opowiadają o wyprawie zespołu – ubranego w jednolite fioletowe stroje – na tajemniczą Wyspę Potworów, gdzie czyha nieznane zagrożenie. Tam biją się z latającym trzygłowym stworem, gigantycznym monstrum z kamieni i innymi gargulcami, a także z zielonym gigantem z okładki. Dzięki ogniu Torcha udaje im się pokrzyżować plany Mole Mana i uwięzić jego i pozostałe maszkary pod powierzchnią wyspy. Drużyna odlatuje prywatnym odrzutowcem, spoglądając ponuro na to, co ich czeka.

Duet Kirby i Lee powołał Fantastyczną Czwórkę do życia, lecz żaden z nich nie spodziewał się sukcesu. „Okej, to by było na tyle – myślał Lee. – Teraz mnie wyleją, ale zrzuciłem z siebie ciężar".

Lee był z tej pracy dumny i nie zawahał się postawić wszystkiego na jedną kartę, lecz ani on, ani Kirby nie mogli czekać bezczynnie na wyniki sprzedaży. Komiksy przygotowywano trzy miesiące przed datą okładkową i potrzeba było jeszcze paru, żeby spłynęły potrzebne informacje. Poza tym ani scenarzysta, ani rysownik nie mogli przestać pracować, biorąc pod uwagę, że musieli skończyć 10–12 innych rzeczy, które, zgodnie z rygorystyczną umową zawartą przez Goodmana z dystrybucyjnym ramieniem DC Comics, wydawca mógł rozprowadzać, a pośród nich znalazł się także następny zeszyt *Fantastic Four*.

Podczas gdy Lee i jego zespół dwoili się i troili, żeby wyrobić się w terminach wyznaczonych przez drukarnię i dystrybutora, zdarzyło się coś, czego jeszcze nie doświadczyli. Do siedziby Marvel Comics zaczęły napływać listy od fanów. Niemal natychmiast po premierze pierwszego numeru nowej serii o superbohaterach do redakcji przyszła tona korespondencji. Czytelnicy oszaleli na punkcie drużyny wymyślonej przez Lee i Kirby'ego. Stan wspomina, że to była rzecz bez precedensu, bo wcześniej czytelnicy pisali zwykle po to, aby powiadomić o jakimś technicznym defekcie danej partii lub domagając się zwrotu pieniędzy wydanych na komiks.

Nie wylano ich, co więcej – ten duet stworzył hit. „Dosłownie tonęliśmy w listach – wspominał Kirby – a z każdym numerem było jeszcze gorzej". Wyniki sprzedaży, które przyszły parę miesięcy później, pokazały, jak bardzo stał się popularny ten komiks. Sukces zaskoczył Lee: „Nie spodziewałem się ani trochę, że komiks sprzeda się aż tak dobrze". Lee stworzył specjalną rubrykę i zaczął odpowiadać na listy na łamach komiksu, dzieląc się przy tym informacjami o funkcjonowaniu wydawnictwa i o personelu Marvela. Luźna i najeżona żartami wymiana zdań z czytelnikami wydawała się kaprysem, lecz z czasem stała się ważnym czynnikiem, który umocnił Lee jako osobistość nie tylko Marvela, ale całego przemysłu komiksowego. Lee stylizował się na przyjaznego wujaszka, zawsze chętnego do podzielenia się ostrym dowcipem albo ploteczkami z branży na temat tego, co dzieje się za kulisami wydawnictwa.

To nawiązywanie dialogu scenarzysty/redaktora z czytelnikami sprawiło, że niejeden młody człowiek stał się wiernym fanem Marvela. Fani czuli się tak, jakby byli w Nowym Jorku razem ze Stanem i jego „zagrodą". Mogli odnieść wrażenie, że niemal ich znają. Stan nadał im cudaczne pseudonimy i barwnie opisywał ich umiejętności oraz dziwaczne osobowości. Jak na urodzonego showmana przystało Lee wykorzystywał miejsce na końcu komiksu, aby podzielić się tym, co sprawiało mu radość. Podjęte przez niego ryzyko się opłaciło.

Mimo że *The Fantastic Four* sprzedawało się niesamowicie dobrze, nie umieszczono tego tytułu na sprawozdaniu rocznym z 1961 roku, bo komiks został wydany zbyt późno. Jeśli komiks ten był najlepiej sprzedającym się wtedy tytułem Marvela, można założyć, że jego sprzedaż przebiła wynik *Tales to Astonish*, który zajął pozycję czterdziestą z przeszło 185 tysiącami egzemplarzy. Dla porównania, przygody Sknerusa McKwacza (wydawane przez Dell) znalazły się na pierwszej pozycji z ponad 850 tysiącami w płatnym obiegu, a sztandarowy tytuł DC, *Superman*, zakończył rok z 820 tysiącami. Wydawcy mieli określony sposób na podawanie wysokości nakładu. *Fantastic Four* pojawiło się w oficjalnym zestawieniu dopiero w 1966 roku, na dziewiętnastym miejscu z 329 tysiącami.

Fanowski entuzjazm i lawina korespondencji, która przychodziła do biura Marvela przy Madison Avenue, świadczyła o przełomie w karierze Lee. W 1961 roku nagrodę dla najlepszego komiksu roku przyznawaną przez Komiksową Akademię Sztuk i Nauk (Comic Book Arts and Sciences) wygrała seria DC *Justice League of America*, ale w następnym zgarnęło ją już *The Fantastic Four*. Rozpoczęła się rewolucja Marvela.

*

Mimo że po latach Kirby i Lee licytowali się, który z nich faktycznie zasłużył na miano twórcy Fantastycznej Czwórki i tym samym był odpowiedzialny za zainicjowanie epoki Marvela, tak naprawdę ten komiks mógł powstać tylko dzięki ich wspólnym talentom, tak jak to bywa z sukcesami wszystkich wielkich duetów, czy to muzycznych, filmowych, czy sportowych. Bez oryginalnego stylu Kirby'ego drużyna superbohaterów nie wyskakiwałaby niemalże z każdej strony, z kadrów nie biłaby taka energia i dynamika, że czytelnik mógł praktycznie poczuć podróże w pustce kosmosu lub wyobrazić sobie, jak to jest wyciągnąć rękę na kilkaset metrów, czy nawet stanąć w płomieniach. Z kolei zasługa Lee to słowa. Napisał charakterystyczne dialogi i nadał opowieści wyjątkowy rytm narracyjny, odcisnął na drużynie – i budzącej grozę galerii złowrogich postaci, z którymi ścierali się bohaterowie – swój charakterystyczny styl.

Pod koniec 1961 roku obaj panowie byli zahartowanymi profesjonalistami, którzy niemal całe swoje dorosłe życie spędzili przy komiksach. Niebawem mieli zostać legendami. Łatwo też zapomnieć po tych dziesiątkach lat od powstania Fantastycznej Czwórki, przez które zbierali pochwały od całych pokoleń, że Kirby i Lee tkwili wówczas w martwym punkcie, zawodowo i personalnie. Czuli się głęboko nieusatysfakcjonowani tym, co robią. Ze strachem i niepokojem zastanawiali się nad przyszłością, swoją i branży, której poświęcili całe swoje życie.

Później – zwłaszcza kiedy kariera Lee mocno się rozkręciła, a zżerany przez zazdrość Kirby poczuł się wykorzystany – rozpoczęła się między nimi zimna wojna. Lecz kiedy *The Fantastic Four* trafiło na stojaki, i jeden, i drugi ledwie podnosili wzrok znad swojego biurka: scenarzysta stukał jednym palcem w terkoczącą maszynę do pisania, a rysownik wgapiał się w sfatygowany stół kreślarski, nie mając nawet pojęcia, że tworzą arcydzieło. Dla nich był to kolejny produkt z dziesiątków innych.

Nieustępliwi i utalentowani Lee i Kirby byli niereformowalnymi i zdeterminowanymi pracoholikami. Mieli kontrastowe osobowości, pracowali, napędzani strachem, obawą, dumą i pasją. Stało się jasne, że doszlifowana przez nich Metoda Marvela działała, bo każdy z nich świadomie dawał, co miał do zaoferowania. Ich specyficzny sposób pracy znacząco utrudnił spierającym się ze sobą od dekad historykom komiksu stwierdzenie, kto faktycznie za co odpowiadał.

Przed laty Lee natknął się na dwustronicowy skrót scenariusza *Fantastic Four* #1 i podzielił się nim z redaktorem magazynu *Alter Ego* Royem Thomasem, swoim niegdysiejszym protegowanym i późniejszym następcą na stanowisku naczelnego

Marvela. Jedną z niespodzianek odkrytych przez nich podczas lektury było to, że Lee ewidentnie konsultował niektóre elementy fabuły i zachowania postaci z Kodeksem komiksowym. Na przykład opisując genezę drużyny, Lee informuje Kirby'ego o ostrzeżeniu CCA, że Human Torch „nie może nikogo parzyć płomieniami, może jedynie przepalać sznury, drzwi i tak dalej, ale nie ludzi". Thomas podejrzewał, że Lee nieco przepisał tę postać, obawiając się potencjalnego oburzenia, co mogłoby opóźnić wydanie komiksu.

Epizod ten ujawnia dwa oblicza Lee jako scenarzysty/redaktora. O ile Stan cieszył się ze stworzenia drużyny superbohaterów, która zrewolucjonizowała gatunek, musiał podchodzić do sprawy strategicznie i na chłodno, aby zdobyć cenzorski stempel, szczególnie że rytm jego pracy wyznaczały kolejne narzucane terminy. Podczas jednego wywiadu Lee mówił rozmówcy o „Królu" Kirbym i chwalił partnera za umiejętność snucia opowieści i niezrównany talent do perfekcyjnej wizualizacji tego, co sobie wymyślił. Tłumaczył, że Kirby często sam opracowywał fabuły i przyznawał: „Praktycznie obaj piszemy te komiksy". Król objął również rolę nieoficjalnego dyrektora artystycznego i przeszkalał nowy narybek, aby kolejni twórcy serii o superbohaterach dopasowali się do stylu wydawnictwa, który – tak po prawdzie – był jego stylem.

Lee, który dopiero wprawiał się w zawód showmana, dzięki rosnącej popularności komiksu o Fantastycznej Czwórce i rosnącej sprzedaży szybko nabrał pewności siebie. Nowi superbohaterowie w trzecim numerze zmierzyli się z na pozór niepokonanym Miracle Manem. Lee zdecydował się wtedy na śmiały ruch i tuż pod tytułem zamieścił krzykliwą frazę: „Największy magazyn komiksowy na świecie!". Z kolei na okładce czwartego zeszytu pojawił się lekko zmieniony slogan: „Największy magazyn komiksowy świata!". Nie sposób było nie zwrócić uwagi na bijące po oczach litery, które rzucały czytelnikowi wyzwanie, żeby tylko spróbował się z nimi nie zgodzić. Rozgłos towarzyszący temu hasłu przyczynił się do dalszej popularyzacji komiksu, na co zresztą liczył Lee.

Zawsze gotowy na wszystko, aby podbić sprzedaż, wyjaśniał: „Uznałem, że podobne hasło przyciągnie uwagę, choćby tylko ze względu na swoją jawną pretensjonalność". Lee oczywiście był świadomy, że podejmuje ryzyko, lecz nikt tak naprawdę nie mógł udowodnić, że się myli. Był jak sprawny miotacz, którzy rządził i dzielił boisko, albo pewny swego rockowy gitarzysta, który deklaruje wyjątkowość, rysując na piasku linię i mówiąc konkurentom: „jesteśmy najlepszym wydawnictwem komiksowym na świecie".

Sukces Fantastycznej Czwórki był niczym huraganowy podmuch, który zmotywował Lee i Kirby'ego do pogłębienia psychologii członków drużyny superbohaterów. Lee wspominał, że przy dziesiątym zeszycie „wiedzieliśmy o wiele więcej na temat Fantastycznej Czwórki i ich nieodmiennie niebezpiecznych przeciwników". Herosi przestali być tylko zwyczajnymi komiksowymi tworami. Lee wyjaśniał, że „Reed, Sue, Ben i Johnny byli już członkami naszych rodzin". Po raz pierwszy od dawna scenarzyście „lekko przychodziło pisanie kolejnych scenariuszy. Coraz łatwiej było mi wyobrazić sobie, co powiedzieliby albo zrobiliby w niemal każdej sytuacji, bo byli mi bliscy jak inni przyjaciele". Rodzinna saga nabrała rozpędu, kiedy Fantastyczna Czwórka dalej ratowała świat i próbowała – zarówno razem, jak i z osobna – uporać się z nowymi wyzwaniami.

Ben Grimm/Thing był bohaterem bliskim sercu sporej rzeszy czytelniczej. Kirby wzorował go na sobie i obdarował cechami, jakimi wyróżniał się twardy dzieciak z Lowe East Side włóczący się z młodzieżowymi gangami. Według Lee Grimm uosabiał to, co on sam od początku miał nadzieję stworzyć: „Pojąłem, że nie ma bohatera, który byłby jednocześnie potworem, rzucającym żartami brzydalem… Gdy zdobył potężną moc, stał się groteskowy. Miało to w sobie pewien patos".

Utalentowany duet specjalizował się również w wymyślaniu superłotrów odpowiednio złowieszczych i groźnych, którzy wzbudziliby niepokój czytelnika. Przywrócili na przykład stworzonego przez Billa Everetta księcia Namora, Sub-Marinera, który był nierozumianym, majestatycznym przeciwnikiem marzącym jedynie o tym, aby inni zostawili jego podwodne królestwo w spokoju. Tyle że chciał, aby to Sue rządziła morzami u jego boku, co prowadziło do ciągłych spięć z Reedem, któremu niezbyt podobały się zaloty Namora do jego narzeczonej.

Doktor Doom okazał się jeszcze bardziej interesujący i złowieszczy. Ten geniusz zbrodni i potężny przeciwnik potrafił wstrząsnąć posadami całego świata, nie opuszczając swojej siedziby w Latverii, wschodnioeuropejskim królestwie wymyślonym przez Lee. Podczas jednej z dyskusji – pełnych pasji i spięć – na temat fabuły Kirby i Lee rozmawiali o przeciwniku mogącym faktycznie dać Fantastycznej Czwórce wycisk. Lee uczepił się imienia „Doom", ale Kirby był sceptyczny. Udało im się jednak przeskoczyć dzielące ich różnice, mimo że obaj nie mieli zwyczaju odpuszczać. Lee relacjonował: „Jeśli coś okazuje się faktycznie trafione, nigdy nie udaje się nam wszystko poskładać od razu do kupy. Każdy mały pomysł prowadzi do następnego, często bardziej ekscytującego".

Aby uczynić Dooma najbardziej złowrogim, jak to tylko możliwe, Kirby naszkicował dla niego zbroję, a twarz ukrył za maską z zimnej, szarej stali. Łotr ten pojawił się po raz pierwszy na łamach *Fantastic Four* #5, gdzie przedstawiono pokrótce jego genezę; z czasem doczeka się ona znacznego rozwinięcia. Zeszyt rozpoczyna się od branżowego żartu (niebawem będą one kolejnym znakiem rozpoznawczym Lee): Johnny Storm czyta nowy numer *The Hulk*, który faktycznie dopiero co trafił do sprzedaży. Johnny drażni Bena: „Niech mnie kule biją, jeśli ten potwór nie przypomina mi Thinga". Ben, jak to w owej dysfunkcyjnej rodzinie bywa, rzuca się na Torcha, rozwalając przy tym stół. Reed i Sue muszą interweniować. Sue polewa młodszego brata strumieniem z gaśnicy, a Reed krępuje Bena. Richards lamentuje: „Co się dzieje z naszą czwórką? Gdy nie zwalczamy zagrożeń grożących ludzkości, bijemy się ze sobą!". Lee miewał ciężką rękę, ale fanom podobało się, że bohaterowie kłócą się i droczą tak jak oni w swoich mieszkaniach.

Kiedy Doktor Doom uwięził drużynę w wieżowcu, Reed poznaje, że ich zamaskowany przeciwnik to jego kolega z college'u, Victor Von Doom, „błyskotliwy student nauk ścisłych... zainteresowany zakazanymi badaniami" i „czarną magią". Doom bierze Sue na zakładniczkę i ściąga resztę zespołu do swojej fortecy. Korzystając ze skonstruowanej przez siebie maszyny czasu, wysyła trzech mężczyzn po „skarb Czarnobrodego". Dysponująca nadzwyczajnymi mocami drużyna pokonuje niemającą szans piracką załogę i zdobywa skarb. Lecz zamiast przekazać go Doomowi, Reed proponuje: „Skoro Doktor

Doom tak go pragnie, musi on kryć jakąś niebezpieczną moc i musimy zadbać o to, aby nigdy do niego nie trafił!".

Benowi, którego piraci biorą za Czarnobrodego, tak się podoba życie wyjętego spod prawa, że nakazuje załogantom pochwycić Reeda i Johnny'ego. Chwilę później okrętu mało nie zatapia tornado, a Johnny ledwie uchodzi z życiem. Reed i Johnny odnajdują Bena wyrzuconego na plażę. Ten przeprasza: „Skusiła mnie ich akceptacja, poczułem się jak normalny człowiek, chociaż była to jedynie banda rzezimieszków! Na... na chwilę straciłem głowę!".

Dzięki Benowi Lee mógł opowiadać zupełnie nowe historie, jakich wcześniej w komiksach nie było. Potwór, który chce być znów człowiekiem, to poruszający wątek. Ben naprawdę jest gotowy, żeby wyrzec się swoich mocy. Nie może znieść, że gdziekolwiek się pojawia, wszyscy uważają go za przerażające monstrum. Ten wewnętrzny konflikt jest przyczyną nieustającego konfliktu w samym sercu Fantastycznej Czwórki.

Gdy Doom dzięki portalowi sprowadza mężczyzn na powrót do swojego zamku, zdaje sobie sprawę, że superbohaterowie go oszukali. Zamyka drużynę w podziemiach i odcina dopływ tlenu. Sue udaje się uratować towarzyszy dzięki temu, że stała się niewidzialna. Bohaterowie wydostają się z twierdzy Dooma, ale nie udaje im się go złapać. Ucieka za pomocą odrzutowego plecaka.

Pozwalając mu się wymknąć, Lee i Kirby odcięli się od tradycyjnych fabuł komiksowych, nie rozwiązując ostatecznie intrygi. Tym samym wymyślili komiks, który był podobny do serialu czy opery mydlanej. Każdy nowy zeszyt miał za zadanie ujawnić nowe fakty o bohaterach i wzbudzić zainteresowanie czytelnika, co będzie w następnym odcinku. Dzięki tej metodzie Kirby i Lee dodawali nowe konteksty i planowali akcję na kolejne numery. Suspens utrzymywał się przez cały czas na wysokim poziomie.

Tak jak po publikacji *Fantastic Four* #1, do gabinetu Lee niemal natychmiast zaczęły przychodzić listy z zapytaniami o Doktora Dooma. Lee i Kirby prędko uświadomili sobie, że stworzyli „najprawdopodobniej flagowego złoczyńcę Marvela, wyróżniającego się wyglądem, mocami, osobowością i tym, jak entuzjastycznie zareagowali na niego czytelnicy". Na okładce *Fantastic Four* #10 czytelnicy zobaczyli rozzłoszczonego, odwróconego do przyjaciół plecami Reeda i ilustrację sugerującą niezrozumiały bieg wydarzeń, w wyniku których Doktor Doom został członkiem drużyny. Mimo tego intrygującego pomysłu trudno było nie skupić się na czymś zupełnie innym: w lewym dolnym rogu, tyłem do czytelnika, stali Lee i Kirby, komentujący wydarzenia z zeszytu.

Sam komiks opowiadał o zmaganiach trójki członków drużyny z rosnącą sławą. Bohaterowie starali się unikać fanów, którzy chcieli zagarnąć ich dla siebie albo uczestniczyć w akcji razem z herosami, odpowiadając na wysłany przez Thinga sygnał alarmowy. Po dotarciu na miejsce niewidoma dziewczyna Bena, Alicia, odkrywa, że to nie on ma kłopoty. Wzmianka na temat Sub-Marinera inicjuje kłótnię pomiędzy Reedem i Sue. Dziewczyna mówi: „Nie jestem nawet pewna tego, co czuję". Nagle akcja przenosi się do biura Marvela przy Madison Avenue, gdzie na ścianach wiszą rysunki Hulka, Thora i innych, a Lee i Kirby intensywnie rozmyślają nad kolejnym superłotrem. Nagle zjawia się Doom i zdejmuje maskę, na co obaj twórcy reagują zgrozą. Doom grzmi: „Skoro szukacie dobrej opowieści, to ją dostaniecie! Dalej, dzwońcie do Mr. Fantastica i mówcie, co podpowiem, jeśli wam życie miłe!".

Następnie, demonstrując swoją siłę, strzela promieniem z palca wskazującego, niszcząc popielniczkę Lee. Doom czeka na przybycie Reeda i zaskakuje go gazem usypiającym, po czym teleportuje się z nim do tajnego laboratorium. Przy pomocy telepatii – której nauczył się wykorzystywać dzięki wiedzy Ovoidów, zaawansowanej obcej rasy – Doom zamienia się ciałami z Richardsem.

Później tak manipuluje pozostałymi członkami Fantastycznej Czwórki, że nakłania ich do realizacji swojego planu. Doom zamyka Richardsa w podziemnej komnacie, gdzie powietrza starcza jedynie na godzinę. Ostatecznie Reedowi udaje się uciec, ale Sue nokautuje go w mieszkaniu Alicii. Kiedy pojawia się reszta drużyny (poza Doomem w ciele Richardsa), przyjaciele zaczynają podejrzewać, że człowiek, którego uważają za swojego wroga, może mówić prawdę. Johnny'emu i Thingowi udaje się przycisnąć Doktora i kiedy ten słabnie, mężczyźni powracają do swoich ciał. Doom zostaje przez przypadek potraktowany promieniem zmniejszającym i znów ucieka. Tym sposobem kolejny raz zostaje powstrzymany.

To, że Lee i Kirby odegrali ważną rolę w komiksie, zakrawa na farsę, ale tym sposobem Marvel kolejny raz udowodnił, że ich komiksy znacząco różnią się od tego, co robi konkurencja, szczególnie poważni i czyniący dobro superbohaterowie z DC Comics. Co było również istotne, zaprezentowali się jako postaci heroiczne, zdolne do interakcji ze stworzonymi przez siebie postaciami. Nawet trochę się bali Doktora Dooma, reagując na niego tak, jak zapewne zareagowaliby naprawdę.

Nagle nazwiska przewijające się przez każdy zeszyt – „Stan Lee & J. Kirby" – nabrały znaczenia. Jak tłumaczył Lee, fani zauważyli zniekształcenie rzeczywistości, które on sam nazwał „chyba pierwszą opowieścią o superherosach, której bohaterowie mają świadomość, że są postaciami z komiksu. Napisałem tę historię na prośbę czytelników, miałem przy tym niezły ubaw". Zamazując linię pomiędzy prawdziwym a zmyślonym, Lee i Kirby pokazali fanom, że zarówno oni, jak i Marvel, mają dystans do tego, co robią.

*

Fantastic Four #1 trafiło na stojaki z prasą niedługo przed trzydziestymi dziewiątymi urodzinami Lee. Stan i Kirby, mimo że odnieśli sukces przy pierwszym numerze, na początku myśleli, że to łabędzi śpiew, zanim wszystko tąpnie. Po burzliwych latach 50. i publicznej nagonce na komiksy powszechnie uważano, że cały rynek może się załamać, z czym Lee się zresztą zgadzał. Cykliczna natura tego interesu sprawiała, że podobny scenariusz faktycznie mógł się sprawdzić. Bo ile jeszcze takich wzlotów i upadków mogła ta branża zaliczyć?

Ale zamiast wyśpiewać swoje ostatnie nuty Lee został zalany fanowską korespondencją, co nie zdarzyło się nigdy wcześniej. Zwykle miernikiem sukcesu komiksu były wyniki sprzedaży, które przychodziły dopiero po paru miesiącach od premiery danego zeszytu. Po lekturze tych listów Lee uświadomił sobie, że na jego komiks natknęli się czytelnicy w grupie wiekowej od 12 do 15 lat i odnaleźli tam odbicie młodzieńczego gniewu, który w nich iskrzył. Błagali go o jeszcze, co podtrzymało Lee na duchu. Do tej pory Stan był zdołowany, produkował kolejne tytuły hurtowo i nie miał żadnych kontaktów z fanami, dlatego ich nagła i entuzjastyczna reakcja dała mu dokładnie to, czego wtedy najbardziej potrzebował.

Z kolei Kirby, jak zawsze zrzędliwy i ostrożny, nie skakał z radości. Nie chciał dać się porwać emocjonalnemu rollercoasterowi, którym miał okazję przejechać się już niejednokrotnie przy okazji innych „hitów". Dalej pisał i rysował, dostarczając kolejne strony z nadzwyczajną prędkością. Dla Lee przychodzące do redakcji listy i kartki były potwierdzeniem jego przekonania, że aby nareszcie go doceniono, wystarczy tylko robić takie komiksy, które sam chciałby przeczytać.

Fantastyczna Czwórka zrobiła coś więcej. Lee i Kirby nie tylko postawili fundamenty do tworzenia kolejnych postaci – oni ożywili cały przemysł komiksowy. Lee, który przez całą karierę kogoś naśladował, zdał sobie sprawę, że nareszcie może przyjąć inną rolę: kogoś, kto wyznacza trendy. Zaufał swojemu instynktowi, umiejętności opowiadania historii, które podobały się jego czytelnikom, oraz niepowtarzalnemu artyzmowi Kirby'ego.

ROZDZIAŁ 7

SPIDEY RATUJE DZIEŃ!

Nowy superbohater wyskakuje z kartki niemalże prosto na kolana czytelnika. Jest szczupły, ale muskularny i zwinny. Nosi maskę i tylko dziwaczne otwory na oczy zdradzają, że to człowiek, usta i nos bowiem ma zakryte. Jego moce są niepokojące. Trzyma pod pachą przestępcę o upiornej fizjonomii, równocześnie buja się wysoko nad ulicami miasta na cieniutkiej nitce. Na widocznych w tle dachach stoją malutkie postacie, pokazując go sobie palcami, czemu towarzyszy coś, co dałoby się opisać jedynie jako czyste zdumienie.

Superbohater znajduje się obok centralnego punktu okładki, jakby spanikowany fotograf zrobił serię zdjęć. Rysunek ten oddaje jego szybkość, prawie jakby leciał, pchany przez wiatr. Ma napięte mięśnie naramienne, te na nogach rozciągnięte. Od jego łokcia do nadgarstka rozpięta jest jakaś tajemnicza sieć. Czy to aby na pewno mężczyzna, czy może jednak przybysz z innego świata? Odpowiedź może zaskakiwać. Jasnożółte dymki po lewej stronie okładki informują czytelnika o szokującej prawdzie. To nie dorosły facet, doświadczony i zaprawiony w bojach, jak Batman czy Superman, nie wyłonił się z egzystencjalnego koszmaru i nie jest czyniącym dobro kosmitą. Nie, to, jak sam mówi – „zahukany nastolatek" – imieniem Peter Parker. Odgraża się, że choć świat drwi sobie z chłopaka pod maską, to „zachwyci się" jego „niezwykłą mocą".

Tak narodził się Spider-Man.

*

Debiut Spider-Mana w *Amazing Fantasy* #15 z 1962 roku był wynikiem skalkulowanego ryzyka. Lee ufał swojemu instynktowi, który wyrobił w sobie przez dziesiątki lat pracy w chaotycznym przemyśle komiksowym, częściej polegającym na próbach i błędach niż logice. O tym, który tytuł znajdzie się w ofercie wydawnictwa i przebędzie długą drogę z drukarni do punktu sprzedaży prasy, decydowała sprzedaż. Kapryśnym fanom komiksu często zmieniały się zainteresowania, przez co redaktorzy, tacy jak Lee, dumali, drapiąc się po głowie, nad tym, co może być niebawem modne. Wprowadzenie na rynek nowego bohatera mogło być stratą cennego czasu na pisanie, rysowanie i tuszowanie komiksu, który mógłby się zupełnie nie sprzedać, podczas gdy można by było tę energię i środki przeznaczyć na produkcję już dochodowych tytułów. Jako że branża nieustannie zmagała się z terminami, szkoda było talentu i czasu dobrego rysownika czy scenarzysty na słabo sprzedającą się serię. Interesy ciągle wchodziły w paradę ambicjom artystycznym, sprawiając, że szybkie pisanie i rysowanie musiało iść w parze. Komiksiarze co miesiąc zmagali się z rygorystycznymi terminami.

Po przeszło 20 latach harowania na stanowisku scenarzysty i redaktora Lee widział szybki rozwój nowych gatunków i ich rychły upadek. Czytelnicy wciąż chcieli czegoś innego. Opowieści wojenne ustępowały miejsca romansom. Te z kolei musiały wycofać się pod naporem historii o potworach, które potrafiły wytrzymać napór obcych cywilizacji. Lee pracował w okresie, kiedy całym rynkiem trzęsła niewielka grupa wydawców, którzy patrzyli sobie przez ramię z nadzieją, że uda im się skopiować to, co dobrze się sprzedawało.

Lee nazywał Martina Goodmana „jednym z największych imitatorów wszech czasów". Wydawca podrzucał naczelnemu tematy po wyciągnięciu albo podsłuchaniu różnych informacji podczas golfowych partyjek i długich lunchów z kolegami po fachu. Gdy usłyszał, że konkurencji dobrze idą westerny, przychodził do Lee i grzmiał: „Stan, wymyśl mi tu jakichś kowbojów". Każda nowa moda oznaczała natychmiastowe przestawienie się na popularne gatunki. Konieczna w tym środowisku elastyczność była główną siłą Lee. Opierała się na sprawnym wymyślaniu fabuł i szybkim, niemal równoczesnym pisaniu scenariuszy do różnych serii. Lee tak długo pracował w ten sposób, że doszlifował techniki łatwego opracowywania paru tytułów, korzystał z gierek słownych i rozmaitych sztuczek, na przykład w 1960 roku użył raz jeszcze postaci rewolwerowca Rawhide Kida, tyle że zrobił z niego bandytę, albo używał aliteracji, żeby łatwiej zapamiętać bohaterów i tytuły, jak Millie the Model.

Kiedy sprzedaż szła dobrze, Goodman zostawiał Lee w spokoju i dawał mu odrobinę swobody, ale gdy wyniki leciały na łeb, na szyję, wywierał na nim presję. Konserwatywny wydawca rzadko wprowadzał zmiany, co drażniło Lee. Scenarzysta jeżył się, kiedy musiał słuchać protekcjonalnych komentarzy szefa.

„Uważał, że komiksy czytają jedynie bardzo, bardzo małe dzieci albo zidiociali dorośli", czyli „jeśli było to możliwe, nie chciał, abym używał słów dłuższych niż dwusylabowe... Abym nie budował złożonych charakterystyk i nie pisał długich dialogów, tylko pakował jak najwięcej akcji". Biorąc pod uwagę jego historię relacji z Goodmanem i niepewną sytuację firm wydawniczych, które mogły łatwo zbankrutować, Lee przyznaje: „To była jednak moja praca. Robiłem to, co kazał mi robić".

Mimo że łączyły ich więzy pokrewieństwa oraz długoletnia współpraca, wydawca i redaktor utrzymywali cokolwiek chłodne stosunki. Z perspektywy Lee wyglądały one tak: „Martin był dobry w tym, co robił, i zarabiał mnóstwo pieniędzy, ale nie miał ambicji. Chciał, żeby wszystko zawsze było po staremu". Przemysł wydawniczy charakteryzowała zacięta konkurencja, mało który z kierowników był prawdziwym rekinem biznesu. Goodman co prawda faktycznie trzymał Lee krótko, ale jak opowiada scenarzysta: „Zrobił menedżerem swojego dobrego przyjaciela. Codziennie spędzali ze dwie albo trzy godziny w biurze Martina i grali w scrabble".

Korzystając z krytycznego sukcesu i niesamowitej sprzedaży *The Fantastic Four*, Goodman wydał Lee proste polecenie, które nie było zresztą ani trochę zaskakujące, biorąc pod uwagę jego ogólny styl zarządzania: „Wymyśl następnych superbohaterów". Dla wydawcy sprawa była prosta: skoro superbohaterowie wydawali się kolejnym gorącym trendem, to Timely powinno iść w tym właśnie kierunku. *The Fantastic Four* coś zmieniło w relacji redaktora z wydawcą. Dzięki nowej drużynie podwoiła się sprzedaż komiksów i Goodman nieco odpuścił, co z kolei dało Lee większą władzę i autorytet. Z perspektywy wydawcy popularność serii superbohaterskich oznaczała po prostu podpięcie się pod obowiązującą modę, aż ta wygaśnie. Za to Lee miał możliwość zaoferowania wolnym strzelcom większych stawek, dzięki czemu mógł trochę odciążyć siebie, przez cały czas uginającego się pod presją wynikającą z konieczności pisania, wymyślania, redagowania i przyklepywania całego miesięcznego katalogu oferowanego przez firmę. *Spider-Man* był jednak dla Lee czymś więcej niż dobrym ukierunkowaniem energii i talentu jego zespołu – wyrazem sprzeciwu.

Przez parę miesięcy Lee siłował się z paroma pomysłami. Chciał stworzyć kolejnych superbohaterów przypominających Fantastyczną Czwórkę, czyli ludzi obdarzonych nadzwyczajnymi mocami, którzy zmagaliby się z realistycznymi wyzwaniami prawdziwego świata. Nowym bohaterem miał ostatecznie zostać „nastolatek z problemami i zahamowaniami znanymi każdemu nastolatkowi". Lee wymyślił wdzięczny pseudonim „Spider-Man" i wyobraził sobie „pechowego dzieciaka", dla którego niesamowite moce – nadludzka siła i możliwość przyczepiania się do ścian, budynków, a nawet sufitów, niczym prawdziwy pająk – byłyby jednocześnie błogosławieństwem, jak i przekleństwem. Przeczuwał, że Spider-Man odegra istotną rolę nie tylko dla firmy, ale będzie ukoronowaniem jego twórczości.

Lee tak wspomina wizytę u Goodmana: „Postąpiłem tak, jak zwykle, czyli poszedłem z pomysłem do mojego szefa, kolegi, wydawcy, towarzysza", podczas rozmowy ubarwiając historię genezy Spider-Mana, utrzymując, że pomysł wziął się od „obserwowania przy pisaniu chodzącej po ścianie muchy". Wyłożył Goodmanowi wszystkie szczegóły – nastolatek, sierota, zlękniony, biedny, inteligentny – opisując głównego bohatera. Lee uważał, że nie ma się nawet nad czym zastanawiać, ale – ku jego zdziwieniu – Goodmanowi nie spodobał się ten pomysł i odmówił przyznania nowemu superbohaterowi samodzielnej serii.

Miał szczególne zastrzeżenia co do trzech rzeczy: „ludzie nienawidzą pająków, nie możesz nazwać bohatera »Spider--Man«"; nastolatek nie może być bohaterem, „tylko pomocnikiem bohatera"; bohater musi być heroicznym typem, a nie pryszczatym dzieciakiem, ani silnym, ani popularnym. Goodmanowi superbohater, który nie był ucieleśnieniem siły, ani nawet sympatycznym gościem, wydawał się „postacią komediową". Zapytał z irytacją, czy jego redaktor nie zdaje sobie sprawy z tego, że ludzie nienawidzą pająków? Lee, zmuszony przełknąć krytyczną litanię, podsumował: „Martin nie pozwolił mi zrobić tego komiksu".

Goodman uważał, że przez komiks o nastoletnim superbohaterze stanie się pośmiewiskiem całej branży, co zresztą nieustannie go martwiło. Choć odnosił sukcesy, wydawca mocno przeżywał wszelkie wzloty i upadki na rynku, dlatego odrzucał pomysły, które wydawały mu się zbyt wydumane i żerował na dobrej passie innych. Dlatego nie przypadł mu w ogóle pomysł komiksu ze Spider-Manem. Zwykle interweniował tylko w sytuacji, kiedy coś szło nie tak. Kiedy Lee przyszedł do niego z projektem nowego superbohatera, scenarzysta nieświadomie przywołał wszystkie lęki Goodmana o jego status na rynku i jak wypadnie w oczach konkurencji.

Dochodząc do wniosku, że tym razem nie da rady przekonać szefa, Lee podjął decyzję, żeby chociaż dać Spider-Manowi szansę przy jak najmniejszym ryzyku. Najlepszym miejscem na podobny eksperyment było *Amazing Fantasy*, seria, która do tej pory zaliczała same wpadki. Czytelnicy komiksów nie interesowali się zbytnio prezentowaną tam tematyką, oscylującą głównie wokół opowieści z pogranicza thrillera i fantasy, pisanych przez Lee i okraszonych surrealistycznymi rysunkami Steve'a Ditko, do którego Marvel zawsze zwracał się, kiedy trzeba było makabrycznych czy udziwnionych ilustracji w stylu Dalego. Raz Lee spróbował umieścić w tytule słowo *Adult*, mając nadzieję, że *Amazing Adult Fantasy* przyciągnie potencjalnego czytelnika. Mierząc się zarówno z niechęcią Goodmana, jak i żałosnymi wynikami sprzedaży magazynu, wydawało się, że młodziutki superbohater jest już na starcie skreślony i zaraz zostanie zdjęty z boiska.

Mimo pechowych okoliczności i sprzeciwu szefa Lee nie mógł pozwolić wymyślonemu przez siebie kujonowi tak po prostu odejść. „Nie potrafiłem wyrzucić go z głowy" – mówił. Nakreślił szkic fabuły i przekazał go Kirby'emu. Lee uznał, że i tak nikt nie będzie miał nic przeciwko (a może nawet tego nie zauważy), jeśli w serii skazanej na kasację pojawi się nowy bohater.

Na rynku panował duży przemiał. Lee przez cały czas harował jako redaktor zarządzający, scenarzysta, adiustator i dyrektor kreatywny, dlatego zlecał prace zaufanym rysownikom, którzy nie potrzebowali zbyt wielu wskazówek i pracowali szybko. Lee często dyktował im zarys fabuły, na podstawie którego rysowali cały komiks, a później dopisywał dialogi i informacje dodatkowe, co dawało czas na redakcję i dorysowanie tego, o czym zapomniano.

Tyle że Kirby zupełnie nie wyczuł Spider-Mana. Jego szkice przedstawiały nie nastoletniego mola książkowego, ale miniaturowego Supermana o urodzie amerykańskiego przystojniaka, astronauty albo gwiazdy futbolu. Nie mając czasu namyślać się nad poboczną postacią skazaną na szybkie zniknięcie z rynku, Kirby zajął się innym projektem i Lee zadanie oddelegował Ditko. Tak czy inaczej rysował dla *Amazing Fantasy*, a jego styl nadał się idealnie do przedstawienia przygód nietypowego bohatera.

Prace, które mu oddał, były doskonałe – oprócz okładki. Lee przekazał więc to zlecenie Kirby'emu, a Ditko został przy tym inkerem. Choć była to robota na ostatnią chwilę, naczelny był wniebowzięty: „Steve odwalił kawał dobrej roboty, by przywołać do życia mojego małego pajęczego bohatera". Ukończona dwuczęściowa historia ukazała się jako główny materiał piętnastego zeszytu *Amazing Fantasy*. Lee zdradził, że „potem mniej lub bardziej o nim zapomnieliśmy", co odzwierciedla zarówno panującą w firmie atmosferę ciężkiej harówki, jak i niskie oczekiwania redakcji wobec Spider-Mana. Mimo że Lee i Ditko byli zadowoleni z owoców tej współpracy, nie mogli przewidzieć, że nagle komiksowy świat będzie kręcił się po zupełnie innej osi. Przez nich.

*

Nowy styl Lee wyznaczył kierunek nie tylko komiksom ze Spider-Manem, ale całemu wydawnictwu. Przebijając niewidoczną barierę pomiędzy scenarzystą a czytelnikiem (zwykle określanej mianem „czwartej ściany") na pierwszej stronie debiutu Człowieka-Pająka, Lee udało się wypracować przyjacielską, choć czasem przaśną narrację, która prowadziła czytelnika przez podróż bohatera. Stanowiła ona ostry kontrast z oficjalnym, zdystansowanym językiem innych superbohaterów, szczególnie konkurencji z DC – Supermana, Batmana i Wonder Woman.

Już na samym początku Lee dzieli się z nami pewnym sekretem, tłumacząc, że „za kulisami" pracownicy z branży komiksowej nazywają superherosów „bohaterami w kalesonach" i chełpią się, że mają ich „na pęczki". Od razu informuje przy tym czytelnika, że jego nowa postać jest „nieco... inna!". Przy użyciu zaledwie 100 słów Lee udaje się nawiązać z odbiorcami specyficzny kontakt i objaśnić, że Spider-Man na tle innych superbohaterów to coś zupełnie nowego. Lekki, humorystyczny ton podkreśla, jak bardzo będzie się od nich różnił, tłumacząc wszystko w swobodnym stylu.

Na drugiej stronie Lee pokazuje, jak bardzo dorośli lubią Parkera, łącznie z jego zastępczymi rodzicami, ciotką May i wujem Benem, oraz nauczycielami, którzy „przepadają" za „porządnym i pracowitym uczniem!". Choć Parker to dobry chłopak, Lee śpieszy podkreślić, że w szkole nie cieszy się popularnością, co szczególnie uwidacznia się w kontraście do szkolnego ulubieńca, Flasha Thompsona. Parker próbuje zaprosić dziewczynę na randkę na wystawę naukową, ale ta mu odmawia i robi maślane oczy do „przystojniaka" Thompsona. Grupka uczniów, odjeżdżając czym prędzej czerwonym kabrioletem, śmieje się z jego nieudolnych prób zainteresowania sobą dziewczyny. „Ty się ucz, synek. My weźmiemy laseczki" – szydzi jeden z nich. Na następnym kadrze Parker, płacząc, idzie do laboratorium, deklarując: „Jeszcze tego pożałują! Będzie im przykro, że się ze mnie śmiali!”.

Dzięki eleganckiemu przedstawieniu Parkera jako przeciętniaka zmagającego się z szykanami „tłumu”, chłopak od razu zaskarbia sobie sympatię czytelnika, bo ten z miejsca może się z nim utożsamić. Każda szkoła ma bowiem swojego Flasha Thompsona, który skupia na sobie całą uwagę dziewczyn i gustuje w znęcaniu się nad słabszym kolegą. Lee ponownie zwraca się bezpośrednio do czytelnika, mówiąc: „Tak, niektórym czasy nastoletniości upływają od jednego zawodu miłosnego do drugiego”. Scenarzysta zaznacza, że Parker ma uczucia, a bycie wyrzutkiem boli.

Ale zamiast oprzeć fabułę na samej koncepcji Parkera jako outsidera, Lee nie boi się pokazać pełnej gamy jego emocji, przy czym historia robi się coraz mroczniejsza i złowieszcza. Kiedy radioaktywny pająk gryzie nastolatka, ten zatraca się ślepo w nowo odkrytych mocach. Bierze nawet udział w wrestlingu, chcąc przetestować swoją siłę i zarobić przy tym trochę pieniędzy. Brak pewności siebie sprawia, że Parker zakłada maskę, aby przypadkiem nie stać się „pośmiewiskiem”, co nie powstrzymuje go przed wyzwaniem na pojedynek osiłka Crushera Hogana, który nazywa chłopaka „małym zamaskowanym cudakiem”. Lee posługuje się tutaj grą słowną, umieszczając *marvel* (pol. „cud”) na okładce i w komiksie, tym samym podświadomie budując powiązanie pomiędzy postacią a przyszłą nazwą firmy, nad której założeniem się wtedy zastanawiał.

Dorośli niemal natychmiast szukają sposobu, aby wykorzystać nowe moce chłopaka. „Producent telewizyjny” obiecuje zamaskowanemu Parkerowi „fortunę” i występ w niesłychanie wówczas popularnym programie rozrywkowym *Ed Sullivan Show*. Pod kuratelą agenta Spider-Man staje się sensacją i Parker zachłystuje się „pierwszym słodkim zapachem sławy i sukcesu". Sodówka uderza młodemu do głowy i kiedy ma okazję zatrzymać złodzieja, którego ściga policjant, stoi bezczynnie, mimo swoich ogromnych mocy. Parker, jak zademonstrował Lee, może i ma nadludzką siłę, lecz nie jest jeszcze na tyle dojrzały, żeby zostać prawdziwym bohaterem.

Później wujek Ben umiera na oczach Petera, ponieważ próbował powstrzymać pewnego bandytę. Parker traci panowanie nad sobą i jako Spider-Man rusza za winowajcą. Na jedynym w całym komiksie kadrze, gdzie przez maskę widać źrenice Parkera, Spider-Man uświadamia sobie, że morderca jego wuja to ten sam złodziej, którego mógł wcześniej powstrzymać. Chłopak nie zabija przestępcy, ale zawiesza go na pajęczej nitce i opuszcza do czekającej na dole policji. Lee portretuje cierpienia, jakie przeżywa nastolatek, akceptując ciężar podjętej przez siebie decyzji. Ostatni kadr niesie ze sobą słynne przesłanie, którym Lee niejako podsumował ideę Spider-Mana: „nareszcie zrozumiał, że na tym świecie z wielką mocą musi iść w parze wielka odpowiedzialność!".

W końcu – dzięki innowacyjnym pomysłom i stylowi – Lee swoimi historiami o superbohaterach przykuł uwagę czytelnika, tworząc postać posiadającą prawdziwie ludzkie cechy. Peter Parker, nieśmiały chłopak, któremu koledzy dokuczają za to, że jest inny, wyrósł na doświadczeniach Lee, którego również rówieśnicy nie oszczędzali. „Byłem najmłodszy i najchudszy, dlatego nigdy nie wybierano mnie na kapitana, nie miałem szansy zostać przywódcą i zawsze to ja dostawałem kuksańca".

Dlatego kiedy szukał dla Parkera odpowiedniego punktu zaczepienia, uznał, że „dzieciaki będą mogły się odnieść do tej historii, bo zwykle mają podobne przejścia. Okazało się, że miałem rację". Lee domknął piętnasty numer *Amazing Fantasy* i pośpieszył zająć się innym tytułem wymagającym jego natychmiastowej uwagi.

*

Nerwowy rytm przemysłu komiksowego nie pozwalał nikomu zwolnić, a co dopiero znaleźć chwilę na refleksje, jak czytelnicy mogą zareagować na dany tytuł. Może to posłużyć za niejakie wytłumaczenie, czemu Spider-Man pojawia się na stronach *Amazing Fantasy* #15 raz poprawnie, jako „Spider-Man", a czasem jako „Spiderman". Lee i jego niewielki zespół byli już myślami przy innych seriach, próbując wyrobić się przed upływem kolejnego bezlitosnego terminu. Choć musiało minąć jeszcze parę miesięcy, zanim wydawnictwo miało otrzymać wyniki sprzedaży, Lee już zdążył się zorientować, że Spider-Man spodobał się czytelnikom, bo listy znowu zaczęły przychodzić całymi torbami, tak jak rok wcześniej po premierze *Fantastic Four*. Lee szacuje, że dziennie dostawał przynajmniej setkę wiadomości od fanów, wszystkie skrupulatnie czytał i regularnie na nie odpisywał.

Nareszcie nadszedł sądny dzień, kiedy Goodman poznał wyniki sprzedaży. Wydawca wpadł do biura Lee, jak zawsze zawalonego kartkami papieru, rysunkami, makietami, żółtymi kołonotatnikami oraz notatkami. Goodman promieniał. „Stan, pamiętasz tego twojego Spider-Mana, który tak mi się spodobał? A może zrobimy osobną serię?". Jeśli to nie wystarczyło, żeby zbić Lee z nóg, chwilę później otrzymał jeszcze mocniejszy cios: Spider-Man nie był zwyczajnym przebojem, komiks z jego udziałem okazał się najszybciej sprzedającym się zeszytem roku i – co za tym szło – dekady. *Amazing Fantasy*, do tej pory nieustannie okupujące ostatnie miejsca zestawień sprzedaży, dzięki staraniom Lee znalazło się na samym szczycie. Mimo że od czasu narodzin Spider-Mana minęło już kilka miesięcy, nadzwyczajna popularność bohatera oznaczała, że Lee i Ditko musieli niezwłocznie zabrać się do pracy, aby stworzyć całą serię z nastoletnim superbohaterem.

Mimo początkowej niechęci Goodmana i obojętności Kirby'ego co do rysowania postaci Spider-Mana, sukces *Amazing Fantasy* #15 ożywił Lee i Ditko, bo nowy heros miał być kluczowym punktem superbohaterskiego katalogu Marvela. Co ważniejsze, Fantastyczna Czwórka i Spider-Man przeobrazili wydawnictwo z firmy naśladującej rywali w modne i znaczące przedsiębiorstwo.

Z uwagi na długi okres oczekiwania na zestawienia sprzedaży, proces druku i dystrybucji kolejny komiks ze Spideyem pojawił się dopiero pół roku później. Aby zrobić miejsce na nowy tytuł, Lee musiał się jakiegoś pozbyć, bo obowiązująca umowa z Independent News nadal pozwalała Marvelowi na wydawanie tylko ośmiu pozycji bez względu na liczbę stron. I tak, mniej niż rok po swoim debiucie, z uwagi na niezadowalającą sprzedaż, *The Incredible Hulk* zniknął z rynku. Za to w marcu 1963 roku pojawił się na jego miejscu *Amazing Spider-Man* #1.

*

Kiedy fani nareszcie otrzymali pierwszy numer *The Amazing Spider-Man*, nie mogli uwierzyć swoim oczom. Nastoletni bohater unosi się nad ziemią, uwięziony w przeźroczystej tubie, pochwycony przez nikogo innego jak superdrużynę Lee, Fantastyczną Czwórkę. Human Torch przelatuje na wysokości jego oczu, jakby chciał sprawdzić, w jakim stanie jest Pająk, a stojący na ziemi Thing potrząsa potężnymi pięściami, gotowy do bitki.

Sam fakt występu szalenie popularnej Fantastycznej Czwórki w debiucie Spider-Mana jasno wskazuje na pewien asekurantyzm Lee, który miał nadzieję podbić sprzedaż, do jednego komiksu pakując swoje najgorętsze towary. Pomysł ten wydaje się bliskim krewnym zabiegu z ostatniego zeszytu *Amazing Fantasy*, kiedy Lee zapowiedział czytelnikom, aby wyczekiwali kolejnego numeru, choć seria miała zostać skasowana. Lee zawsze zostawiał sobie furtkę, bo przez ostatnie 20 lat w branży widywał już nie takie zmiany, wzloty i upadki. Niby wyniki sprzedaży przedstawione mu przez Goodmana wskazywały jasno, że Spider-Man ma przed sobą świetlaną przyszłość, lecz i tak zabezpieczył się Fantastyczną Czwórką, co było dobrym posunięciem biznesowym i – jak się okazało – zaczynem nowego pomysłu.

O narysowanie okładki pierwszego numeru *The Amazing Spider-Man* Lee po raz kolejny zwrócił się do Kirby'ego, co było rozsądnym ruchem, jako że był on rysownikiem i współtwórcą Fantastycznej Czwórki. Różnica pomiędzy stylem Kirby'ego a Ditko jest zauważalna już po przewróceniu pierwszej strony. Spidey nie jest tak muskularny i bardziej przypomina swojego owadziego imiennika. Tłum, na którego czele stoi wydawca J. Jonah Jameson, wykrzykuje: „Dziwadło! Wróg publiczny!", podczas gdy nasz bohater wycofuje się na pajęczynę, ściskając dla równowagi zwisającą nić. Lee zwraca się do czytelnika pełen entuzjazmu, nie bojąc się przesady: „Jeszcze nigdy nie było podobnej opowieści… Bo nigdy też nie było bohatera takiego jak Spider-Man!".

Pierwszy numer *The Amazing Spider-Man* zawierał dwie osobne historie, co było wtedy dość powszechną praktyką. Były one ze sobą powiązane, lecz miały inne założenia. Komiks przypominał genezę Spider-Mana tym fanom, którzy nie czytali *Amazing Fantasy*, lecz i tak niecierpliwie wyglądali debiutu, a następnie opisywał potyczkę Pająka z członkami Fantastycznej Czwórki i spotkanie z pierwszym złoczyńcą, z jakim mierzy się nastoletni bohater.

Opisując po raz kolejny korzenie Spider-Mana, Lee koncentruje się jednak na problemach cioci May, której brakuje pieniędzy, i staraniach chłopaka o dorzucenie się do domowego budżetu. Bank jednak nie chce zrealizować czeku, który menedżer wystawił Pająkowi za jego występ w „ratuszu". Następnie Jameson publikuje nagłówek, w którym szkaluje naszego bohatera jako „zagrożenie" i przestrzega mieszkańców miasta, deklarując: „Spider-Man musi zostać wyjęty spod prawa! Nie ma miejsca w tym spokojnym mieście na tak niebezpieczne stwory". Jako przykład prawdziwego bohatera podaje przy tym swojego syna, pilota doświadczalnego Johna Jamesona, który ma wylecieć na orbitę ziemską w kosmicznej kapsule.

Misja nie idzie jednak zgodnie z planem, superbohater wkracza więc do akcji, choć to właśnie ojciec astronauty przyczynił się do tego, że Spider-Man nie mógł zarabiać pieniędzy na występach. Kiedy starszy wydawca piekli się, że Spidey jest jedynie „szukającym rozgłosu oszustem… chodzi mu tylko o nagłówki", ten odpowiada mu w przemądrzałym stylu Lee: „Zamiast kłapać jadaczką… niech pan tylko popatrzy, co potrafię!". Kilka minut później Spider-Man czepia się wystrzelonej rakiety, wymienia panel kontrolny i umożliwia Jamesonowi bezpieczne lądowanie. Zamiast celebrować heroiczny czyn, redaktor dalej zwalcza Pająka, tłumacząc, że chwilowe trudności pojazdu były częścią „planu Spider-Mana, aby skupić na sobie całą uwagę… sabotażem kapsuły". Później Parker podsłuchuje rozmowę paru robotników, którzy domagają się, aby bohater został „przegnany z kraju", i stwierdzają, że sprawę trzeba zgłosić FBI. Nawet ciocia May zwraca się przeciwko Spider-Manowi i historia kończy się nerwowymi rozmyślaniami Parkera. Bohater zastanawia się, czy ludzie zawsze będą postrzegać go jako „zagrożenie" i czy to „jedyna pisana mu droga".

W drugiej opowieści Parker decyduje się zaprezentować swoje moce członkom Fantastycznej Czwórki, aby drużyna przyjęła go do siebie. Chcąc się popisać, włamuje się do Budynku Baxtera i kiedy superbohaterowie wykrywają jego obecność za pomocą kamery, Johnny Storm dowcipkuje: „Czemu nie umówił spotkania przez telefon, jak wszyscy?". Thing śpieszy mu z odpowiedzią: „Bo jest nastoletnim pyszałkiem, jak Torch".

Drużyna ściera się z chłopakiem, próbując go pojmać. Batalia idzie na remis, po czym Spider-Man oświadcza, czemu się tam zjawił: „Jestem wart najwyższego wynagrodzenia". Sue Storm odpowiada mu: „Jesteśmy organizacją non profit", a Reed Richards dodaje: „Nie mamy tu wypłat i dodatków! Wszystkie zyski idą na działalność naukową!". Johnny, tak jak Peter, jest sarkastycznym nastolatkiem, więc mówi: „Źle trafiłeś, kolego! To nie General Motors!". Dzięki dobremu uchu do didaskaliów Lee uchwycił sposób mówienia ówczesnej młodzieży.

Spider-Man musi też zmierzyć się ze swoim pierwszym superłotrem – Kameleonem – bardzo inteligentnym kryminalistą, który potrafi przebrać się za każdego, łącznie z młodocianym bohaterem. Kameleon knuje wrobienie Spider-Mana w kradzież tajnych planów systemu obrony rakietowej. Prawdziwy Spidey ucieka przed policją i na pajęczynie przemierza Nowy Jork, chcąc dogonić helikopter złoczyńcy. Motorówką płynie do zacumowanej radzieckiej łodzi podwodnej, pajęczyną blokuje właz przed domknięciem i przejmuje kontrolę nad helikopterem.

Kameleon wykorzystuje różne triki, żeby zwiać, łącznie z udawaniem policjanta. Zmusza prawdziwych funkcjonariuszy, aby rzucili się na Spider-Mana. Ale kiedy ci orientują się, że to oszustwo, Pająk śmiga po ścianie „napędzany czystą furią" i mówi, żeby sami łapali złoczyńcę, jeśli nie chcą jego pomocy. Uciekając, Spider-Man rozkleja się, myśląc: „Nic mi nie wychodzi. Żałuję, że mam te swoje supermoce!". Na kolejnym kadrze Fantastyczna Czwórka zastanawia się, czy Spidey przejdzie na złą stronę. Dziesięciostronicowa historia kończy się słowami Lee: „I będzie się nad tym zastanawiał cały świat… aż do kolejnego cudownego zeszytu! Nie przegapcie go!!".

*

Przez kolejny rok Lee i Ditko wprowadzili prawie wszystkich znaczących przeciwników Spider-Mana, od Vulture'a i Electro do Jaszczura i Doktora Octopusa. O ile starcia z nimi wypełniały stronice komiksu obowiązkową porcją akcji, jak na opowieść o superbohaterze przystało, opowieści te tak naprawdę napędzały liczne postacie drugoplanowe orbitujące wokół Petera Parkera. To jego interakcje z ciocią May, Jamesonem i rozlicznymi sympatiami czyniły młodzieńca przekonującym nastolatkiem, który zyskał swoje moce zupełnie przypadkowo.

Lee, jako ambitny autor scenariuszy komiksowych, korzystał ze Spider-Mana, aby przetestować różne innowacyjne rozwiązania, dzięki którym wyróżniał się spośród innych. Poza konsekwentnym prowadzeniem narracji zwracającej się bezpośrednio do czytelnika i stanowiącej o sile komiksu superbohaterskiego, Lee udało się zanurzyć odbiorcę jeszcze głębiej w wymyślony świat przez dymki zdradzające myśli poszczególnych postaci. Jak tłumaczył, „pozwalają one czytelnikom, kiedy tylko się da, poznać myśli danego bohatera... i dodają opowieści kolejny wymiar". Dzięki owym stylistycznym i narracyjnym postępom słowa krzyczały do czytelnika, aby się skupił, jednocześnie obwieszczając obecność twórcy na kartach komiksu. Lekkie pióro Lee pozwalało myśleć, że jest on przyjacielem, do tego tak samo podekscytowanym czytaną historią.

Kolejna nowinka wymyślona przez Lee i Ditko polegała na wykorzystaniu Nowego Jorku jako obszaru działania Spider-Mana. Młody człowiek wychował się w ciasnym mieszkaniu w Queens z zastępczymi rodzicami. Lee i Kirby już wcześniej umieścili Fantastyczną Czwórkę na Manhattanie, lecz drużyna superbohaterów latała po całym świecie i wszechświecie, a Spider-Man miał trzymać się rodzinnego miasta. Dla ludzi zaznajomionych z Nowym Jorkiem opowieści te ożywały za każdym razem, kiedy była mowa o Manhattanie albo moście Brooklińskim, podczas gdy pozostali mogli sobie wyobrażać, jak Spidey śmiga przez kaniony ze stali i betonu utworzone przez masywne drapacze chmur. „Zamiast mieszkać w fikcyjnym Gotham City albo Metropolis – wyjaśniał Lee, wbijając przy tym szpilę DC – ma siedzibę w starym dobrym Nowym Jorku i… można go spotkać, jak próbuje gdzieś w Greenwich Village złapać taksówkę na Upper East Side".

Rozmieszczenie wszystkich superbohaterów w Wielkim Jabłku dało Lee możliwość odmalowania wiernego portretu rodzinnego miasta i pozwoliło mu na wprowadzenie kolejnej innowacji: herosi mogli na siebie przypadkowo (albo i nie) wpadać. Począwszy od *The Amazing Spider-Man* #1 pomysł na „gościnne występy" nieustająco ekscytował fanów komiksu, bo oznaczało to, że w każdej chwili Spider-Man mógł spotkać Fantastyczną Czwórkę, Hulka i innych, a może i nawet ścierać się z nimi.

Rosnąca popularność Pająka pozwoliła Lee na wprowadzanie za jego pośrednictwem nowych postaci albo promowanie istniejących. Fani nie mieli dość nastoletniego bohatera, dlatego Lee i Marvel wyciskali z niego, ile się dało. Na przykład Spider-Man pojawił się w *Strange Tales Annual* #2 (z września 1963 roku), gdzie na 72 stronach przeżywał przygody u boku Human Torcha. Z kolei w *Tales to Astonish*, gdzie zamiast makabrycznych opowieści zaczęły pojawiać się komiksy z superbohaterami, Spidey wystąpił w numerze 57 (lipiec 1964 roku), którego akcja skupiała się na Giant-Manie i Osie. Gdy w 1964 roku na rynku pojawił się *The Amazing Spider-Man Annual #1*, na łamach którego Lee określił siebie i Kirby'ego mianem

„najgłośniejszego duetu w dzisiejszym komiksie", pojawili się tam wszyscy bohaterowie Marvela, łącznie z Thorem, Doktorem Strange'em, Kapitanem Ameryką i X-Men.

Spider-Man znalazł się w samym centrum komiksowego imperium. Stan Lee nie potrafiłby ograć tego lepiej, nawet gdyby dano mu taką szansę.

A wszystko to dzięki ryzykownej decyzji podjętej na łamach dogorywającej serii komiksowej!

ROZDZIAŁ 8

INWAZJA SUPERBOHATERÓW

„Potwór!". Martin Goodman obrócił się na pięcie, kręcąc głową. Po sukcesie *Fantastycznej Czwórki* wydawca chciał, żeby Stan Lee i Jack Kirby stworzyli kolejną drużynę superbohaterów. Kiedy jednak naczelny oświadczył mu, że ma inny pomysł, na solowy komiks o – jak sam go opisał – nietypowym potworze, Goodman westchnął demonstracyjnie i oddalił się szybkim krokiem. Sama myśl, żeby nie pójść za ciosem, nie skorzystać z popularności ekipy superbohaterów i nie sklecić kolejnej – nieważne, czy oryginalnej, czy nie – wydawała mu się niedorzeczna. Lee odprowadził szefa spojrzeniem, marząc o potężnym olbrzymie, o którym razem z Kirbym rozmawiali już od pewnego czasu.

„Od paru dni łamałem sobie głowę, szukając superbohatera innego typu, czegoś, z czym się jeszcze nie spotkałem" – powiedział Lee. Ich nowa postać miała być nadzwyczajnie silna i zupełnie inna od Thinga i sędziwego już Supermana od konkurencji.

Do biura Marvela na Madison Avenue płynął nieustający strumień entuzjastycznej korespondencji od miłośników Fantastycznej Czwórki, lecz nienasyceni fani domagali się nowego bohatera. Choć Lee przez 20 lat stworzył setki komiksowych postaci, nie mógł się zdobyć na to, żeby zasiąść do wymyślania kolejnej supergrupy. Był ofiarą własnego sukcesu, czuł przygniatającą presję; musiał utrzymać poziom.

Lee sięgnął po klasyczne opowieści i znajome fabuły. Tak jak inni znamienici artyści tego okresu, na przykład Bob Dylan aranżujący stare folkowe kawałki na protest songs albo John Updike przerabiający w 1960 roku opowiadania o Piotrusiu Króliku na egzystencjalną powieść o everymanie „Króliku" Angstromie, Lee starał się odkryć na nowo powszechnie znane historie. Tym samym dałby fanom to, czego pragnęli: niemal niezniszczalne monstrum jako antybohatera.

Lee stworzył Hulka, inspirując się *Frankensteinem* Mary Shelley oraz *Doktorem Jekyllem i panem Hyde'em* Roberta Louisa Stevensona. Aby nadać komiksowi więcej dramatyzmu, dodał do fabuły wyraźne i łatwe do odczytania, niepokojące konteksty zimnowojenne. Jako że nad światem zawisło widmo potencjalnej zagłady atomowej, w komiksie test broni nuklearnej stał się katastroficznym wydarzeniem, które przemieniło genialnego młodego naukowca w rozwścieczonego giganta. Wprowadzając Niesamowitego Hulka, ponurego – i cokolwiek przerażającego – potwora, antybohatera o skomplikowanym charakterze, do rodziny Marvela, Lee i Kirby wykonali kolejny skok naprzód, spodziewając się, że czytelnicy będą przeżywać porażki i zmartwienia olbrzyma równie mocno, co przygody Fantastycznej Czwórki.

Nieustający sukces tej grupy superbohaterów – mierzony stertami listów, opiniami krytyki, a później także wynikami sprzedaży coraz większych nakładów – oraz szybkie wprowadzenie na rynek Hulka, Thora, Iron Mana i innych herosów wprawił w ruch trwający dwa lata proces, który zmienił sposób patrzenia na komiksy i ich twórców. Lee i Kirby stali się celebrytami. Lee nadał sobie i przyjacielowi przydomki, które fani szybko podłapali: Jack „Król" Kirby i Stan „Szef" Lee.

Kreatywny duet potrafił czerpać inspiracje z otaczającej ich rzeczywistości, umieli powołać do życia olśniewające postacie i wpleść do ich historii aktualne konteksty. Ich bohaterowie różnili się od tych, których stworzono przed laty – mówili inaczej i żyli w świecie nieróżniącym się od tego za oknem, a jednocześnie przeżywali fantastyczne, świetnie narysowane przygody.

Dlatego Lee nie musiał już płaszczyć się przed Goodmanem i podporządkowywać się mu, tworząc kolejną supergrupę. Mimo wszystko musiał dostarczyć wydawcy nowy materiał, żeby ten przestał się go czepiać. Lee pisał pod ciągłą presją, choć wreszcie mógł pisać komiksy, o jakich marzył od lat. Wraz z rysownikami produkowali masowo kolejne postacie, które absorbowały oddanych fanów i zdobywały nowych czytelników. Lee był okrętem flagowym najgorętszego wydawcy na rynku, dla ludzi na całym świecie stał się głosem, który przemawiał z ust superbohaterów.

Lee był niezmiernie zdziwiony, kiedy po premierze *Fantastic Four* do redakcji zaczęły przychodzić listy. Czytał je wszystkie i oddelegowywał pracowników biurowych, aby na nie odpisywali. Traktował tych fanów jako grupę fokusową, Lee na łamach komiksów prosił o korespondencyjne wyrażanie opinii na ich temat, wiedząc, że będzie mógł z owych komentarzy skorzystać w przyszłości, podczas tworzenia nowych bohaterów.

Lee zapamiętał, że spora część tych listów żądała „innowacyjnych postaci". I kiedy usiadł przed maszyną do pisania, pamiętał o tej uwadze. Rozważał najbardziej szalony pomysł z możliwych.

„Pomyślałem o tym, co by było wyzwaniem: zrobienie z potwora bohatera – wspomina Lee. – O postaci dysponującej nadludzką siłą, która nie jest wszechwiedząca, do bólu szlachetna i która popełnia błędy". Monstrum to miało nieco przypominać potwora Frankensteina, lecz prawdziwymi bestiami byli ścigający go ludzie, bo on sam, choć niezrozumiany, wykazywał się heroizmem.

Czytelnicy, którzy kupili pierwszy numer *Niesamowitego Hulka,* zapoznali się z postacią na pełnowymiarowej ilustracji. Kirby narysował masywne, grube jak pniaki ramiona oraz zamyślone, niemal błagające oczy, oddając tym samym patos i wewnętrzny konflikt Hulka. Parę stron później, kiedy genialny, lecz rozmemłany, naukowiec Bruce Banner zostaje poddany działaniu promieni gamma i przemienia się po raz pierwszy w Hulka, potwór przegania Ricka Jonesa. Krzyczy: „Zejdź mi z drogi, ty robaku!". Dzięki mistrzowskiej pracy Kirby'ego Hulk (pierwotnie szary) wydaje się niemal wyłazić z kartki i nacierać na czytelnika. „Lee wymyślił znakomity sposób na przedstawienie możliwej odpowiedzi na pytanie, jakby to było posiadać supermoce w prawdziwym świecie" – tłumaczył pewien historyk komiksu. „Monstrualna kreska Kirby'ego" oddawała siłę potwora, akcentowała dynamikę pomiędzy bohaterską a potworną stroną osobowości Hulka i wizualizowała egzystencjalny ból oraz reprezentowane przez niego id.

Ten jeden kadr przedstawia istotę tej postaci i jest wyrazem tryumfu jego twórców. Czytelnicy mogli się poczuć, jakby znaleźli się wewnątrz rysunku, patrzyli, jak nogi Jonesa odrywają się od ziemi, kiedy potwór go odpycha. Hulk nazywa człowieka „robakiem", co od razu pokazuje, co monstrum myśli o „zwyczajnych" ludziach i że dysponuje ogromną siłą. Aby uciec, przedziera się przez ścianę bazy wojskowej i niszczy jeepa, który w niego wjeżdża. „Muszę iść! Muszę się stąd wydostać… Ukryć się" – mamrocze Hulk. Po czym ucieka „w czekającą na niego noc".

Zaledwie pół roku po znakomitym debiucie *Fantastic Four*, w maju 1962 roku, pierwszy numer *Niesamowitego Hulka* również doskonale się sprzedał, lecz kolejne miesiące były dla niego trudne. Czytelnicy szybko stracili zainteresowanie tytułem, Goodman nie krył sceptycyzmu. Lee nie mógł należycie rozwinąć serii, bo surowa umowa dystrybucyjna ograniczała liczbę tytułów, które Marvel mógł wprowadzić do obrotu. Kiedy Lee zdał sobie sprawę z popularności postaci Spider-Mana, musiał skasować jakiś komiks, aby zrobić dla niego miejsce. I tak w marcu 1963 roku Hulk ustąpił pierwszemu zeszytowi *Niesamowitego Spider-Mana*, niecały rok po debiucie siejącego zniszczenie olbrzyma.

Klęska komiksu z Hulkiem pokazuje, jaka presja ciążyła na Lee. Goodman analizował wyniki sprzedaży i naciskał naczelnego, żeby kasował słabiej sprzedające się serie. Lee na przestrzeni zaledwie sześciu zeszytów musiał wprowadzić gruntowne zmiany. I tak Banner przemieniał się w Hulka jedynie po zmroku, potem kiedy się zdenerwował. Następnie Lee eksperymentował z jego intelektem, czasem robił z niego półgłówka, innymi razami pozwalał mu zachować bystrość Bannera. Ale bodaj najdziwniejszy pomysł wykorzystał w ostatnim numerze, kiedy Hulk po przemianie zachował ludzką głowę i musiał nosić maskę, aby utrzymać swoją tożsamość w tajemnicy. Podczas starcia z Metal Masterem, monstrum krzyczy: „Co się tak dziwisz, malcze? Nie wszyscy na tym świecie są żałosnymi słabeuszami!". Lee przekroczył granicę absurdu. Hulk wymknął mu się spod kontroli.

Restrykcje dystrybucyjne zmusiły Lee do wymyślania coraz to nowych metod przemycania poszczególnych postaci na komiksowe łamy, szczególnie jeśli domagali się tego fani, tak jak w przypadku Hulka. W październiku 1964 roku Lee przywrócił zielonego olbrzyma w *Tales to Astonish* #60, gdzie wystąpili, niezależnie od siebie, odświeżony Hulk i Giant-Man. Od wczesnych lat komiksy publikowano jako antologie zawierające kilka różnych historii, które na początku kariery Lee pisał z Simonem i Kirbym, i chciał tę tradycję zachować również przy grupach superbohaterów. Czytelnik z kolei miał wrażenie, że komiksy te dostarczały mu jeszcze więcej akcji niż tytuły solowe.

Hulk występował w *Tales to Astonish* i pojawiał się w innych tytułach, łącznie ze *Spider-Manem* i *Avengers*. Kiedy minął okres obowiązywania drakońskiej umowy dystrybucyjnej i popularność Marvela wzrosła do tego stopnia, że firma mogła wydawać nowe serie, jeśli tylko Lee miał taką zachciankę, zdecydowano, że nowy *Niesamowity Hulk* przejmie numerację *Tales* i zostanie wydany w marcu 1968 roku z numerem 102. Zajęło to lata, lecz jeden z pierwszych herosów Marvela nareszcie przejął należną mu rolę bohatera z egzystencjalnymi dylematami i dorobił się ogromnej rzeszy fanów, pojawiając się w różnorakich mediach, łącznie z serialami animowanymi, a jego twarz zdobiła pudełka na drugie śniadanie, koszulki i inne licencjonowane produkty.

*

Realistyczni superbohaterowie byli co prawda siłą Marvela, lecz od późnych lat 30., kiedy Superman odcisnął na rynku niezatarte piętno, cały przemysł koncentrował się na niemal niezniszczalnych postaciach obdarzonych niewyobrażalnymi mocami. Lee rozumiał, że potrzebował bohatera, który będzie „większy, lepszy i silniejszy" niż wszystko, co do tej pory wymyślił. Po dziesiątkach nieudanych podejść, od wydumanych koncepcji jak „Super-Bóg" do całych stert zapisków i szkiców nabazgranych niedbale lewą ręką, Lee uznał, że „skoro byliśmy twórcami współczesnych legend, możemy wziąć to, co zostało już napisane, rozbudować i przyozdobić, uzyskując tym samym własną wersję". Zamiast „Boga" Lee skupił się na mitologii nordyckiej, chcąc stworzyć „boga" przez małe „b", który będzie centralną postacią „ciągnącej się sagi o wojnie dobra ze złem; tyle że z bogiem", opowieści powtarzanej w różnych religiach przez stulecia.

Ostatecznie Lee i Kirby zdecydowali się na Thora uzbrojonego w magiczny młot Uru. Bohater ten zadebiutował na łamach *Journey into Mystery* #83 (sierpień 1962) i wskoczył na dawne miejsce *Fantastic Four* jako dwumiesięcznik, kiedy tytuł ten przesunięto do cyklu miesięcznego. Okropna umowa dystrybucyjna, którą Goodman przed laty podpisał z rywalami, żeby wprowadzić swoje komiksy na rynek, nadal odbijała się firmie czkawką i ograniczała liczbę obecnych na stojakach tytułów Marvela do ośmiu miesięcznie. Dlatego Thor i inni nowi bohaterowie pojawiali się w istniejących antologiach komiksów, zamiast od razu dostać solową serię. Lecz niekorzystne warunki umożliwiły Lee powolne i stopniowe wprowadzanie kolejnych postaci. Dzięki temu mógł wybadać, czym interesują się czytelnicy i którymi tematami warto się zająć.

Biorąc pod uwagę plan wydawniczy i cokolwiek ograniczony katalog, Lee musiał skakać od historii z Dzikiego Zachodu i fabuł dla nastolatków do superbohaterów. Dlatego zaczął szukać scenarzystów, którzy mogliby go zastąpić. Do Thora oddelegował swojego młodszego brata Larry'ego Liebera (który zachował rodzinne nazwisko). „Stan przekazywał mi zarys fabuły, zwykle napisany na maszynie – wspominał – i mówił na pożegnanie: »A teraz idź do domu i napisz mi scenariusz«". Z początku Lieber nie był pewny, czy posiada talent pisarski, bo „myślał jak rysownik", ale Stan twierdził, że „nauczy" go pisać. Pokaże mu, jak tworzyć dobre i ekscytujące historie konkretnym, nierozrzedzonym językiem. „Wszystko, co mówił, było znacznie lepsze niż to, co napisałem – twierdził Lieber. – Harowałem i sporo się od niego uczyłem".

Sparowanie młodszego brata z Kirbym okazało się dobrą decyzją. Lee wymyślał fabuły, a rysownik je rozwijał i rozbudowywał, gdyż szczególnie dobrze szły mu mitologiczne opowieści, których potrzebował Thor. Niedługo potem Lee przejął jednak funkcję scenarzysty, bo lubił tę postać, i przesunął Liebera do westernów, które nadal były niezwykle popularne, mimo nastania ery superbohaterów.

Praca nad Thorem pomogła Lee skorzystać z jego wiedzy o Szekspirze, którego jako dziecko zwykł czytać na głos. Inne inspiracje, takie jak Edgar Allan Poe i awanturnicze powieści Aleksandra Dumasa, pozwoliły mu wypróbowywać różne sposoby narracji, aby nadać nordyckiemu bogu głębi. A jako że od małego lubił kino i analizował filmy, doceniał znaczenie rytmu i tempa, które stosował przy pisaniu swoich obiecujących opowieści o superbohaterach. Nie bez znaczenia pozostawały dla niego także opowiadania Arthura Conana Doyle'a o Sherlocku Holmesie, który uosabiał superbohatera idealnego, bo „Superheros powinien być wiarygodny. A nikt nie jest bardziej wiarygodny od Sherlocka". Oczywiście mnóstwo postaci stworzonych przez Lee było niewiarygodnych, ale ich rozterki i problemy przemawiały do coraz chętniej sięgających po komiksy licealistów i studentów.

*

Kiedy Lee powiedział Goodmanowi, że chciałby stworzyć superbohatera, który byłby również przystojnym potentatem na rynku zbrojeniowym, do tego wzorowanym na Howardzie Hughesie, ten odpowiedział bezbarwnie: „Zwariowałeś". Szalony czy nie, Lee uznał, że Goodman nie powiedział „nie" i do spółki z rysownikiem Donem Heckiem wymyślił Tony'ego Starka/Iron Mana.

Kubański kryzys rakietowy jeszcze nie wywietrzał ludziom z głowy, tak jak i ostre słowa byłego prezydenta Dwighta Eisenhowera wygłoszone w pożegnalnym orędziu na temat rozwoju przemysłu militarnego, dlatego Lee uznał, że Stark powinien być antytezą pozostałych superbohaterów: bogaty, wygadany i przystojny, sprzedawca broni pozornie wydawał się nie mieć żadnych zmartwień. Lee sięgnął po historie z prawdziwego świata, które nadały jego fabułom kontekst, co okazało się szczególnie przydatne przy tworzeniu nowego bohatera. Dlatego też Hulk stał się uosobieniem toczącej się dyskusji na temat nauki i potencjalnie szkodliwych konsekwencji postępu. Przy Iron Manie Lee ponownie skupił się na technologii, lecz osadził początek tej historii w wówczas jeszcze mało znanym azjatyckim państwie leżącym na drugim końcu świata, w Wietnamie, o którym mało kto słyszał. Iron Man, metalowe alter ego przemysłowego giganta Tony'ego Starka po raz pierwszy pojawiło się w *Tales of Suspense* #39 (marzec 1963).

Iron Man wyziera z okładki, odziany w metaliczną szarą zbroję, wygląda sztywno, bardziej jak robot niż człowiek, nie ma żadnych wyraźnych rysów twarzy poza otworami na oczy i usta. Obok postaci roiło się od typowych dla Lee, podekscytowanych zapewnień, że czytelnik powinien przygotować się na „najnowszego, zapierającego dech w piersiach, sensacyjnego superherosa ze wszystkich", którym towarzyszyła informacja, że postać tę stworzyła ta sama „utalentowana zagroda", gdzie „narodziły" się pozostałe słynne postacie Marvela. Na początku 1963 roku to zainteresowanie czytelników decydowało o być albo nie być superbohatera. Dlatego Lee prosi, aby nie tracili wiary w nowego bohatera (a co za tym idzie również i w niego, przywódcę całego stada).

Stark, tak jak wiele postaci napisanych przez Lee, jest naukowcem, ale również „czarującym playboyem nieustannie otoczonym przez piękne, ponętne kobiety". Spora część fabuły (wymyślonej przez Lee, ale napisanej przez Liebera) opowiedziana została w retrospekcjach śledzących przemianę Starka z podobnego Hughesowi rekina przemysłu w opancerzonego superbohatera. Stark i jego wojskowi ochroniarze wpadają w pułapkę w dżungli i trafiają do niewoli. Później, gdy akcja przenosi się do „siedziby przywódcy partyzantki", czytelnik dowiaduje się, że Stark żyje, ale niebawem może umrzeć, bo w okolicy jego serca utkwił mu kawałek szrapnela. Wong-Chu wymusza na pojmanym amerykańskim wynalazcy, aby ten konstruował dla niego bomby, zanim umrze, kiedy kawałek stali przesunie się jeszcze bliżej serca.

Zdając sobie sprawę, że jego godziny są policzone, Stark składa obietnicę: „Przyrzekam... że skonstruuję najfantastyczniejszą broń wszech czasów!", i zaczyna tworzyć zbroję, która utrzyma go przy życiu i pomoże mu się wyrwać z niewoli Wong-Chu. Korzystając z pomocy profesora Yinsena, uznanego fizyka – który został uwięziony, ponieważ nie chciał pracować nad bronią dla partyzantów – Stark realizuje projekt potężnego tranzystora i buduje zbroję Iron Mana. Yinsen pomaga mu ją założyć w ostatniej chwili. Stark powraca do żywych akurat, kiedy żołnierze zabijają profesora. Iron Man deklaruje, że go pomści, i kryje się w cieniu budynku, aby obmyślić nowy plan.

Podczas konfrontacji z Wong-Chu superbohater rzuca nim na bok i wykorzystuje tranzystor do zmiany trajektorii pocisków z karabinów. Żołnierze rzucają się do ucieczki. Wong-Chu przewraca na niego ciężką szafę, ale dzięki „mocy elektrycznej" Iron Man znów jest wolny. Wystrzeliwuje strumień oleju na magazyn amunicji, dokąd zmierza przywódca, po czym zapala ciecz pochodnią i wysadza wroga w powietrze. Stark uwalnia innych więźniów i odchodzi, zarzucając na siebie długi, brązowy płaszcz i nakładając fedorę. Superbohater zastanawia się nad swoją przyszłością jako superbohatera, pytając samego siebie: „Kto wie, jakaż to przyszłość mnie czeka? Czas pokaże! Czas pokaże…”.

Heck podczas pracy nad Iron Manem uczył się i adaptował nowy sposób opowiadania Lee, który wydawał się obcy wielu rysownikom pracującym latami dla innych wydawców. Ba, kiedy otrzymał od Lee pierwszy szkic scenariusza, chciał się wycofać, ale z czasem spodobało mu się, że miał tyle swobody i zaufania. „Stan dzwonił do mnie i opowiadał przez telefon, co ma być na paru pierwszych stronach, a potem na ostatniej – opowiadał Heck. – Gdy pytałem: »A co ma iść pomiędzy?«, odpowiadał »Coś wstawisz«”. O ile niektórym rysownikom trudno było do tego przywyknąć, Heck i inni rozwinęli skrzydła. Metoda Marvela przypomina tę, którą posługuje się wielu telewizyjnych i hollywoodzkich scenarzystów: wiele bystrych umysłów pracuje nad scenariuszem już z gotową osią fabularną, dzięki czemu całość staje się głębsza i bardziej zniuansowana, mimo że pomysł wyszedł od innej osoby.

*

Kiedy Lee nareszcie stworzył komiksy, które czytelnicy chcieli kupować, opracował strategię pozwalającą na dostarczanie do ich niecierpliwych rąk kolejnych opowieści o superbohaterach. I tak zamiast ładować do zeszytu zapchajdziury i stare historyjki z potworami, zdecydował się dorzucić na ich miejsce kolejnych herosów i parę fabuł koniecznych do zapełnienia stron. I tak Human Torch z Fantastycznej Czwórki stał się główną gwiazdą krótkich historyjek pojawiających się na łamach antologii

Strange Tales, tytule jeszcze z czasów potworów Marvela. Okazało się, że intuicja nie opuściła Lee i wyniki sprzedaży poszybowały w górę.

Postać, którą Steve Ditko i Lee stworzyli na potrzeby opowieści towarzyszącej komiksom o Human Torchu, zrodziła się z dziecięcej fascynacji Stana programem radiowym *Chandu, the Magician*. Lee swojego czarodzieja nazwał Doktorem Strange'em. Ditko operował psychodelicznymi rysunkami i znakomicie portretował zaczarowany świat magii. Fabuła skupiała się na Stephenie Strange'u, aroganckim chirurgu, który doznał poważnego urazu dłoni, przez co nie mógł już dłużej operować. Po sięgnięciu dna Strange odbywa podróż do „Przedwiecznego", mistycznego uzdrowiciela i mędrca. Po pobraniu u niego nauk zostaje najwyższym magiem i powraca do kraju, gdzie zakłada sklep na Bleecker Street w Greenwich Village i jako Doktor Strange – uznany przez świat za szarlatana – walczy z czarną magią, z której istnienia ludzie nie zdają sobie sprawy.

Doktor Strange może i był czarodziejem, lecz Lee nakazał mu mówić wyniosłym tonem zamiast suchymi frazesami znanymi z cyrkowej sceny podczas wyciągania królika z kapelusza typu „hokus-pokus". Delektował się tą postacią i sposobem jej wysławiania.

„Mogę kompletnie się zatracić, układając jego wypowiedzi, próbować nanizać je na delikatny sznureczek rytmu, aby miały swoją melodię – tłumaczył. – Z Doktorem Strange'em byłem w siódmym niebie… Miałem okazję wymyślić cały język inkantacji".

Czytając ten komiks, dało się usłyszeć głos i intonację Lee w charakterystycznym sposobie wypowiedzi Doktora Strange'a i jego wpadających w ucho odzywkach, jak chociażby częstym „na hoże hordy Hoggotha", zawsze aliteracyjnych i urzekających.

Starsi nastolatkowie i studenci szybko złapali się na scenariusze Lee i oryginalne rysunki Ditko i próbowali rozłożyć dziwny język Doktora na czynniki pierwsze, szukając jego literackiego rodowodu. Lee nie miał serca, aby od razu powiedzieć im, że praktycznie wszystko zmyślił. Bo jeśli faktycznie dałoby się prześledzić korzenie owego słownictwa, to byłyby to frazy i symbole wywiedzione z lektury dzieł tuzów science fiction, których Lee pochłaniał za młodu. Gdy Ditko nagle odszedł z Marvela, Lee nadal tworzył tę serię, już z rysownikami Billem Everettem i Marie Severin. Mistyczny czarodziej zajął istotne miejsce w Uniwersum Marvela. Doktor Strange mierzył się bowiem z wcielonym złem, jak budzący lęk Dormammu i Żywy Trybunał. Można by rzec, że stąpający po mrocznych krainach Stephen Strange był najpotężniejszym superbohaterem Marvela.

*

Fantastic Four zaskoczyło wszystkich świetnymi wynikami sprzedaży. Goodman cały czas namawiał Lee, żeby wymyślił kolejną drużynę superbohaterów. Skoro ten komiks sprzedał się tak dobrze, to trzeba było stworzyć coś podobnego. Poza tym Goodmanowi udało się renegocjować umowę z dystrybutorem, co pozwoliło Marvelowi wydawać parę dodatkowych serii miesięcznie.

Zawarcie nowego kontraktu było ze strony Independent News decyzją o czysto finansowym charakterze. Independent chciało skorzystać na popularności Marvela, choć firma dystrybucyjna należała do konkurencyjnego wydawnictwa DC. Nikt nie wierzył, że Goodman i Lee dogonią lidera, dlatego pomyślano, że dopuszczenie do sprzedaży kolejnych paru serii miesięcznie oznacza po prostu czysty zysk dla wszystkich stron. Część szefostwa Independent zapewne cieszyła się z tej sytuacji. Myśleli, że wycięli niezły numer kumplowi z pola golfowego. Im lepiej sprzedawały się komiksy Goodmana, tym więcej zarabiali jego zacięci rywale. Ale nikt z kierownictwa DC nie spodziewał się, że zaprosili lisa do kurnika.

Lee, czytając regularnie korespondencję, nie tylko uzmysłowił sobie, jaką popularnością cieszy się Fantastyczna Czwórka, ale zauważył, że również czytelnicy proszą go o stworzenie kolejnej grupy superbohaterów. Biorąc pod uwagę skład Amerykańskiej Ligi Sprawiedliwości od DC, Lee uznał, że drużyna Marvela również powinna składać się z najpotężniejszych postaci wydawnictwa. A jako że Kirby rysował wiele z nich, Lee włączył go do przygotowania nowego komiksu o drużynie Avengers. Do grupy tej miał należeć Thor, Ant-Man, Hulk, Wasp i Iron Man. Nareszcie Lee miał superbohaterski skład, który mógłby stanowić poważną konkurencję dla ekipy od DC.

Lee i Kirby kombinowali, żeby nadać Avengers aurę wielkości, przez włączenie do niej najlepszych z najlepszych z całego Uniwersum Marvela, nie zapominając przy tym o domieszce realizmu, dzięki któremu pozostałe komiksy tak świetnie się sprzedawały. Tak jak Fantastyczna Czwórka, Avengers nie zawsze się ze sobą zgadzali i nierzadko się spierali. Również mieszkali w Nowym Jorku, w budynku przekazanym im przez Tony'ego Starka. Lee uznawał te posunięcia narracyjne za „modelowanie świata, w którym żyją bohaterowie" i „budowanie realizmu, dzięki któremu czytelnik poczuje, że zna te postacie, rozumie ich problemy i zależy mu na nich".

Akcja aż wylewała się z okładki pierwszego zeszytu o Avengers (wrzesień 1963). Thor kręcił młyńca młotem, Ant-Man i Wasp szykowali się do działania, a Hulk z Iron Manem byli gotowi do bitki. Rysunek wystylizowano na zdjęcie wykonane znad prawego ramienia, dlatego widać było tylko część postaci ich przeciwnika – Lokiego, „boga zła". Perspektywa ta dawała czytelnikowi poczucie, jakby był naocznym świadkiem zbliżającego się starcia. Choć narysowani przez Kirby'ego Thor i Hulk wyglądali jak kuzyni – tak bowiem szkicował wszystkie twarze – layout okładki znakomicie wprowadzał nową drużynę superbohaterów.

Loki uknuł złowieszczy plan. Chciał zwabić swojego brata, Thora, postanowił więc wykorzystać Hulka jako przynętę. Pozostali bohaterowie odpowiadają na wezwanie Teen Brigade Ricka Jonesa po tym, jak występująca gościnnie Fantastyczna Czwórka nie może przybyć z pomocą, gdyż jest zajęta inną misją. Herosom udaje się znaleźć Hulka, który ukrywał się jako Mechano, supersilny robot występujący w obwoźnym cyrku (potwór przebrał się w dziwaczny brązowy kostium, założył pomarańczowe buty, a usta pomalował białą szminkę). Przypuszczają, że Hulk wykoleił pociąg pasażerski, usiłują więc go powstrzymać.

W tym czasie Thor powraca do Asgardu zmierzyć się z Lokim. Po stoczonej z bratem bitwie i uporaniu się z serią pułapek Thor zabiera Lokiego na Ziemię, obnażając jego plan innym superbohaterom. Kiedy bóg zła zaczyna promieniować i wydaje się, że znowu zmierzy się z Thorem, Ant-Manowi i Wasp udaje się uwięzić go w wyłożonym ołowiem kontenerze przeznaczonym do „przewozu radioaktywnych odpadów z testów nuklearnych i wywozu owego ładunku w celu pozbycia się go w oceanie". Po powstrzymaniu niegodziwego brata Thora grupa decyduje się dalej działać razem, przekonawszy Hulka do przyłączenia się do nich. W ostatnim kadrze Lee zapowiada „jedną z najwspanialszych drużyn superbohaterów wszech czasów! Mocarną! Nieprzewidywalną! [...] Do galaktyki gwiazd Marvela dołączył kolejny wymiar!".

Drugi numer *The Avengers* rozpoczyna się od pretensji Thora pod adresem Hulka, który nie pozostaje mu dłużny i odwdzięcza się groźbami. Lee umieszcza grupę superbohaterów pomiędzy realistycznymi ramami wyznaczanymi przez stworzone przez siebie postacie. Thora i Hulka aż świerzbi, żeby rzucić się sobie do gardeł, dlatego Iron Man przyjmuje rolę mediatora. Wasp optuje za Thorem, którego nazywa „czarującym" i „przystojnym". Niespodziewanie postać Hulka przybiera Space Phantom, kosmita potrafiący przyjmować tożsamości innych, i wybucha bijatyka w posiadłości Starka. „Hulk" w końcu się wycofuje. Podczas ucieczki spotyka swojego nastoletniego towarzysza, Ricka Jonesa, który błędnie radzi mu, że może zwrócić się do „Doktora Dona Blake'a, jeśli tylko tego potrzebuje!". Potknięcie Lee pomaga uzmysłowić sobie szybkie tempo produkcji komiksowej, bo Blake to tajna tożsamość Thora. Przywołując nordyckiego boga, Avengers udaje się pokonać Space Phantoma, lecz niedawna potyczka z prawdziwym Hulkiem zniechęca zielonego olbrzyma, który odłącza się od drużyny i robi susa ku swojej przyszłości.

Choć był to zaledwie drugi zeszyt, Lee już znacząco zmienił skład drużyny (dodając też Giant-Mana) i sportretował Hulka jako niemal niezniszczalną potęgę. Niedługo potem grupa zmierzyła się z Hulkiem sprzymierzonym z Sub-Marinerem. Następnie Avengers odnaleźli Kapitana Amerykę, który dołączył do ich drużyny. Lee obwieszczał powrót superżołnierza odzianego w czerwień, biel i błękit, informując czytelnika, że Kirby rysował oryginał i jego pierwszym komiksem była historia z Kapitanem: „Tym samym kronika komiksu zatacza pełne koło, sięgając nowego szczytu znakomitości!". Lee zachęcał do „zachowania tego zeszytu", starając się mniej lub bardziej umocnić pozycję komiksu jako rzeczy kolekcjonerskiej. „Z czasem będziecie go sobie cenić!".

Rok 1963 należał do duetu Lee i Kirby'ego. Stworzyli dziwacznych superbohaterów, przypominających ludzi, którzy w większości zdobyli niebywałe moce przypadkowo. Od tamtej pory postacie te musiały zmagać się z tego konsekwencjami. Obawiając się, że czytelnicy mogą się zmęczyć bohaterami z przypadku, Lee zerwał ze schematem i wymyślił grupę ludzi urodzonych z „niezwykłymi umiejętnościami". Jak mówił, byli to „mutanci… wybryki natury". Lee i Kirby stworzyli dwie drużyny, dobrą i złą, co było, jak mówił sam scenarzysta, „powiewem świeżości i niespodzianki". Lee uparł się na słowo „extra", które miało opisywać niezwykłe moce, jakie posiadały nowo utworzone postacie. Goodman nie zgodził się na nadanie komiksowi tytułu *The Mutants* (*Mutanci*), ponieważ uznał, że będzie niejasny dla młodszych czytelników. W ten sposób Lee wymyślił X-Men (jakby ta nazwa miała im cokolwiek wyjaśnić). Następnie z Kirbym niezwłocznie zasiedli do planowania i pisania fabuły.

W świecie X-Men niektórzy ludzie urodzili się z wyjątkowymi mocami, które ujawniają się po osiągnięciu dojrzałości. Lee i Kirby uznali, że nastolatkowie z niesamowitymi umiejętnościami zainteresują młodych fanów. Mutanci – tacy jak Cyklop, strzelający promieniami laserowymi z oczu, czy Jean Grey, która posiadła talent telekinezy pozwalający jej na przesuwanie przedmiotów siłą woli – uczęszczali do Szkoły Charlesa Xaviera dla Utalentowanej Młodzieży. Tam uczyli się panować nad swoimi mocami i wykorzystywać je dla dobra całej ludzkości.

Seria z X-Men pozwoliła Lee pochylić się nad uczuciem wyobcowania, którego doświadczał niejeden nastolatek, i skupić się na budowie bliskiej więzi podopiecznych z profesorem Xavierem, który był dla nich niczym ojciec. Wielu nastolatków z supermocami było dyskryminowanych przez „zwykłych" ludzi, a szkoła Xaviera zastępowała im rodzinę. Ich talenty były klątwą i błogosławieństwem. Jedynie mądre rady Profesora X i doświadczenie nabyte dzięki walce ze złem mogły nadać ich życiu pozory normalności, która stale im umykała.

Wydawana od 1963 do 1970 roku seria nigdy nie sprzedawała się wyjątkowo dobrze, mimo pokładanych w nią nadziei przez Lee. Razem z Kirbym pracowali pod ogromną presją nad najpopularniejszymi komiksami, dlatego kiedy rysownik poprosił o zwolnienie go z serii o X-Men, Lee wyraził zgodę, a później sam porzucił ten tytuł, aby skoncentrować się na lepiej sprzedających się seriach.

*

Kiedy interes z superbohaterami rozkręcił się na dobre, Lee stworzył system, dzięki któremu mógł kontrolować cały dział komiksu. Część jego zawodowych obowiązków koncentrowała się na tworzeniu komiksów, kierowaniu redakcją i zarządzaniu, ale musiał zająć się innymi sprawami z konieczności, jako że Marvel rozwijał się wraz z rosnącą popularnością. Lee nigdy nie szkolił się ani na menedżera, ani na łowcę talentów, ale wieloletnie doświadczenie w biznesie pozwoliło na doszlifowanie i tych umiejętności.

Lee nie tylko wiedział, którego rysownika przydzielić do danego projektu, jak Steve'a Ditko do Spider-Mana zamiast Jacka Kirby'ego, ale też szanował freelancerów, którzy od zawsze byli filarami świata komiksu. Umiał rozpoznać prawdziwy talent i dzięki temu zebrał zespół, który tchnął w Marvela nowego ducha. Komiks o superbohaterach łączył rysunek i scenariusz w taki sposób, jakiego branża jeszcze nie znała. Trzon wolnych strzelców współtworzył cięte dialogi i różnorodne postaci, z których on i inni scenarzyści budowali komiksowy katalog.

Wyjątkowa umiejętność Lee polegała na naśladowaniu głosu i atmosfery początku lat 60. i przeniesieniu ich na karty komiksu. Czytelnicy Marvela mogli przecież cieszyć się satyrycznym humorem, jaki Peter Sellers demonstrował w *Różowej Panterze* (1963) i *Doktorze Strangelove* (1964), śledząc przy tym wysokooktanowe przygody heroicznych postaci, chociażby wymyślonego przez Iana Fleminga Jamesa Bonda, bohatera naładowanych akcją filmów, takich jak *Goldfinger* (1964), będących mieszanką finezyjnych intryg, przemocy i superbohaterskich wyczynów.

Zmieniała się cała popkultura. Lee udało się złapać ten rytm dzięki realistycznym postaciom, których ogromną moc równoważyły egzystencjalny ból; idea ta przeniknęła do mediów głównego nurtu. Jak tłumaczył: „Próbowaliśmy pisać i rysować możliwie najlepiej, jak potrafiliśmy, żeby dodać do komiksów nowe konteksty... Cała filozofia polegała na traktowaniu ich niczym baśni dla dorosłych, takich, które sami byśmy chcieli przeczytać".

Jako redaktor i dyrektor kreatywny, to Lee ustalał, jakim głosem będzie mówiło wydawnictwo poprzez dobór zaufanych rysowników i scenarzystów. Gdy trafił na kogoś, kto posiadał nieprzeciętne umiejętności, ukierunkowywał go tak, żeby ten dostosował się do wyjątkowego procesu twórczego Marvela. Przykładowo, Lee szybko poznał się na stylowych pracach rysownika George'a Tuski, który – jak twierdził niejeden zainteresowany – posiadł unikatowe umiejętności w branży komiksowej. Szybko został jednym z jego ulubieńców. Według Gene'a Colana, rysownika *Daredevila*, „Stan zawsze traktował te prace jako wzór dla nas wszystkich". Ten sposób zarządzania pozwolił Marvelowi wypracować niepowtarzalny styl, ale z drugiej strony wymagał dostosowania się do pewnego szablonu, który określał, co musi zostać zrobione i jak szybko.

Mimo że branża komiksowa potrafiła być zimna i bezwzględna, Lee dbał o talenty. Nie miał innego wyjścia, bo Marvel nadal był w tyle za DC Comics, konkurencja rozsiadła się wygodnie na szczycie. Musiał ściągnąć utalentowanych freelancerów, którzy pasowali do jego wizji i byli zdolni wyprodukować komiksy o najlepszej jakości, utrzymując wysoki poziom, dlatego stawiał na młodych.

Sam Colan nie dostał się do DC. Firma trzymała się ciągle tej samej ekipy i nieczęsto przyjmowała nowych. Szacownemu liderowi rynku wydał się po prostu za mało doświadczony. Rysownik opowiadał później: „Stan dojrzał w moich pracach coś, czego nikt inny nie dostrzegł… Dlatego się rozkręciłem, bo wierzył we mnie. Nie wszystko robiłem dobrze, byłem za młody i musiałem się jeszcze sporo nauczyć". Lee musiał również stawić czoła brutalnej rzeczywistości, która objawiała mu się zwykle jako bezwzględny grafik wydawniczy kładący nacisk nie tyle na szybkość produkcji, ile na jej wydajność.

Rysownicy spodziewający się zleceń polegających na zilustrowaniu konkretnego scenariusza (albo przywykli do podobnej organizacji pracy w innych wydawnictwach komiksowych lub magazynach) musieli się przestawić na styl Lee. Colan wspomina, że naczelny dawał im „bezprecedensową swobodę", co przekładało się na większe zadowolenie rysowników. „Zwykle rozmawiałem ze Stanem przez telefon o zarysie fabuły, nagrywając rozmowę, ale najczęściej było to zaledwie parę zdań". Lee mówił mu: „Chcę mieć to na początku, to później, a to na końcu… Reszta należy do ciebie". Dla Colana i innych zaufanych wolnych strzelców był to coś niespotykanego. „Mogłem wykorzystać dowolne postacie, a to, jak wyglądały, zależało ode mnie, chyba że mowa o już istniejących bohaterach. Ale pozwalano mi robić, co tylko sobie wymyśliłem". Lee był coraz bardziej rozpoznawany w branży komiksowej. Był świadomy zmienności rynku i związanych z tym konsekwencji. Dlatego wielu rysowników stało się jego wielkimi orędownikami, co miało istotne konsekwencje: oni pracowali do późna, aby zaspokoić wszystkie potrzeby firmy, a Lee zapewniał im stałe zlecenia. Colan opowiadał o wyczerpaniu, gdy musiał dziennie dostarczyć dwie pełne plansze, co dawało z kolei dwa komiksy miesięcznie. Aby utrzymać tempo, nie wystarczył 40-godzinny tydzień pracy. Swoboda artystyczna oferowana przez metodę Lee wymagała fizycznego zaangażowania.

Z kolei zewnętrzni scenarzyści, których Lee wziął pod swoje skrzydła, mogli liczyć na istne warsztaty pisarskie. Dennis O'Neil, były dziennikarz, który rozpoczął karierę komiksiarza, kiedy dostał etat w Marvelu, a potem zasłynął pracą przy *Daredevilu*, *Batmanie* i *Green Lanternie*, tłumaczył: „Pierwszy rok w Marvelu polegał generalnie na imitowaniu Stana". Młody scenarzysta i jego koledzy jasno zinterpretowali panującą sytuację: „Styl Stana to Marvel".

Dla O'Neila, Roya Thomasa i innych Lee był niczym generał, tyle że wykazujący się dobrocią, jakiej po dowódcach raczej nikt z zasady się nie spodziewa. Co prawda nie spędzał zbyt wiele czasu na pogaduszkach ze swoim zespołem – głównie z powodu różnicy wieku – lecz ich podziw dla naczelnego był głęboko zakorzeniony, to oni byli jego pierwszymi „prawdziwymi wyznawcami". O'Neil mówił: „Nauczyłem się podstaw dzięki Stanowi, nie było wtedy na rynku lepszego wzoru do naśladowania". Młodzi scenarzyści realizowali rewolucyjne projekty pod czujnym okiem pioniera tej branży, lub – jak dodawał O'Neil – „najlepszego scenarzysty komiksowego na świecie".

Lee ewidentnie miał nosa do wyszukiwania nowych talentów. Wystarczy prześledzić dalsze losy odkrytych przez niego twórców, aby znaleźć potwierdzenie tych słów. Przez długie lata po sukcesie odniesionym przez Lee, Kirby'ego, Ditko i innych,

Marvel funkcjonował jak komiksowy uniwersytet nauczający nowe pokolenie, jak rozwinąć i ulepszyć podejście do procesu twórczego, który zyska później sławę jako „metoda Marvela". Ten nowy styl produkcji komiksowej wynikał z tego, że Lee chciał zapewnić ciągłość zleceń dla swoich freelancerów. Bo gdyby rysownicy mieli czekać na ukończony scenariusz, siedzieliby przez ten czas bezczynnie i tracili pieniądze.

Sukces odniesiony przez Marvela dzięki superbohaterom wiązał się jednak ze zwiększeniem presji ciążącej na dziale komiksu, oczekiwano bowiem, że będą tyrać jeszcze szybciej, łącznie z Lee, który praktycznie dobił już do limitu prędkości, z jaką można pisać. Podjął wówczas słynną decyzję zatrudnienia aż trzech sekretarek, którym dyktował po kolei szkice fabuł; gdy mówił do jednej z nich, pozostałe dwie przepisywały notatki.

„Na samym początku pisałem dla Marvela praktycznie wszystkie fabuły. Nie wyrabiałem" – mówił Lee. Produkcja komiksowa zakładała, że wszyscy muszą być nieustannie zajęci, ale rysownikami kierowała zdecydowanie bardziej podstawowa potrzeba, bo jeśli nie rysowali strona za stroną, nie dostawali pieniędzy. Lee opracował sposób, aby cały czas mieli co robić. Opowiadał, jak po złożeniu zamówionych prac przestępowali z nogi na nogę, zawsze czekając na więcej. Ale zbyt często Lee nie miał jak zaspokoić tej podaży, dlatego zmienił system: „Lecz nie mogłem przestać robić tego, co robiłem… [dlatego] mówiłem ogólnie, czego oczekuję. Rysownik szedł do domu i rysował tak, jak chciał, przynosił mi ilustracje, a ja pisałem dialogi i nagłówki".

Lee wymyślił „metodę Marvela" spontanicznie bez planowania nowego systemu produkcji komiksowej lub – jak sam tłumaczył – „wynikało to z czystej potrzeby". Nowy proces sprawdził się – wykorzystywał potencjał zatrudnianych przez niego freelancerów. „Byli jak reżyserzy filmowi – wspominał. – Stali się wizualnymi opowiadaczami historii". Lee dawał im sporo interpretacyjnej swobody i rysownicy podchodzili po swojemu do podyktowanego na szybko przez telefon zarysu fabuły. „Gdy rzucałem im pomysł, potrafili go rozbić i napisać początek i zakończenie, wyczuć, gdzie dać te najbardziej interesujące kąski". Kiedy jednak rysownik nie do końca trafił w oczekiwania Lee, ten odkrył, że może podrasować to i owo dzięki efektom dźwiękowym lub dodatkowemu dialogowi: „Było to moje wyjście awaryjne, godziłem się na to, aby chłopcy mieli pracę. Dzięki temu okazało się, że możemy opowiadać lepsze historie".

*

Niewyobrażalny sukces, jaki Marvel odniósł na początku lat 60., możliwy był dzięki Lee i Kirby'emu. Przyszłość wydawnictwa spoczęła wyłącznie na ich barkach. Podstawą tej współpracy był wzajemny szacunek, który z czasem jednak znacząco się rozwodnił. Różnice zdań nie były im oczywiście obce, nawet gdy pracowali nad postaciami, które posłużą za fundament kosmosu Marvela. Kirby pracował dla Lee i odpowiadał przed Lee, choć był jego szefem, gdy naczelny jako nastolatek zaczynał u niego karierę jako chłopiec na posyłki. Ich role się odwróciły, ale prawda jest taka, że byli od siebie zależni.

Można by też rzec nieco bardziej dosadnie, że żaden z nich nie zdawał sobie sprawy z ukrywanych przez drugiego frustracji.

Obaj nie znosili całego mnóstwa rzeczy charakteryzujących przemysł komiksowy, łącznie z jego ciągłymi cyklami eksplozji i implozji. Lee i Kirby byli przyjaciółmi i łączyła ich zawodowa przeszłość, ale ta koleżeńska relacja nie przetrwała, gdy zaczęli śnić te same sny i snuć identyczne marzenia. Gdyby któryś z nich otworzył się przed drugim i podzielił podobnymi szczegółami, może nie doszłoby do poróżnienia między nimi, bo odkryliby, że mieli ze sobą więcej wspólnego, niż przypuszczali.

Zdecydowanie potrzebowali siebie nawzajem jako profesjonaliści. Po dziesiątkach lat podtrzymywania imperium Goodmana przy życiu Lee umiał rozpoznać w Kirbym talent i wiedział, że to jeden z najlepszych rysowników w branży. Jako dyrektor artystyczny i redaktor naczelny podjął decyzję, że styl Kirby'ego będzie dla firmy reprezentatywny, tak jak jego pisanie stało się de facto głosem Marvela.

Rysownik Gil Kane, który z przerwami pracował dla Marvela przez parę dekad, pamiętany przede wszystkim za okładki z lat 70., opowiadał tak: „Perspektywa i filozofia rysowania wyznawana przez Jacka stały się obowiązujące w całym wydawnictwie, a nawet i poza nim, przyjęła je cała branża... Przyjmowano różnych rysowników bez względu na to, czy wcześniej robili romanse, czy cokolwiek innego, uczono ich abecadła, co sprowadzało się tak naprawdę do studiowania stylu Jacka Kirby'ego... Jack był jak Pismo Święte i musieli jedynie bez gadania naśladować go. Mnie również kazano i też musiałem tak postąpić. Uczono wszystkich, aby nagięli niezgodne z obowiązującym postrzeganiem rysunku do jedynego słusznego punktu widzenia".

Cały katalog Marvela kręcił się wokół stylu Kirby'ego. Przykładowo, Jim Steranko przeszedł redakcyjny test kwalifikacyjny,

Fot. JHU Sheridan Libraries/Gado/Getty Images

Po lewej: Stan Lee bez charaktery-
stycznych okularów. 1975 rok

Poniżej: W biurze w Nowym Jorku.
1975 rok

Fot. Michael Tighe/Donaldson Collection/Getty Images

Lee i aktor Nicholas Hammond na planie serialu o Spideyu. 6 lipca 1978 roku

CBS Photo Archive/Getty Images

Fot. Santi Visalli/Getty Images

Stan pozuje do zdjęcia; jak zawsze z uśmiechem. 10 lipca 1978 roku

Stan na tle swojej komiksowej biblioteczki. 15 czerwca 1978 roku

Fot. Santi Visalli/Getty Images

Fot. Kim Kulish/Getty Images

Stan w swoim biurze w Los Angeles. 20 stycznia 2005 roku

Fot. Jeff Kravitz/Getty Images

Stan Lee, Pamela Andreson i Hugh Hefner na imprezie w posiadłości Playboya. 10 czerwca 2003 roku

Stan przekracza granice komiksowych rzeczywistości. 18 czerwca 2004 roku

Fot. Vince Bucci

Kadr z dwudziestego piątego sezonu serialu *Simpsonowie*

Fot. FOX/Getty Images

Fot. CBS/Getty Images

Kadr z trzeciego sezonu serialu *Teoria wielkiego podrywu*

Stan Lee wizytuje nowojorską giełdę. 5 października 2010 roku

Fot. Ben Hider/Getty Images

Lee ze swoją gwiazdą na hollywoodzkim bulwarze. 4 stycznia 2011 roku

Fot. Vince/Bucci/Getty Images

Fot. The Washington Post/Getty Images

Fot. Alberto E. Rodriguez/Getty Images

Powyżej: Stan Lee i zamaskowani pogromcy zła. 28 kwietnia 2011 roku

Po lewej: Stan na premierze filmu *Spider-Man: Homecoming*. 28 czerwca 2017 roku

Zdjęcie z imprezy urodzinowej Stana. 18 lipca 2017 roku

nakładając tusz na dwie naszkicowane przez Kirby'ego strony komiksu o S.H.I.E.L.D. Potem pracował z Kirbym przy trzech zeszytach o Nicku Furym, co było czymś w rodzaju stażu. Jak pisze Chris Gavaler: „Zdaje się, że aby styl Marvela mógł się zmaterializować, Kirby musiał ujednolicić swoje layouty, aby łatwiej można było go naśladować. Niełatwo nauczyć się wariacji i innowacji, nie da się też wówczas wypracować spójnego stylu dla wszystkich publikacji". A jednak Steranko zasłynął z czasem z nieregularnie skomponowanych paneli, inspirowanych art déco, postmodernizmem i elementami nowofalowymi, które przeszczepił na komiksowe stronice wydawanych przez Marvela serii.

DC, choć nadal miało swoich ikonicznych superbohaterów, mogło jedynie próbować nadążyć za Marvelem. Zanim jednak wydawnictwo pozbierało się – tak jakby – i wypuściło swoje komiksy z barwnymi, ekscytującymi okładkami, konkurencja obsadziła je na tyle, że Goodman nareszcie mógł zająć pierwsze miejsce w branży komiksowej. O wyniku bitwy rozgrywającej się pomiędzy Marvelem i DC decydowali fani, głosując swoimi centami, dziesiątkami i ćwierćdolarówkami.

Dlatego też nowatorskie, kolorowe i energiczne postacie stworzone przez DC, jak chociażby Metamorpho, wymyślony pod koniec 1964 roku przez starych wyjadaczy George'a Kashdana i Boba Haneya, wydawały się klonami superbohaterów od Marvela. Poza tym jeszcze jeden element wskazywał na to, że DC po prostu próbowało naśladować rywala. Język użyty na okładce komiksu z Metamorpho (*The Brave and the Bold* #57) przypominał ten spopularyzowany przez Lee: „Bądźcie świadkami niezwykłych mocy nowego, najfantastyczniejszego bohatera na świecie". Rysunkom nadano odpowiednią dynamikę i wykorzystano żywe kolory, lecz Marvel zdążył już utworzyć swój przyczółek w tej wojnie, której stawką było dyktowanie czytelnikom, co jest „fajne", a co nie. Musiało minąć sporo czasu, zanim pretendent zdetronizował lidera. A kiedy już to się stało, na Madison Avenue nie zamierzano na tym poprzestawać. Kiedy Marvel miał już na stojakach prawdziwe hity, redaktor naczelny chciał stale powiększać katalog, aby wydawnictwo mogło się rozwijać. „Byłem jak ryzykant z powodzeniem rzucający raz po raz kośćmi – mówił Lee. – Nie przestajesz, jeśli masz dobrą passę".

Lee pewnie przypuszczał, że boom na superbohaterów w końcu się skończy, tak jak przemijają wszystkie inne trendy i mody. Dlatego szybko produkował kolejne tytuły i wymyślał nowe postacie, chcąc na nich zarobić, póki się dało. Freelancerzy również tryskali energią, napędzani jego – jak się wydawało – nieskończonym zapasem optymizmu. Pracując pod dyktando nieugiętego terminarza, Lee musiał ustawiać całe swoje życie w równowadze pomiędzy kreatywnością i komercją, pracą twórczą i wypracowywaniem marki. Pod jego przewodnictwem Marvel do samego końca dekady umacniał i rozbudowywał swoje uniwersum.

ROZDZIAŁ 9

JAK SPRZEDAĆ UNIWERSUM MARVELA

„Baaaczność!".

Zawołanie Stana Lee – którym zwracał się do czytelnika, otwierając po raz pierwszy *Marvel Bullpen Bulletins* (*Biuletyny Zagrody Marvela*) na wydzielonej stronie na końcu każdego komiksu wydanego w grudniu 1965 roku – nie było subtelne ani protekcjonalne. Dział ten zastąpił sierpniową nowość *Merry Marvel Bullpen Page* (*Strona radosnej zagrody Marvela*). Żółte ramki wypełnione „newsami" i „plotkami", a także zestawieniem znajdujących się w sprzedaży bieżących zeszytów razem z ich streszczeniami, szybko się przyjęły i zdobyły wiernych fanów.

Nie miało znaczenia, gdzie mieszkali czytelnicy tych słów, czy potrafili sobie wyobrazić, jak może wyglądać siedziba Marvela, bo *Biuletyny* sprawiały, że czuł się jak członek rodziny. Niektórzy zaglądali tam po zakulisowe informacje, mogli poznać na przykład personalia inkera danego numeru albo mogli dowiedzieć się o życiu prywatnym jakiegoś rysownika. Inni rozglądali się za ofertami handlowymi, chcąc zamówić za pośrednictwem poczty koszulkę ze Spider-Manem albo Doktorem Strange'em za półtora dolara. Ale zwykle młodzi czytelnicy odczytywali te wiadomości jako osobiste listy od Lee, najfajniejszego faceta w kraju. Bez względu na to, czemu fani komiksu tak uwielbiali *Bullpen Bulletins*, Lee mógł się tam zaprezentować w pełnej krasie. Z jednej strony dział ten umożliwiał mu doszlifowanie swojego głosu jako naczelnego Marvelowca, z drugiej strony był to wynik trzeźwego myślenia biznesowego, bo Lee zdawał sobie sprawę, że pogłębienie więzi pomiędzy nim a czytelnikami wyjdzie na dobre komiksom. Po przeczytaniu tysięcy listów Lee zyskał pewność, że ten rodzaj interakcji, który wydawał się osobisty, przełoży się na zwiększenie sprzedaży.

Głos ten okazał się cechą charakterystyczną Marvela. „Niby drobnostka, ale starałem się przekazać odrobinę ciepła, przyjaźni – opowiadał Lee. – I chyba podziałało". Nastolatkom i studentom te mrugnięcia okiem i niepoważny ton wydawały się współgrać z ich antyestablishmentowymi przekonaniami, bo Lee mówił tak, jak nie mówił nikt ze znanych im dorosłych. „Wszystko było spontaniczne – wspominał. – Pisałem jakąś historię, coś niespodziewanie przychodziło mi do głowy i dzieliłem się tym". Sukces, jaki odnieśli jego podgryzani przez ból istnienia herosi, zdążył już udowodnić, że instynkt go nie zawodził.

Interesująca była również oferta rzeczy firmowanych przez Marvela, szczególnie że ich ceny oscylowały w okolicach dolara, co było zwykle akurat w zasięgu czytelniczej kieszeni (albo prawie). Ile dni dzieciaki musiały odkładać po kryjomu pieniądze przeznaczone na lunch, żeby pozwolić sobie na koszulkę z Doktorem Strange'em? Z zainteresowaniem spotykała się również lista nowych nazwisk na liście fanklubu Merry Marvel Marching Society, gdyż za jej pośrednictwem można było wyszukać inne dzieciaki z całego kraju, które podzielały te same zainteresowania.

Ale co najważniejsze: *Bullpen Bulletin* umożliwił Lee bezpośredni kontakt ze wszystkimi czytelnikami Marvela. Perspektywa i status insidera uczynił go ulubionym wujaszkiem Ameryki. Sam opisywał swoją kwitnącą relację z czytelnikami Marvela jako „krok ku wspólnemu wtajemniczeniu" albo „dzielenie się z innymi ogromnym żartem, zabawa na całego z tym szalonym Uniwersum Marvela". Śpiewny, gadulski styl Lee wzmocnił jego pozycję celebryty. „Stan the Man" manifestował swoją osobowość przez komiksowe dialogi oraz treści redakcyjne: „Uznałem, że skoro ja się dobrze bawię, to może czytelnik też będzie. I nawet kiedy pisałem listy płac, starałem się podejść do tego z humorem, bo tak lubiłem". Lee wyróżniał wybranych fanów, którzy napisali wyjątkowo intrygujący list lub z jakiegoś powodu przykuli jego uwagę, rozdając fikuśne „Nie-nagrody Marvela", czyli zupełnie nic. Wysyłał puste koperty opatrzone nawet szyderczą pieczęcią „Nie rzucać!". Im bardziej sobie żartował, tym bardziej fani łykali kolejne sztuczki. I co ważniejsze, sprzedaż nieprzerwanie rosła.

Z czasem Lee przedstawił czytelnikom innych członków zagrody, rzecz jasna po imieniu. Nadał im osobowość, przez co fani mogli być z komiksami jeszcze bliżej. Lee zawsze był „Uśmiechniętym Stanem Lee", lekko postrzelonym, ciągle przywalonym pracą redaktorem, który kieruje pracami całego wydawnictwa na wyczucie. Tak tłumaczył swój cel: „Kiedy dzielisz się z fanami życiem osobistym, sprawiasz, że czują się częścią Marvela, że są po imieniu z całą naszą zwariowaną paczką. Poniekąd chciałem, aby czytali te teksty jak list od przyjaciela, który pojechał na obóz".

Lektura działu pozwalała fanom wyobrazić sobie siebie siedzących tuż obok słynnego redaktora naczelnego, który zabawia ich historiami o Jacku (Królu) lub (Radosnym) Joe Sinnotcie. Marvel wypełniał sny czytelników nie tylko obrazami Hulka i Iron Mana, ale także newsami z zagrody, które twórców komiksów czyniły dawno niewidzianymi przyjaciółmi. Ten ton pozwalał dzieciakom z rozsianych po kraju małych miasteczek wyobrazić sobie, że Lee to ich kumpel, a superbohaterowie Marvela mogą być – mimo że przecież znali prawdę – niemal realni.

*

Efektem szalonego, czteroletniego pędu Lee była superbohaterska gorączka i kompletne przetasowanie na rynku komiksowym, które wywindowało Marvela na sam szczyt. Firma – podobnie jak i jej redaktor naczelny – stała się wyznacznikiem tego, co jest fajne. Superbohaterowie stali się najgorętszym towarem amerykańskiej popkultury i powoli zdobywali rynki na całym świecie. Pozostali wydawcy również podpięli się pod obowiązujący trend, od Charlton Comics (które zatrudniło Steve'a Ditko po jego odejściu z Marvela i dało praktycznie całkowitą kontrolę redaktorską nad konserwatywnymi komiksami opartymi na filozofii Ayn Rand) i Tower Comics (konsekwentnie ściągające do siebie duże nazwiska, takie jak Wally

Wood i Gil Kane) do sędziwego już Archie Comics (którego szefostwo podjęło decyzję o utworzeniu swojej supergrupy zwanej Mighty Crusaders). Nowe serie na rynku próbowały wybić się na popularności Marvela i produkowały często wtórne treści, tak samo jak i okładki. Mogli naśladować Lee i Kirby'ego, ale brakowało im ich szczerości, chcieli po prostu zarobić na szybko trochę pieniędzy.

W 1965 roku Lee i jego zespół zainicjowali serię zmian i lekkich modyfikacji gatunku superbohaterskiego, co umożliwiło zbudowanie spójniejszego, zunifikowanego kosmosu przy jednoczesnym umocnieniu rozrastającego się grona czytelniczego. Przez parę następnych lat ich celem nie było poszerzanie uniwersum skokami i susami, ale pogłębianie kontekstu i operowanie niuansami. Lee wierzył, że intensyfikacja relacji pomiędzy postaciami i przeplecenie superbohaterskich rzeczywistości umożliwi przyszły rozrost i – co ważniejsze – zbuduje silniejsze więzi pomiędzy komiksowymi postaciami a czytelnikami.

Serce Marvela nadal biło najmocniej, kiedy scenariusze koncentrowały się na autentycznych trudach codzienności, z którymi zmagali się zwyczajni ludzie niespodziewanie obdarowani nadludzkimi mocami. Lee prędko zajął się całym spektrum międzyludzkich relacji – także miłosnymi uniesieniami i udrękami – podobne podejście okazało się naturalne także i dla reszty zespołu, przynajmniej na wysokim szczeblu. Zarówno Lee, jak i Kirby mieli spore doświadczenie z komiksami o nastoletnich romansach. Kirby i jego ówczesny partner Joe Simon praktycznie stworzyli ten gatunek w 1947 roku, inicjując *Young Romance*, tytuł, który DC nadal wydawało w latach 60. Lee z kolei długo pracował jako główny scenarzysta *Millie the Model* oraz całego mnóstwa serii pobocznych, których celem było przyciągnięcie czytelniczek. Ba, był to najpopularniejszy komiks Marvela nietraktujący o superbohaterach.

Romantycznym interludium, które przyciągnęło największa uwagę, był ślub Reeda Richardsa i Susan Storm na łamach *Fantastic Four Annual* #3. Kirby olśnił czytelników grubszym niż zwykle zeszytem, zawierającym dodatkowo przedruki dwóch lubianych numerów. Na potrzeby okładki zorganizowano istny superbohaterski spęd, na naszpikowanym gwiazdami wydarzeniu zjawili się praktycznie wszyscy herosi z kosmosu Marvela, co przyciągnęło również niezliczonych złoczyńców, którzy mieli nadzieję zepsuć ten dzień. Podczas gdy jedni prali się z drugimi, z boku zerkał na pannę młodą ponury Sub-Mariner, z ewidentnie złamanym sercem. Sam Lee entuzjastycznie określił to wydanie mianem „najbardziej sensacyjnego superspektaklu, jaki widziały ludzie oczy!!".

Budynek Baxtera otaczają jednak nie tylko oczarowani fani (a pośród nich nastoletnia piękność Patsy Walker, jeszcze jedna postać Marvela o długoletnim stażu), ale i ciągle zasadzający się na bohaterów superłotrzy. Thing próbuje ich przepędzić, lecz potrzebuje przy tym pomocy Nicka Fury'ego, X-Men, Doktora Strange'a i innych. Po tym jak Richards ratuje dzień, zeszyt kończy się ślubnym pocałunkiem („Zwykłe słowa nie oddadzą ciepła tej chwili… Dlatego nie będziemy nawet próbować" – pisał Lee), lecz nagle do środka próbują wejść dwaj intruzi w cylindrach, których zatrzymuje Fury i jego ludzie. Nieproszonymi gośćmi okazują się Lee i Kirby, widoczni tylko od tyłu. Nawet twórcy Fantastycznej Czwórki nie dali rady wedrzeć się na tę uroczystość.

Również w tym roku na stronach *The Amazing Spider--Man* #25 po raz pierwszy pojawiła się Mary Jane Watson, lecz Ditko strategicznie nie pokazał jej twarzy, pozwalając innym skomentować urodę dziewczyny: „To przyjaciółka Petera? Wygląda jak gwiazda filmowa!". Czytelnicy zobaczyli ją dopiero po paru latach. Pod koniec 1965 roku zadebiutowała blond piękność Gwen Stacy, ale tak jak z MJ nieszczęsnemu Peterowi długo zajęło umówienie się z nią na randkę. Gdy się spotkali po raz pierwszy, Parker był tak zajęty ukrywaniem przed ciocią May swojej sekretnej tożsamości Spider-Mana, że praktycznie zignorował biedną Gwen.

Zespół Marvela wykorzystywał taktyki przypominające te znane z oper mydlanych i inne techniki narracyjne, aby umocnić więzi postaci z fanami. Jako że superbohaterowie Lee byli celowo bardziej realistyczni i przypominali zwykłych ludzi, pomysł uwikłania ich w trudne związki i inne napotykane w prawdziwym świecie wyzwania pogłębiał tę relację.

Lee zarządzał rysownikami i scenarzystami, trzymał – z pomocą niewielkiego zespołu pracowników etatowych i rozrastającym się gronem freelancerów – pieczę nad produkcją i musiał zajmować się rozszerzaniem marki. O uwagę odbiorcy rywalizowało ze sobą zbyt wiele rzeczy, jak chociażby narodowa sensacja, jaką był przyjazd zespołu The Beatles, czy czysto polityczne zdarzenia, na przykład marsz Martina Luthera Kinga w 1965 roku w Alabamie w obronie praw obywatelskich i rosnące zaangażowanie wojsk amerykańskich w Wietnamie. Komiksom niełatwo było przebić tak istotne wydarzenia, ale za to dało się je sprzedawać jako przyjemną odskocznię od ciężaru prawdziwego życia.

Biorąc pod uwagę poprawiającą się w połowie lat 60. jakość marketingu, reklamy i public relations wydawnictwa, Marvel mocno starał się zwiększyć sprzedaż. Ulotka z 1965 roku skierowana do firm dystrybucyjnych wykorzystywała charakterystyczną dla Lee barwną gadkę i usiłowała przekonać potencjalnych kontrahentów krzykliwym: „Fani POLUJĄ, fani KUPUJĄ". O ile niewielu właścicieli punktów z prasą dałoby się przekonać samymi zachętami, o tyle żaden nie mógł negować ogromnego popytu na produkty Marvela. W 1960 roku firma sprzedawała około 16,1 miliona egzemplarzy komiksów, w 1964 roku liczba ta wynosiła już 27,7 miliona, a w kolejnym wydawnictwo spodziewało się zwiększyć sprzedaż do 35 milionów.

Marketingowa broszura podkreślała to, z czego firma zdążyła już zasłynąć i co stanowiło o jej sukcesie: „tajna formuła" superbohaterska opracowana przez Lee i jego zespół znacząco poszerzyła grono czytelnicze, docierając tym samym do starszego odbiorcy, łącznie ze studentami college'u i dorosłymi. Ulotka mówiła, że jednym z głównych założeń Marvela było skoncentrowanie się na tym, aby superbohaterowie „przyciągnęli zupełnie nowy rodzaj czytelnika… fankluby Marvela wyrastają jak grzyby po deszczu w COLLEGE'ACH i na UNIWERSYTETACH od wybrzeża do wybrzeża". Marketingowcy Marvela założyli, że sprzedawcom już ta informacja zaimponuje, lecz i tak nie omieszkali się pochwalić, że w ciągu miesiąca zapisało się do nich 50 tysięcy fanów.

Sprzedaż ciągle rosła, a koniec ograniczenia liczby tytułów, które Marvel mógł wydawać każdego miesiąca, oznaczał, że Lee zarządzał firmą mogącą zalać rynek dziesiątkami serii ukazujących się regularnie co cztery lub osiem tygodni. Powiększając katalog wydawniczy, redaktor zarządzający musiał albo poświęcić jeszcze więcej czasu na pisanie nowych rzeczy, albo znaleźć kogoś, kto je przejmie, tyle że nie miał już na komiksowym uniwersytecie zaplecza młodych zdolnych. Dlatego zdecydował się zaczerpnąć z innego źródła i sięgnął po autorów z magazynów fanowskich i utalentowanych dziennikarzy, ludzi będących czytelnikami Marvela wystarczająco wytrwale próbującymi skupić na sobie uwagę redaktora naczelnego.

Przez cały ten czas Lee dopracowywał i dopieszczał niepowtarzalny styl scenopisarstwa, który stał się znakiem rozpoznawczym Marvela. W tym czasie dbał zarówno o stronę artystyczną, jak i redaktorską nowych komiksów. Niemiłosierne tempo i zwiększona liczba tytułów wymuszały opracowanie nowego sposobu radzenia sobie z presją.

Scenarzysta Denny O'Neil opowiadał, że w lipcu 1965 roku, gdy Marvel zwiększył produkcję, reagując w ten sposób na wzrost popularności superbohaterów dzięki telewizyjnemu serialowi o Batmanie, doszło do zderzenia firmowej metody z bezlitosnymi terminami. Tłumaczył to następująco: „Zrobiłem *Daredevila* #18, bo Stan się nie wyrabiał. Romita wszystko narysował i zamieścił na marginesach swoje uwagi, ale Stan nie miał czasu tego dokończyć". O'Neil przyznaje jednak, że Lee pracował ciężej niż zatrudnieni przez niego scenarzyści, poświęcał niezliczone godziny na pisanie, żeby uniwersum Marvela cały czas było bliskie czytelnikom.

Wytrwałość i pracowitość Lee stały się wręcz legendarne. Jego postać inspirowała ściąganych do Marvela freelancerów, którzy również harowali od rana do nocy, często na skraju wyczerpania. Nawet awaria prądu nie powstrzymała Lee przed dokończeniem wyznaczonych stron. Podczas pierwszej poważniejszej przerwy w dostawie energii do Nowego Jorku w 1965 roku O'Neil i zastępca redaktora Roy Thomas zrobili sobie wolne, ale Lee pracował w domu przy świecach. „Strony miały plamy z wosku" – wspominał O'Neil, choć trudno powiedzieć, czy to faktycznie prawda, czy może kolejna z otaczających Stana licznych zmyślonych opowiastek.

Rozpisywanie fabuł nie zabierało Lee dużo czasu. Co miesiąc robił różne tytuły – 10, może 12 – i przekazywał je rysownikom. Kiedy ten dostarczył mu swoje prace, Lee wypełniał dymki. Naczelny nadzorował również stronę graficzną komiksów, łącznie z okładkami. „Dopisując tekst – tłumaczył – robiłem notatki na temat tego, co rysownik musi jeszcze poprawić". Czasem odchodził od pierwotnego zamysłu, bo rysownik poprowadził historię nieco inaczej. Kirby na przykład przerabiał scenariusze po swojemu i Lee musiał jakoś wymyślić wszystkie dialogi tak, aby do siebie pasowały, co porównywał do „rozwiązywania krzyżówki".

*

Popularność niebanalnych superbohaterów Marvela w latach 60. przemieniła firmę w modny dom komiksu, lecz – jeśli przyjąć jedynie kryterium wysokości sprzedaży – to DC nadal trzęsło rynkiem. Nieustająca rywalizacja pomiędzy wydawcami była zacięta i jeden skupiał się na przebiciu drugiego. DC polegało przede wszystkim na żelaznych herosach ze swojej stajni, Batmanie, Supermanie i Wonder Woman, podczas gdy

Lee i Marvel nieustannie parował ich modnym Spider-Manem, Thorem i Fantastyczną Czwórką. Zdawało się, że szala przechyli się ostatecznie na korzyść Marvela, jednak w styczniu 1966 roku stacja telewizyjna ABC wyemitowała pierwszy odcinek *Batmana*. Na mocy niespotykanej decyzji działu programowego serial leciał aż dwa razy w tygodniu – w środy i w czwartki – w półgodzinnych segmentach.

Natychmiastowy sukces tej produkcji momentalnie wpłynął na sprzedaż komiksów i pomógł DC odzyskać nieco pewności siebie. Z Adamem Westem jako Zakapturzonym Mścicielem i Burtem Wardem w roli jego młodego pomocnika Robina serial perfekcyjnie równoważył camp i akcję w sposób przemawiający do ówczesnej publiki. Bohaterowie przerzucali się zabawnymi tekstami, a na ekranie co i rusz wykwitały „POW", „BAM" i „ZONK", zapewniając dobrą zabawę widzom z każdej kategorii wiekowej. Serial napędzała już sama muzyka, na ścieżkę dźwiękową złożyły się bowiem charakterystyczne dla lat 60. rytmy podrasowane łatwo wpadającymi w ucho motywami, które zalęgały się w głowach publiczności. W latach 60. Ludzie zwariowali na punkcie kolorowej telewizji i *Batman* zamierzał popłynąć na tej fali, korzystając z krzykliwej palety barw, aby przenieść komiksowe postaci na ekran.

Po pięciu latach szukania magicznego klucza, który otworzyłby wydawnictwu drogę do czytelnika, DC nareszcie uchwyciło ton, jakim przemawiał Lee. *Batman* wstrzelił się w coraz popularniejszą modę na superbohaterów, szczególnie akcentując satyryczne elementy, które wprowadził do komiksu Lee. Pod wieloma względami ciągłe przekomarzanki pomiędzy dwoma bohaterami były bliższe komiksom ze Spider-Manem czy Fantastyczną Czwórką niż czemukolwiek, co ostatnimi czasy wyprodukowało DC.

DC skorzystało na upowszechnieniu się telewizji, lecz jej popularność przyczyniła się do zwiększenia sprzedaży komiksów w ogóle, nie tylko tych z Batmanem. Wszyscy więksi wydawcy zauważyli znaczny skok. Harvey Comics wprowadziło postaci Spymana i Jigsawa, a Tow Comic zaprezentowało czytelnikom Dynamo i Nomana. Marvel do pewnego stopnia odpowiedział na sukces *Batmana*. Najpierw wydał solową serię z Thorem w marcu 1966 roku, a potem przedstawił światu Czarną Panterę, pierwszego afroamerykańskiego superherosa, który zadebiutował na łamach *Fantastic Four* #52 (z lipca 1966 roku).

Lee i Kirby nie zamierzali pozwolić, aby batmania przekreśliła ich starannie rozbudowywane Uniwersum Marvela. Rozpisali trzyczęściową historię, która ukazała się w *Fantastic Four* #48–50 (marzec–maj 1966 rok). Supergrupa walczyła tam z niemal wszechmocną istotą – Galactusem – która utrzymywała się przy życiu dzięki pochłanianiu energii całych planet. Trylogia ta kazała najpotężniejszej ziemskiej drużynie stawić czoła najsilniejszemu złoczyńcy świata Marvela. Nie mogli co prawda konkurować z popularnym serialem telewizyjnym, ale wydawnictwo liczyło, że chociaż podbije sprzedaż i zachęci innych do sięgnięcia po komiks.

Agresywna strategia Lee, starającego się poszerzyć wpływ komiksu, zaczęła nareszcie przyciągać zróżnicowane grupy czytelnicze, ale zmiana ta następowała stopniowo. Dopiero w lipcu 1967 roku, po prawie sześciu latach od premiery *The Fantastic Four*, reporter „New York Timesa" Leonard Sloane, który zajmował się branżą reklamową, doszedł do wniosku, że choć miliony ludzi czytają komiksy, nadal mało kto je szanuje. Sloane odwołał się do myślenia potencjalnego reklamodawcy o przeciętnym czytelniku, którym był według niego „przedstawiciel konkretnej grupy... dzieci, wojskowi lub niezupełnie dorośli ([...] czyli ci powyżej 18. roku życia, lecz nie dość jak na swój wiek rozwinięci)". A jednak strony fanowskie w komiksach Marvela i worki pocztowe pełne były elokwentnych, napisanych z pasją listów od wykształconych czytelników z całego kraju.

Media głównego nurtu z opóźnieniem zareagowały na komiksowe szaleństwo, podobnie reklamodawcy, którzy na ostatnich stronach promowali rozmaite artykuły poprzetykane firmowymi gadżetami Marvela. Od połowy lat 60. do końca dekady komiksy, w przeciwieństwie do innych magazynów skoncentrowanych na kliencie, nadal generowały większość zysków ze sprzedaży, nie z reklam, lecz i one były istotne. Sloane podawał, że numerem jeden w branży nadal jest National Periodical, które wprowadzało na rynek 48 tytułów miesięcznie, czyli jakieś siedem milionów egzemplarzy magazynów i komiksów. Ich przychody z reklam były relatywnie niskie, pomiędzy 1962 a 1966 rokiem urosły z 250 tysięcy dolarów do pół miliona. Szychy branży komiksowej zwykle utrzymywały, że dzieje się tak z uwagi na ich selektywność doboru reklam. Z czasem większość firm, łącznie z Marvelem, zdecydowała się publikować ogłoszenia drobne reklamujące różnorodne produkty, od nowych zabawek do zamawianych drogą pocztową pierdółek i zestawów hobbystycznych. Wiele dużych korporacji nie chciało jednak zamieszczać reklam w komiksach i wydawcy próbowali brak dochodów z reklam odbić sobie, udzielając licencji na swoje postacie.

Dla porównania, według Sloane'a miesięcznie trafiało do obiegu około sześciu milionów egzemplarzy komiksów wydawanych przez Marvela, lecz firma zdecydowała się zainicjować kampanię zachęcającą do umieszczenia na ich stronach produktów przeznaczonych dla starszego odbiorcy, takich jak krem do golenia. Lee zrównywał jakość opowiadanych historii i szaty graficznej z klasą, jakiej spodziewali się czytelnicy, tłumacząc: „Nie boimy się przedstawiać naszych osobistych opinii, staramy się wspierać żołnierzy i przekonywać dzieciaki, żeby nie porzucały szkół. Zależy nam na promowaniu dobrych wartości". Decyzja o świadomym kierowaniu produktu do dojrzalszego odbiorcy od lat była dla Lee priorytetowa. I okazało się, że jego determinacja zaprocentowała.

Lee rozważał również możliwości merchandisingowe, która to kwestia okazała się jeszcze istotniejsza po telewizyjnym debiucie *Batmana*. Krążyła plotka, że DC udzieliło licencji na wykorzystywanie tej postaci aż 90 firmom, co przełożyło się na 75 milionów dolarów zysku ze sprzedaży, choć niektórzy mówili nawet o 150. Im popularniejsze stawały się komiksy, tym więcej Lee miał pracy. Goodman jednak konsekwentnie zatrudniał niewielki zespół, który orbitował wokół jego redaktora naczelnego/dyrektora artystycznego.

Mimo że wychował się w epoce kina i radia, Lee rozumiał rosnące znaczenie telewizji i wierzył, że sagi o superbohaterach będą idealnie się nadawały do ekranizacji. Martin Goodman zawsze dość luźno traktował sprawy licencyjne, dlatego chyba nikogo nie zaskoczyło, kiedy oddał prawa do animacji praktycznie za darmo. Dochodząc do wniosku, że produkcją powinien zająć się ktoś młody, wydawca przekazał związane z tym obowiązki swojemu synowi Charlesowi (Chipowi) Goodmanowi, który miał poznać, jak działa biznes, przed ewentualnym odziedziczeniem rodzinnego interesu.

Nakład komiksów Marvela według zweryfikowanych danych skoczył od 1961 do 1965 roku z 8 milionów do około 32 milionów egzemplarzy. Wzrost popularności superbohaterów przyciągnął telewizyjnych włodarzy, którzy usiłowali rozgryźć, co dokładnie przyciąga do nich młodego odbiorcę, ale nikt nie potrafił tego jednoznacznie określić. Zwykle wskazywano na motywy antybohaterskie i talent Lee do określenia, czym obecnie żyje rynek.

We wrześniu 1966 roku w telewizji zadebiutowała kreskówka *Marvel Super Heroes*, będąca mieszanką krótkich historyjek opowiadających o bohaterskich czynach Kapitana Ameryki, Thora, Iron Mana, Sub-Marinera i Hulka. Miesiąc później we wszystkich komiksach firmy pojawiły się reklamy wymieniające 20 stacji emitujących serial w Nowym Jorku, Chicago i Los Angeles. Łącznie prawa do kreskówki Marvela kupiło aż 50 kanałów, w tym te z Brazylii, Portoryko i Wenezueli.

Odpowiedzialne za produkcję Grantray-Lawrence Animation nie opracowywało animacji od podstaw, ale korzystało z kolorowych reprodukcji oryginalnych opowieści komiksowych, co pozwalało na realizację siedmiominutowych rozdziałów, które można było emitować jeden po drugim albo odpowiednio poszatkować i dopasować do bloku programowego dla dzieci. Łącznie od września do grudnia 1966 roku firma wypuściła w pierwszym rzucie 195 segmentów.

Siermiężna metoda wykorzystywania komiksowych paneli ograniczała zakres technik animacyjnych *Marvel Super Heroes*, ale sprawdzała się jako istny pokaz wyśmienitych prac Kirby'ego, Ditko i reszty utalentowanego zespołu Lee. Zwykle w pojedynczym kadrze animowano tylko jeden obiekt. Czasem była to przecinająca powietrze tarcza Kapitana Ameryki, czasem zaledwie mrugające oko którejś z postaci albo poruszające się usta. Piosenka otwierająca *Marvel Super Heroes* służyła jako krótkie wprowadzenie herosów, które przechodziło w kolejny segment przy akompaniamencie radośnie rozśpiewanych głosów „przybyli superbohaterzy Marvela".

Drugi serial telewizyjny – *Fantastyczna Czwórka* – który zadebiutował na antenie ABC jesienią 1967 roku, wypuściło Hanna-Barbera Productions. Kreskówka rozpoczynała się z przytupem: na nocnym niebie pojawiał się świetlisty sygnał, który wybuchał w migające „4", przyzywając drużynę do jej nowojorskiej siedziby. Trwające minutę intro przybliżało widzowi skondensowaną wersję genezy grupy i pokazywało jej członków podczas batalii z różnymi złoczyńcami. Animacja pomyślana została jako propozycja dla młodszego odbiorcy, dlatego kładła nacisk głównie na zadziwiające moce Fantastycznej Czwórki, a ich przeciwnicy, choć nadal niebezpieczni, przypominali raczej kiczowate wersje komiksowych pierwowzorów. Scenarzyści kreskówki starali się małpować styl Lee, który zaczął tym samym przesiąkać do mainstreamowej kultury popularnej, przy jednoczesnej próbie nawiązania do wygłupów Adama Westa w roli Batmana.

Nieuchronna cykliczność prześladująca rynek komiksowy znowu o sobie przypomniała. Choć animacje Marvela zyskały sporą popularność, sprzedaż spadała w 1967 roku na łeb na szyję, gdy serial o Batmanie ledwie, krztusząc się i plując, przeczołgał się przez ostatni rok emisji, mniej lub bardziej pociągając za sobą komiksy. DC pozostało na szczycie, ale znacząco spadły nakłady. *Spider-Man* nadal był najlepiej sprzedającym się tytułem Marvela, lecz w rocznym zestawieniu uplasował się dopiero na czternastej pozycji. Marvel i tak radził sobie lepiej niż znaczna część konkurencji, bo jego komiksy utrzymały sprzedaż sprzed roku albo odnotowały tylko niewielkie spadki. Co zadziwiające, mocna pozycja Marvela – mimo ogólnego słabego roku w branży – pokazuje, że dobry marketing i wyczucie trendów pozwalają przezwyciężyć rządzące rynkiem siły.

*

Końcówka lat 60. przyniosła Lee sporo zmian. Po tym jak wynajął nastoletniej córce mieszkanie w mieście, aby mogła studiować aktorstwo, uznał, że może on i Joanie również powinni tam wrócić. Dom w Hewlett Harbor wydawał się im zbyt duży na ich dwójkę. Lee przekonał firmę producencką, która kupiła prawa do Spider-Mana, do opłacenia mu lokum, żeby mógł służyć radą jako konsultant. Ten roczny okres próbny przekonał parę, że lepiej im żyje się w mieście. Początkowo na próbę znaleźli miejscówkę przy Szóstej Ulicy, a na weekend wracali do domu. Niedługo potem sprzedali dom i kupili apartament z dużym tarasem (co było warunkiem Joanie) przy Sześćdziesiątej Trzeciej. Po niemal dwóch dekadach podmiejskiego wyciszenia Lee i Joanie zamieszkali w samym sercu Nowego Jorku. Lee stawał się coraz bardziej popularny w kręgach studenckich, był przedstawicielem i de facto prezesem jakichś 100 oddziałów fanklubu Merry Marvel Marching Society. Goodmanowi nie do końca się to podobało, dochodziło do coraz częstszych spięć. „Zacząłem myśleć, że niemal żałuje sukcesu naszego działu komiksu – opowiadał Lee. – Czułem, że nie zmartwiłby się zbytnio, gdyby spadła nam sprzedaż, podkopując nieco moją pewność siebie". Redaktorowi wydawało się, że Goodman postrzegał go jako konkurencję w nie mniejszym stopniu niż raczkujących wydawców i DC, które nadal dominowało na rynku. Kij miał dwa końce: naczelny był zbyt cenny i popularny, żeby można było go ot tak zwolnić. Nie miało znaczenia, czy na łamach licznych gazet i czasopism Lee wypowiadał się z rezerwą i wyciszał podczas audycji radiowych, same jego słowa czy tembr głosu działały ludziom na wyobraźnię. Marvel korzystał na tym, że Lee stał się ikoną całego gatunku superbohaterskiego.

Jeden z najbardziej znanych wywiadów Lee udzielił w popularnym *Dick Cavett Show*. Mając świadomość, że programu tego słuchali w większości ludzie, którzy nie są zainteresowani superbohaterami, a Cavettowi trudno przychodziło zaakceptować myśl, że magazyny z obrazkami to coś istotnego, scenarzysta Marvela chciał przedstawić komiksy jako ważną część „epoki niecodzienności". Jej reprezentantami byli superbohaterowie Marvela. Mimo że byli praktycznie niezniszczalni i dysponowali cudownymi mocami, kierowali się emocjami i przeżywali takie same rozterki jak ludzie, nawet gdy ratowali świat przed potężnymi kosmitami, superłotrami i innymi zagrożeniami. Lee tłumaczył Cavettowi, jednemu ze słynniejszych propagatorów kultury zarówno wysokiej, jak i tej niższej w latach 60., że w gronie fanów Marvela „najpopularniejsi są ci najdziwniejsi". Wymienił Hulka („monstrum o zielonej skórze") i Spider-Mana jako symbole tej osobliwej ery.

Cavett i Pat McCormick, jego ówczesny komediowy towarzysz, stroili sobie żarty z Lee i komiksu jako takiego, ale szef Marvela zachował spokój, tłumacząc, że swoją popularność Spider-Man zawdzięcza statusowi „antybohaterskiego bohatera", któremu „dokuczają zatoki, ma trądzik i kiedy walczy z przestępcami, dobija go alergia". Tuż przed przerwą reklamową McCormick odpalił bombę, przed której odłamkami Lee uchylał się przez całą karierę. Żartowniś szydził: „Lubię komiksy za to, że łatwo przerzucać strony, kiedy ssie się kciuka drugiej ręki". Komik taki jak McCormick może i mógłby sobie podobnie żartować z komiksów, głupawych książeczek dla dzieci w telewizyjnych skeczach, ale rozmawiał z człowiekiem, który stał w samym centrum stworzonego przez siebie, nowego uniwersum komiksowego.

Gdy zapytano Jenette Kahn, późniejszą szefową konkurencyjnego DC, co uznaje za „najważniejsze wydarzenie" w świecie komiksu po latach 50., wskazała na Lee, tłumacząc:

„Bohaterowie komiksowi podskórnie podłapują panujące trendy i stają się ich przedstawicielami. Dlatego ludzie mogą identyfikować się z tymi postaciami na tyle, że stają się one częścią mitologii. Bohaterowie Stana Lee dokonali tego w latach 60. Komiksy te nawiązywały do antyestablishmentowych nastrojów, wyobcowania i niedocenienia... Stan wymyślił postacie o nieprzyjemnym oddechu i trądziku, punkowe i młodzieńcze, a nastolatkowie potrzebowali symboli zdolnych zastąpić te, które właśnie odrzucili".

Można to uznać za całkiem niezły komplement, zważając na to, że powiedziała to przedstawicielka konkurencyjnego DC. Nie wspominając już o tym, z jakimi prostackimi skojarzeniami musiała i nadal musi borykać się branża. Korzystając z niezwykłego przypływu kreatywności, w ciągu paru lat Lee wywrócił amerykańską kulturę popularną do góry nogami i na zawsze zmienił postrzeganie komiksowych postaci.

Podczas gdy Lee skupiał się na rysunkach, dymkach, dalszych ciągach i niezliczonych obowiązkach, które na nim ciążyły, Goodman zastanawiał się, jak się wycofać. Pod koniec lat 60. duże korporacje zaczynały pożerać siebie nawzajem i nastąpiła seria fuzji i przejęć. Dla Goodmana, który zbudował Marvela od zera, hurtowe, niemal maniackie zakupy dokonywane przez firmy były okazją do zarobienia pieniędzy. Martin nareszcie mógł przekazać interes synowi, który do tej pory odbywał staż w firmie ojca, co pozwoliłoby starszemu Goodmanowi na machnięcie ręką i zostawienie za sobą sinusoidy rynku komiksowego.

Gdzieś w połowie 1968 roku rozkręcający się korporacyjny potentat i prawnik imieniem Martin Ackerman zwrócił się do Goodmana w sprawie kupna całej jego firmy, zarówno czasopism dla mężczyzn, jak i działu komiksu. Ackerman prowadził parę zakładów fotograficznych, aptek i innych firm, działając pod szyldem Perfect Film & Chemical Corporation. Sam uważał się za magnata biznesu, żuł cygara i pomiatał personelem i podwładnymi, mimo drobnej postury. Jego ostatnia umowa polegała na udzieleniu pięciomilionowej pożyczki firmie Curtis Publishing, zastrzegając, że będzie pełnił tam funkcję prezesa. Tak naprawdę Ackermanowi zależało na tym, żeby przejąć firmę dystrybucyjną Curtis Circulation. Z kolei kupno należącego do Goodmana Magazine Management zapewniało przedsiębiorcy pełne korzystanie z treści czasopism i katalogu komiksowego, które mógłby dystrybuować. Domknięcie tych dwóch interesów zapewniało mu odpowiednie dochody oraz kontrolę nad sporym kawałkiem rynku.

Goodman, choć wyczerpany rozterkami dotyczącymi sprzedaży firmy, ostatecznie zażądał gotówki i wynegocjował sprzedaż całego swojego imperium za około 15 milionów dolarów. Kiedy dobijał targu, wziął Lee na stronę i obiecał swojemu długoletniemu scenarzyście i redaktorowi „kwity", które – jak twierdził – były niczym akcje. Chciał przez to powiedzieć, że nie tylko on się wzbogaci, ale i skapnie coś Lee. „Nareszcie znalazłem swój garniec ze złotem – pomyślał wtedy Lee – i nawet nie musiałem go szukać!". Lecz im było bliżej zawarcia transakcji, tym stawało się jaśniejsze, że Goodman nie ponowi swojej oferty. Na mocy podpisanej umowy pozostawał na stanowisku wydawcy Magazine Management, a Chip miał objąć funkcję dyrektora wydawniczego i przejąć w przyszłości stanowisko ojca.

Ackerman i jego podwładni, jak mówił Lee, „powiedzieli Martinowi, że nie kupią firmy, póki nie podpiszę kontraktu i nie zostanę". Nowy właściciel postrzegał redaktora naczelnego jako niezbędny element tego porozumienia, lecz Stan nie naciskał na Goodmana o ogromną podwyżkę czy inne długoterminowe finansowe profity, bo ufał, że szef zadba o niego. Trzyletni kontrakt z wydawnictwem zapewniał mu co prawda wyższe honorarium, ale Lee zaczął wątpić w szczerość zapewnień Goodmana i jego ciągłe poklepywanie po plecach.

Lee dołączył do grona pracowników Marvela wierzących, że powinni również partycypować w zyskach ze sprzedaży firmy. „Zatroszczę się o to, abyście z Joanie nie musieli nikogo o nic prosić, jak długo żyjecie" – powiedział Goodman do Lee na kolacji, którą zorganizował, aby uczcić domknięcie transakcji. Joanie Lee i Jean, kuzynka Stana, były bliskimi przyjaciółkami. Sprzedaż faktycznie była okazją do świętowania. Ackerman również sobie nie żałował. Przy okazji nabył wart półtora miliona prywatny odrzutowiec i luksusowy apartament przy Park Avenue, skąd miał zawiadywać interesem. Lee nie przestawał się martwić, czy Goodman spełni swoje obietnice, lecz nie naciskał i nie groził odejściem z Marvela, choć mógł zapewne zażądać niemałej sumy za to, żeby nie spakować swoich rzeczy i nie przejść do DC.

Choć należące do Ackermana Curtis Circulation przejęło dystrybucję publikacji Marvela i tym samym zostało zatarte wspomnienie po umowie, jaką przed dziesięcioma laty podpisał Goodman, słabująca sprzedaż nie pozostała bez wpływu na kształt rynku i kondycję firmy. Martin przypominał słonia w składzie porcelany, groził zwolnieniami i bez ostrzeżenia zamykał całe serie, w tym ukochanego przez Lee *Doktora Strange'a*. Wydawca domagał się nawet, aby dla oszczędności objętość zeszytów została zmniejszona o jedną stronę (z 20 do 19). Te interwencje sprawiały, że Lee wychodził z siebie i ponownie zaczął myśleć o porzuceniu branży komiksowej. Chip Goodman zdecydował się na szalony krok zamknięcia *Merry Marvel Marching Society*, co – jak odczuł Lee – popchnęło do działania najwierniejszych czytelników.

Raz jeszcze architekt sukcesu wydawnictwa poczuł się uwięziony. Robił, co mógł, żeby uczynić Marvela największym graczem na rynku komiksowym, lecz spadek sprzedaży znowu zepchnął go na odsłoniętą pozycję. Goodman nie spełnił swoich obietnic, a nawet zapowiedział kolejną falę zwolnień, które miał na dodatek przeprowadzić Lee. Scenarzysta szukał rozwiązania, ale nie miał pojęcia, co robić. „Czas, żebym zaczął myśleć o innych rzeczach" – powiedział, znowu rozważając swoje możliwości. Brał pod uwagę zarówno napisanie sztuki albo treatmentu, jak i uprawianie poezji. Branża filmowa wydawała mu się jednak najsensowniejszą opcją. Marzył nawet o zabraniu Kirby'ego i rysownika Johna Buscemy do Hollywood, żeby tam robili scenografię i rysowali storyboardy, podczas gdy on będzie pracował nad scenariuszami.

Podczas gdy Lee rozważał różne opcje, nowy właściciel firmy poczuł pierwsze korporacyjne tąpnięcia. Zarząd Perfect wystąpił przeciwko Ackermanowi. Stres związany z zarządzaniem Curtis i rozrzutny, niemalże dekadencki styl życia prezesa były dla firmy nie do wytrzymania. Zastąpiono Ackermana Sheldonem Feinbergiem, innym agresywnym, młodym dyrektorem z zapleczem prawniczym. Feinberg, chcąc zacząć niejako od nowa, zainicjował swoje rządy od przechrzczenia firmy na Cadence Industries i od razu przystąpił do bezkompromisowej próby zredukowania ogromnego długu. Goodman, który nie był już kapitanem statku, musiał się dostosować. Polecił Lee publikować przedruki niektórych starych serii, aby nie płacić freelancerom za nowe treści i rysunki, tym samym próbując poprawić nie najlepsze z powodu słabszej sprzedaży sprawozdania finansowe. Tuż przed końcem dekady Feinberg i jego młoda, bojowo nastawiona ekipa miała przed sobą nie lada zadanie. Lee próbował utrzymać w zagrodzie dobre nastroje, lecz proces decyzyjny praktycznie całkowicie przejęli biznesmeni.

Początek lat 60. zszedł mu na wymyślaniu nowych postaci i stawianiu kolejnych fundamentów pod Uniwersum Marvela, a czytelnicy dostrzegli, że komiks przechodzi rewolucję dzięki odwiecznie drugoligowemu wydawcy. Następnie Lee i jego zespół skupili się na umacnianiu pozycji Marvela oraz pogłębianiu i rozgałęzianiu fabuł. Osobne tytuły dostawali kolejni bohaterowie, jak Kapitan Ameryka, Hulk czy Iron Man.

Choć większość wydawców doświadczyła spadku sprzedaży, Marvel całkiem nieźle uporał się z kryzysem. Zwiększenie miesięcznej produkcji zapobiegło masowym zwolnieniom, co oszczędziło Lee konieczności wręczenia wypowiedzeń tym współpracownikom i członkom personelu, którzy byli mu niemal tak bliscy jak rodzina. Marvelowi udało się zachować pozycję wydawnictwa modnego i energicznego. DC borykało się z większymi trudnościami. Firmę przejęło Kinney National, inny korporacyjny konglomerat, a zespół redakcyjny nadal nie potrafił znaleźć sposobu na rywalizację z mniejszym konkurentem.

Po nadejściu roku 1968 Lee i Marvel dali się porwać bieżącym wydarzeniom. Nikt nie mógł zignorować wojny w Wietnamie, studenckich pikiet, demonstracji w obronie praw człowieka czy coraz częstszych kampanii na rzecz kobiet. Na radiowej antenie, podczas rozmowy z Dickiem Cavettem, Lee dyskutował o numerze *Thora*, gdzie nordycki bóg krytykował rezygnującą z dalszej nauki młodzież, która powinna „się zaangażować". Do tej pory wydźwięk akcji protestacyjnych zdążył się znacząco zmienić, tak jak i cały świat. Lee nie mógł już wykorzystywać opowieści superbohaterskich do „prawienia drobnych kazań". „Dzisiejsza młodzież – mówił gospodarzowi programu – wydaje się silniej zaktywizowana, co uważam za bardzo zdrowe".

Rynek komiksowy w 1968 roku nie przypominał już tego z początku dekady, kiedy *The Fantastic Four* zainicjowało wysyp złoczyńców, bohaterów i potworów. Wszystkie samodzielne tytuły wymagały obszernego uniwersum z zaplatającymi się wątkami i nowymi postaciami zdolnymi zaludnić wszystkie te komiksy. Lee obawiał się, że decydenci z Cadence w każdej chwili mogą zamknąć Marvela, lecz mimo tego nie przestawał walczyć, mając nadzieję, że superbohaterskie uniwersum, które stworzył, przetrzyma wyboje i da sobie radę z przeciwnościami losu.

ROZDZIAŁ 10

TWORZENIE IKONY

Stan Lee rozumiał jedną rzecz lepiej niż ktokolwiek inny związany z Marvelem – poczynając od jego szefa Martina Goodmana i zarządzających firmą dyrektorach z Cadence, a na nowo przyjętych zastępcach redaktora i liternikach na zlecenie kończąc – mianowicie: jeśli wydawnictwo będzie miało swojego rzecznika, dysponującego opowieściami o takim rozmachu, jak superbohaterowie Marvela, osoba ta stanie się tak samo istotna, jak jej dzieła. Bez różnicy, kto je rysował, to przez lata Lee decydował o tym, co powie Spider-Man, Thor i inni. Jego głos był głosem Marvel Comics.

Kiedy dziennikarze zaczęli kręcić się przy wydawnictwie, chcąc przekonać się, o co cały ten szum, Lee dostrzegł dla siebie szansę. Przedstawiciele prasy, spodziewający się kogoś młodszego, mogli się zdziwić, lecz nie było wątpliwości, że ten entuzjastyczny, zabawny i rzucający na zawołanie cytatami człowiek odcisnął piętno na kulturze młodzieżowej. Przez całe dziesięciolecia nie dawał się przeprowadzanym przez Goodmana redukcjom personelu i finansowym przestojom, funkcjonując przez dłuższy czas jako jednoosobowa firma wydawnicza. Dlatego kiedy media zainteresowały się reprezentantem Marvela, który potrafił nadać niezwykłemu sukcesowi firmy kontekst, Lee wykorzystał okazję. Ta nowa rola nie tylko łechtała jego ego, ale też pozwalała mu dać upust aktorskim ambicjom, z którymi się aż tak bardzo nie krył, pielęgnował je bowiem od nastoletnich prób scenicznych z WPA.

Lee nie mógł zignorować finansowego i wizerunkowego aspektu bycia twarzą wydawnictwa, w końcu dorastał w czasach Wielkiego Kryzysu i pamiętał rodzicielskie kłótnie, które zwykle dotyczyły pieniędzy, a raczej ich braku. Jak inaczej daliby radę płacić co miesiąc czynsz, gdyby nie płaszczyli się przed zamożniejszymi niż Lieberowie krewnymi? Zmorą jego ojca było bezrobocie, czego syn nie mógł znieść. Gdyby przyjął rolę człowieka niezastąpionego, pozycja te gwarantowałaby mu stałe zatrudnienie. Miał głęboko zakorzeniony lęk przez brakiem pracy, nie mógł nawet znieść myśli o byciu choć trochę zbędnym. Ojcowskie upokorzenia nadal były w jego pamięci świeże i sama myśl przyprawiała go o drżenie.

Ponadto przyjęta przez niego rola dawała niejako gwarancję, że wydawnictwo pozostanie w sferze zainteresowań odpowiednich ludzi, gdy pojawią się nowe możliwości. Lee nie musiał być supergeniuszem jak Reed Richards, aby uświadomić sobie, że superbohaterski szał doprowadzi do zwiększenia możliwości umocnienia marki, co z kolei wpłynie na dobrą reputację Marvela i jego karierę. Codziennie do Lee przychodziło około 300–400 listów od fanów. Lee uświadomił sobie, że może stać się prawdziwym „Panem Fantastycznym" przez odpowiednie wykorzystanie swoich naturalnych umiejętności i towarzyskiej osobowości.

Rola, którą przyjął, czyniła go niemalże niezastąpionym. O ironio, im bardziej Lee ugruntowywał swoją pozycję, tym bardziej się okopywał jako pracownik korporacji. Zdawał też sobie sprawę, że jego los – jak zawsze – jest nierozerwalnie powiązany z komiksami Marvela. Choć spora część branży chętnie oskarżyłaby Lee o gwiazdorzenie, była to raczej mądra zagrywka mająca na celu wykorzystanie jego naturalnych predyspozycji. Nigdy nie miał ambicji, żeby zostać inspirującym szefem – nie angażował się zbytnio w sprawy czysto biznesowe – lecz potrafił porwać tłumy. Poza przekonaniem do siebie entuzjastycznych studentów college'u, z łatwością przekonywał zaniepokojonych komiksami rodziców i zaciekawionych dziennikarzy.

Po dziesiątkach lat spędzonych w praktycznym niebycie, pogardzany przez ludzi, gdy dowiadywali się, czym się zajmuje, Lee nareszcie obrócił los na swoją korzyść, gdy Marvel znalazł się w samym środku kulturowych przemian. Skorzystał z nadarzającej się okazji i przekuł swoje nazwisko na markę nie tylko w samym wydawnictwie, ale i poza nim.

Goodman pozostał typowym przedsiębiorcą, zafiksowanym na punkcie zysku i dochodu. Brakowało mu zmysłu estetycznego koniecznego do docenienia pracy Lee, Kirby'ego, Ditko i całej zagrody Marvela, ale potrafił rozbudować infrastrukturę finansową pozwalającą rysownikom i scenarzystom się rozwijać. Funkcjonował jako rewers Lee, nawet gdy naczelny zyskiwał coraz większy posłuch, a potęga Goodmana malała. Redaktor mógł się zżymać na te wszystkie finansowe manewry, lecz rozumiał, że wydawca i ekipa zarządzająca Cadence odgrywali kluczową rolę w sukcesie firmy.

Żeby dział komiksu mógł sprawnie funkcjonować, niezbędna okazała się rozległa wiedza o finansach i doświadczenie Lee, lecz podobne sprawy nigdy nie odciągnęły go od procesu twórczego. Doskonale rozumiał, że musiał wykorzystać okres zainteresowania superbohaterami ze stajni Marvela. Trzymał się z dala od korporacyjnych przepychanek i nigdy nie dał się opanować obsesji liczb, które napędzały kadrę zarządzającą średniego szczebla. Poza tym nigdy nie miał czasu, aby zbytnio zaangażować się w sprawy natury finansowej. Zwiększenie miesięcznej produkcji oznaczało, że Lee musiał zagonić do intensywnej pracy rozrastającą się ekipę zatrudnioną na etacie i zlecenie, żeby wszystkie tytuły zostały wydane w terminie. Spóźnienia kosztowały firmę kary umowne i straty spowodowane niemożnością sprzedaży komiksu.

Co ciekawe, Lee zainteresował się marketingiem Marvela dopiero po tylu latach. „Musiałem wtedy pisać dosłownie wszystko – opowiadał. – Byłem redaktorem. Byłem dyrektorem artystycznym. Byłem głównym scenarzystą. Dlatego też na dobre i na złe na tych komiksach odbiła się moja osobowość". Należy pamiętać, że te efekciarskie etapy procesu tworzenia – od pisania scenariusza i rysowania do produkcji – wymagały ogromnej pracy za kulisami. „Projektowałem okładki, pisałem zajawki, redagowałem reklamy, swój dział, stronę zagrody" – tłumaczył Lee. Jego wszechstronność przygotowała go na flesze i reflektory, o których marzył, odkąd tylko rozpoczął swoją komiksową karierę, a na pewno od artykułu z „Writer's Digest" z 1947 roku traktującego o zarabianiu pieniędzy na komiksach.

Persona wykreowana przez Lee, po części sarkastyczna, a po części autoironiczna, stworzyła głos, jakim przemawiał Marvel.

Popularność Spider-Mana, Hulka, Iron Mana i innych przekroczyła granice fandomu i postaci te osiągnęły status kultowych, a Marvel stał się główną siłą na popkulturowej mapie. Choć wydawnictwo było modne i na czasie, nadal nie potrafiło prześcignąć DC Comics pod względem sprzedaży. Na przykład w 1968 roku DC Comics opublikowało 47 serii, których sprzedaż sięgnęła 75 milionów egzemplarzy, podczas gdy Marvel wypuścił 22 pozycje i dobił do 50 milionów zeszytów (choć w wywiadzie z sierpnia 1968 roku Lee mówił o 60). Mimo że Marvel wydawał mniej niż połowę tego, co DC, osiągał sprzedaż sięgającą niemal dwóch trzecich wyniku rywala, co czyniło jego sukces bardziej spektakularnym.

Lee w niezliczonych wywiadach i podczas wystąpień pielęgnował swój publiczny wizerunek, ale nigdy nie ignorował okazji, żeby dostrzec fanów Marvela i docenić swój zespół (liczący wtedy około 35 pracowników etatowych i freelancerów). „Fani Marvela są jednymi z najbardziej fantastycznych czytelników w tym kraju – twierdził Lee. – Zadają pytania, znajdują błędy i podrzucają sugestie". Tysiące listów i spotkania z fanami dawały Lee bezpośredni ogląd jego docelowej grupy, od obsesyjnych starych wyjadaczy, którzy besztali Stana za każdy kadr, gdzie pominął jakiś pomniejszy detal, do przypadkowych ludzi usiłujących zrozumieć, czemu komiksy są takie popularne.

Lee nie omieszkiwał wykorzystać każdej okazji, aby opowiedzieć światu, jak bardzo innowacyjne i nowatorskie są ostatnie poczynania Marvela (a co za tym idzie, jego pisarstwo), jeśli porównać je do tego, co działo się dawniej i na tle innych firm, szczególnie DC, które ciągle przedstawiał jako symbol przestarzałej ery. Lee wierzył w edukacyjną i kulturową rolę komiksu, dlatego jego szczerość przekonywała ludzi. Zyskiwał sympatię dzięki autoironii, którą dopracował, gdy nagromadziły się oferty publicznych wystąpień.

Lee rozumiał też, że fani chcą, aby komiksy Marvela zazębiały się z bieżącymi kwestiami społeczno-ekonomicznymi i tematami politycznymi. Lee wsłuchiwał się w potrzeby czytelników i był elastyczny w wykorzystywaniu ich sugestii. Tłumaczył: „pragną kompleksowego etosu i filozofii, które moglibyśmy wpisać w ramy komiksowej postaci. Wydają się rozpaczliwie szukać kogoś, w kogo dałoby się wierzyć... Nie chcę ich zawieść". Pod koniec lat 60. spora część podobnych treści przechodziła przez Spider-Mana, Thora i innych bohaterów, którzy odnosili się do ważnych kwestii, pomagających legitymizować komiks jako medium dla szerszego grona.

Choć Lee można by krytykować za niedostatecznie progresywny ton, szczególnie że miał duży wpływ na młodzież, często zdejmował maskę ironisty i zwracał się do czytelnika z pełną powagą. Na przykład pod koniec 1968 roku za pośrednictwem swojego działu Stan's Soapbox wypowiedział się przeciwko bigoterii i rasizmowi, które nazwał „najbardziej zabójczymi chorobami społecznymi dzisiejszego świata" i tłumaczył, że „to kompletnie irracjonalne i skrajnie szalone potępiać całą rasę, nienawidzić danego narodu, szkalować czyjąś religię". Zachęcał Marvelowców do tolerancji.

Takie myślenie o problemach społecznych, które dominowało w tej chaotycznej epoce, sprawiło, że Marvel stworzył parę afroamerykańskich postaci, łącznie z Robbiem Robertsonem, redaktorem działu lokalnego *Daily Bugle* ze *Spider-Mana*, i – co ważniejsze – Czarną Panterę, superbohaterską tożsamość

T'Challi, księcia mitycznego afrykańskiego narodu. Mniej więcej w tym samym czasie Marvel wprowadził również Falcona, innego czarnoskórego superbohatera, tyle że amerykańskiego. Po debacie na temat tego, co zrobić z Czarną Panterą, Lee zdradził, że liczył na podpowiedzi nadesłane mu przez fanów. W 1970 roku przyznał, że już wcześniej myślał o czarnych herosach, ale „góra" była niezwykle „ostrożna" i nie otrzymał pozwolenia. Obojętne, czy to grożenie paluchem było wymierzone w Goodmana, czy w szefostwo Cadence, Lee nie czuł, że musi się hamować.

W marcu 1970 roku Lee ponownie na łamach Soapbox wyłożył zasady polityki Marvela odnośnie do „moralizowania". Niektórzy czytelnicy oczekiwali po prostu eskapistycznej lektury, ale redaktor skontrował: „Nie widzę tego". Porównał opowieść bez przekazu do człowieka bez duszy. Dając czytelnikowi zajrzeć do jego świata, Lee wyjaśnił, że jego wizyty na uniwersyteckich kampusach prowadziły do „dyskusji o wojnie i pokoju, prawach obywatelskich i tak zwanej rewolucji młodzieżowej… i magazynach Marvela". Wszystkie te rzeczy, jak dodawał, kształtowały nasze życie. Nikt nie powinien od nich uciekać lub myśleć, że czytanie komiksów mogłoby odseparować kogoś od ważnych tematów społecznych.

*

Pomimo że Lee przyciągał uwagę i miał oddanych fanów (znalazłoby się wśród nich i takich ogarniętych obsesją), Stan nie potrafił odpędzić od siebie uczucia, że jednak niewiele znaczy. Dalej dorośli pracujący w innych branżach patrzyli na niego z góry. Dlatego zaczął szukać dowodu, że jednak zajmuje się czymś istotnym. Żadne wyróżnienia nie wystarczyły, aby mógł pozbyć się negatywnych skojarzeń związanych z jego pozycją „komiksowego scenarzysty".

Zwykle kiedy Lee musiał uporać się z jakimiś trudnościami, zwracał się do Spider-Mana. Z perspektywy literackiej Pająk podpięty był pod egzystencjalną postawę owej epoki: zwyczajny człowiek, który padł ofiarą wypadku, co zmieniło jego życie pod każdym względem. Radioaktywny pająk wpuścił swój jad bezpośrednio do krwiobiegu Petera Parkera i umożliwił mu transformację w superbohatera, ale nie pozbył się dzięki niemu swojej niepewności, lęku i człowieczeństwa. Tak po prawdzie to chwila niezdecydowania i zwykła pycha doprowadziły do śmierci jego ukochanego wuja Bena, nieszczęście to kazało mu zastanowić się nad sobą. Dychotomia pomiędzy pychą a skromnością uczyniła jego postać przekonującą w oczach legionów fanów Marvela.

Jako symbol pewnego kolektywnego niepokoju lat 60., który spowodował rozdarcie pomiędzy protestami a konserwatyzmem, Spider-Man był kolejną z postaci przewijających się przez książki, filmy i rubryki plotkarskie gazet brukowych. Peter Parker mieszkał w tym samym mieście, które doprowadziło niegdyś na skraj młodziutkiego Holdena Caulfielda z *Buszującego w zbożu* (1951) J.D. Salingera. Tak jak Caulfield, Parker kwestionuje swoje miejsce w świecie. O ile Lee wiedział, że Spider-Man trafia do młodszego czytelnika, nie miał wątpliwości, że dojrzalsi i dorośli odbiorcy również nawiążą z nim kontakt, o czym przekonał się podczas swoich wykładów na kampusach uniwersyteckich. Musiał dostać tylko szansę przedstawienia swojego superbohatera szerszemu gronu. Coraz liczniejsi studenci namiętnie czytali nie tylko *Buszującego*, ale i komiksy Marvela.

W lipcu 1968 roku, mając nadzieję odeprzeć krytyczne argumenty sprowadzające branżę komiksową do roli podrzędnego interesu, Lee wypuścił na rynek świeżą serię *The Spectacular Spider-Man*. Tytuł ten miał format magazynowy, a rysunki, zgodnie z trendami obowiązującymi w komiksie undergroundowym, były czarno-białe. Liczące ponad 50 stron wydawnictwo zadebiutowało w cenie 35 centów, czyli niemal trzykrotnie wyższej niż sklepowa cena zwyczajnego komiksu, wynosząca 12 centów. Pierwsza historia była przepisaną i narysowaną od nowa genezą Spider-Mana, a druga oryginalną opowieścią zatytułowaną *Lo, This Monster*. Okładki również się wyróżniały. Harry Rosenbaum, rysownik, który odpowiadał za strony tytułowe męskich magazynów przygodowych, namalował bohatera farbami akrylowymi, co nadało mu dojrzalszy wygląd i pogłębioną teksturę. Świetną okładkę do drugiego numeru narysował John Romita. Przedstawiała ona Green Goblina strzelającego do Spideya żółtym promieniem. Energia emanująca od ilustracji Romity sprawiła, że szybko stała się ulubioną okładką fanów.

Lee przez Soapbox ujawnił swoje nadzieje związane z magazynem, nazywając go „prawdziwą i efekciarską publikacją na poziomie, wydawaną na gładkim papierze", który można znaleźć pomiędzy innymi „tak zwanymi »lepszymi« magazynami na stojakach". Lee nazwał nowy komiks „prawdopodobnie największym dotychczasowym osiągnięciem Marvela" i „kamieniem milowym" wydawnictwa, które zapisze się w historii komiksu. Redaktor naczelny postrzegał ten magazyn jako okazję do przerzucenia pomostu pomiędzy obecnymi czytelnikami Marvela a tymi starszymi, dlatego zaprezentował w zeszycie dojrzalszą tematykę. Lee czuł również, że zapewni mu to punkt podparcia do zdobycia nowego odbiorcy i przekonania ich do siebie swoim spojrzeniem na komiksy.

Lee nie spodziewał się jednak, że jego nowy, przeznaczony dla dorosłych komiks zajmie ziemię niczyją pomiędzy dzieciakami a starszymi czytelnikami. Ani wywołany wokół premiery hałas, ani entuzjazm naczelnego nie mógł uratować tego tytułu. Dla przeciętnego fana *The Spectacular Spider-Man* był zbyt drogi. Wykorzystanie czarno-białej kolorystyki również nie było trafionym pomysłem. Drugi zeszyt, ten z piękną okładką, powrócił do koloru, ale było już za późno – to był ostatni numer. Marvel wykorzystał komiks Lee raz jeszcze w 1973 roku w *The Amazing Spider-Man* #116–118, z poprawkami scenarzysty Gerry'ego Conwaya. Kawałek z Green Goblinem został z kolei przedrukowany (co wydawnictwo robiło nader często) na łamach *The Amazing Spider-Man Annual* #9 (z 1973 roku).

Klęska komiksu dla dorosłych była ciosem dla Lee, który chciał odnieść mainstreamowy sukces w tradycyjnym jego rozumieniu, ale Spider-Man nie stracił na popularności pośród fanów. Mimo wszystko Lee nadal był sfrustrowany pracą. Od późnych lat 40. próbował zdobyć przychylność starszego odbiorcy przez samodzielnie wydawane publikacje albo zlecenia wykonywane dla czasopism Goodmana dla męskiej publiczności. Pozornie Lee wydawał się optymistą, kiedy chodziło o komiksy i superbohaterów, lecz w ciągu swojej długiej kariery zawodowej dusił w sobie negatywne odczucia, kryjąc głębokie lęki na temat pracy w branży, którą inni postrzegali jako podrzędną i niemożliwą do zaakceptowania.

Na początku 1970 roku Lee musiał stawić czoła kolejnemu wyzwaniu. Kontrakt Kirby'ego wygasał mniej więcej w tym samym czasie, kiedy Goodman sprzedał firmę Perfect Filmowi. Biznesmeni z korporacji nie mieli zamiaru zatrudniać rysownika za żądaną stawkę. Goodman nie wstawił się wtedy za nim. Kirby całkiem słusznie uznał, że teraz nadeszła jego kolej, aby otrzymać należne mu honorarium za wyprowadzenie Marvela na pozycję jednego z liderów branży, lecz – jak pisał Mark Evanier – nikt nie zamierzał rozmawiać o nowej umowie ani z nim, ani z jego prawnikiem. Ostatecznie artysta zwrócił się o pomoc do Lee, błędnie zakładając, że redaktor może coś wskórać. Kirby myślał, że to stary przyjaciel go załatwił, choć nie ma żadnego dowodu, że ten mógłby przekonać Goodmana lub zarząd, żeby spełnić żądania rysownika.

Impas stał się kolejnym punktem spornym między Lee a Kirbym, wynikającym prawdopodobnie z niezrozumienia, a nie złośliwości. Ironia całej relacji pomiędzy Kirbym a Lee polegała na tym, że obaj byli nierozerwalnie związani ze światem komiksu, ale między nimi było sporo niechętnej zażyłości, goryczy i wrogości.

Kirby nie dbał o sławę, którą zdobył, rysując popularne postacie i komiksy. Kochał swoje rzemiosło i jego pragnienia koncentrowały się na zarabianiu na życie i żeby inni traktowali go sprawiedliwie. Chciał otrzymywać część pieniędzy, które korporacja zarabiała na jego sztuce, pomysłach i reputacji. Kirby, jakkolwiek by sobie nie radził, nadal był prześladowany przez młodzieńcze wspomnienia z Lower East Side, które nigdy go nie opuszczały. „Praktycznie przez całe lata 60. drżał, że Marvel wstrzyma zlecenia – tłumaczył Joe Simon. – Żył tą myślą".

Kirby i Simon, tak jak Lee, wychowywali się w ciężkich czasach Wielkiego Kryzysu, co wpłynęło na to, jak postrzegali pracę i pieniądze. Według Simona Kirby brał na siebie zbyt duży ciężar, aby utrzymać rodzinę, nie mogli go wspomóc rodzice, bo sami byli biedni: „Musiał przynosić do domu jak najwięcej, dla Roz, i dbać o to, aby dzieci miały co jeść". Ta intymna więź z ubóstwem nigdy nie opuszcza człowieka. Demony Kirby'ego zawsze unosiły się gdzieś nad horyzontem, zasłaniając mu świat. Jego wynoszące 35 tysięcy dolarów zarobki (około 220 tysięcy w przeliczeniu na dzisiejszą siłę nabywczą) z pracy freelancerskiej pozwalały mu na dostatnie życie, lecz – według niektórych i to całkiem słusznie – powinien był zarabiać o wiele więcej, być może nawet miliony.

Choć Lee także dorastał w biedzie, dla niego o wiele istotniejsze było to, żeby inni go docenili, niż zarabianie pieniędzy, o które zabiegał Kirby. Wyciągał wnioski z ważnych lekcji, które udzielano mu, gdy był jeszcze dzieckiem. Matka wymagała od niego perfekcji i oczekiwała sukcesu, pamiętał też, że finansowe trudności zniszczyły jego rodzinę. Lee chętniej przyjmował pochlebstwa niż gotówkę.

Mimo że byli ze sobą związani na zawsze jako twórczy tandem, skomplikowana relacja Lee i Kirby'ego cierpiała z powodu odmiennych pragnień, jeden żądał sławy, drugi finansowego zabezpieczenia. Dlatego Kirby'ego frustrowało skąpstwo Goodmana i jego ciągłe obietnice bez pokrycia, czuł się też coraz bardziej zmęczony Lee. Nie przyjął zaproponowanego mu w 1970 roku kontraktu. Przeszedł do DC, gdzie redaktorem naczelnym był wówczas Carmine Infantino. Kirby'emu dano wolną rękę przy tworzeniu nowego uniwersum superbohaterskiego, które nazwał „Czwartym światem". Dla nowego pracodawcy napisał i narysował trzy nowe tytuły science fiction, które pozwoliły mu na poruszenie biblijnych i egzystencjalnych kwestii, stanowiących centrum jego mitologicznego widzenia świata.

*

Komiksy były ogromnym biznesem i ich sukces znakomicie przełożył się na inne media, przez co pokazały, że opowieści superbohaterskie pełnią ważną rolę we współczesnej kulturze amerykańskiej. Marvel, zazdrosny, że Supermanowi i Batmanowi udało się przenieść do telewizji, radia i filmu, nakreślił podobne plany. Od zawsze kładziono nacisk na to, aby kreować zapotrzebowanie na komiksy przez krzyżowanie różnych platform. Osoby u steru przemysłu wydawniczego zrozumiały, jak mały i duży ekran napędza interes licencyjny.

Dla Lee i korporacyjnych grubych ryb z Nowego Jorku największym marzeniem byłaby realizacja serii filmowej albo seriali telewizyjnych o superbohaterach. Ale żeby to się udało, musieli zrealizować dwa główne cele. Po pierwsze, konieczne było poszerzenie docelowego grona odbiorców, co spopularyzowałoby postacie na tyle, że czytałyby o nich całe pokolenia. Po drugie, im szerszy zasięg sprzedaży, tym większy popyt przekładający się na coraz zyskowniejsze umowy licencyjne. Mimo wczesnych sukcesów z kreskówkami, Marvelowi nie udało się zrobić pełnometrażowych filmów. Proces przeniesienia pomysłu na plan utknął w hollywoodzkim bagnie.

Pierwsze kreskówki *Marvel Super Heroes* wyprodukowane przez Grantray-Lawrence były żywym dowodem, że nawet toporna robota wykorzystująca flagowe postacie Marvela znajdzie chętnego odbiorcę. Marvel wykorzystał rosnącą popularność Spider-Mana i zrealizował serial o nim. Grantray-Lawrence pracował na nim w latach 1967–1968. Borykające się z problemami studio zbankrutowało, umożliwiając przejęcie zlecenia słynnemu animatorowi Ralphowi Bakshiemu. Serial zadebiutował na antenie ABC i od razu zaskoczył. Emitowano go do 1970 roku.

Wyprodukowana przez Hanna-Barbera Productions, giganta na rynku animacji, *Fantastyczna Czwórka* (1967–1970) leciała na ABC pierwotnie w tym samym dniu, co *Spider-Man*, tym samym zapewniając telewidzom podwójną dawkę superbohaterstwa. Oryginalne komiksy Lee i Kirby'ego zostały przycięte do 30-minutowego formatu i odpowiednio rozwodnione, aby dzieci mogły z łatwością nadążyć za fabułą. Kreskówka, uważana za jedną z pierwszych niedzielnych animacji edukacyjnych, gwarantowała, że co odcinek Mister Fantastic wytłumaczy oglądającym jakiś naukowy termin albo teorię.

Producenci uładzili złowieszczy wygląd zaprojektowanego przez Kirby'ego Doktora Dooma i zmniejszyli postać Galactusa, ale te zmiany stylistyczne rekompensował entuzjazm aktorów dubbingujących bohaterów, do której należała między innymi gwiazda filmu i telewizji, Gerald Mohr, który użyczył głosu Reedowi Richardsowi. Formuła ta – polegająca na uproszczeniu niektórych postaci i operowaniu prostymi środkami (w tym przypadku była ta chropawa animacja) – wydawała się utrudniać przeniesienie postaci Marvela na ekran.

Lee wypowiadał się o serialu życzliwie, lecz nie miał z nim do czynienia. Brak kontroli wyprowadzał go z równowagi. Uważał, że Marvel, tak jak Disney, powinien sam tworzyć te treści, a superbohaterowie mogliby rywalizować ze słynną myszą i księżniczkami Walta. Lee bił się z myślami o założeniu swojego studia producenckiego.

W 1971 reporter „New York Timesa" szacował, że każdego roku publikuje się 300 milionów komiksów. Biorąc pod uwagę wyliczenie, że każdy sprzedany egzemplarz przechodził potem przez ręce czterech osób, wychodziło na to, że było 1,2 miliarda czytelników komiksów, podczas gdy światowa populacja wynosiła około 3,7 miliarda. Pomimo ciągnących się za komiksami wątpliwości co do ich złego wpływu na młodego czytelnika, medium stało się centralnym elementem kultury popularnej, a Lee był jego istotną częścią. Dla wielu „Stan Lee" było synonimem branży komiksowej, redaktor naczelny Marvela był jak Johnny Appleseed jeżdżący po kraju, żeby nieść radość i głosić słowo w dymkach.

Lee komiksem *The Amazing Spider*-Man #96 (maj 1971) udowodnił, że to medium może przysłużyć się dobrej sprawie. Spidey ratuje czarnoskórego dzieciaka, który omyłkowo skacze z dachu, bo – jak wyjaśnia superbohater – „Biedak był naćpany po uszy". Następnie inne postacie wymieniają się uwagami na temat narkomanii. Pająk myśli: „Moje życie jako Spider-Mana jest równie niebezpieczne, jak każde inne, lecz prędzej zmierzyłbym się z setką superłotrów, niż zmarnował je uzależnieniem od twardych narkotyków". Randy, afroamerykański przyjaciel Petera Parkera, wdaje się w ożywioną debatę z Normanem Osbornem, tłumacząc, że to czarnoskórzy nienawidzą prochów najbardziej, bo młodzi „nie mają perspektyw" i dlatego są „łatwiejszym celem dla handlarzy".

Czytelnicy mogli potraktować antynarkotykowe wystąpienie po prostu jako kolejny element mający pogłębić realizm świata przedstawionego. Tak naprawdę Lee otrzymał list z prośbą o pomoc od urzędnika z Narodowego Instytutu Zdrowia Psychicznego będącego wydziałem Departamentu Zdrowia, Edukacji i Polityki Społecznej. Mężczyzna błagał naczelnego, aby ten wykorzystał popularność Spidey'ego, żeby zmierzyć się z tą ważną kwestią na stronach komiksu. Rządowi oficjele wierzyli, że autorytet Stana Lee wpłynie na młodzież szkolną i studentów, żeby nie brali narkotyków. Choć Lee zdawał sobie sprawę, że poruszenie podobnego tematu będzie pogwałceniem Kodeksu komiksowego, zdecydował się spełnić tę prośbę. Rozumiejąc szersze implikacje, tłumaczył: „Nie możemy chować głów w piasek... Jeśli ta historia pomoże chociaż jednemu dzieciakowi gdzieś na świecie rzucić narkotyki dzień wcześniej albo w ogóle ich nie tykać, będzie to wartościowsze niż czekanie na pozwolenie cenzorów".

Zwykle wydawcy komiksowi i redaktorzy ustalali wewnętrzne zasady radzenia sobie z wytycznymi Kodeksu Stowarzyszenia Magazynów Komiksowych. Mimo jasnych regulacji odnoszących się do kwestii, takich jak seks czy przedstawienie urzędników rządowych w złym świecie, Kodeks nie zawierał informacji na temat zażywania narkotyków. Żaden wydawca nie mógł publikować komiksów o wilkołakach czy wampirach, tego otwarcie zakazywano, ale zapisy o niedozwolonych substancjach były niesprecyzowane. *The Amazing Spider-Man* #96 nie otrzymał cenzorskiej akceptacji i wydanie tego zeszytu można odczytać jako śmiały krok dla Marvela i Lee. Temat narkotyków ciągnął się jeszcze przez dwa numery i okazało się, że Harry Osborn jest uzależniony od tabletek. Parker zrzuca nałóg Harry'ego na jego „słabość". Później Osborn kupuje tabletki od dealera (przypominającego blond wersję Stana Lee w komiksowej formie), który obiecuje, że to „dokładnie to, co przepisał lekarz". Po zażyciu garści pigułek Osborn pada nieprzytomny na podłogę wspólnie wynajmowanego z Parkerem mieszkania. Gdy Peter go znajduje, przerywa im ojciec Harry'ego, Green Goblin, który chce zabić Spider-Mana. Po bitwie stoczonej nad nowojorskimi drapaczami chmur i apartamentowcami Pająkowi udaje się zagonić Goblina do hospitalizowanego Harry'ego. Trauma sprawia, że Osborn traci przytomność i – jak się wydaje – ochotę do dalszego czynienia zła.

O ile urzędnicy państwowi byli zadowoleni, że mają Spider-Mana i Lee po swojej stronie, nie każdemu odpowiadało mieszanie się Marvela w podobne sprawy. John Goldwater, wydawca Archie Comics i założyciel Stowarzyszenia Magazynów Komiksowych (rozpoczęło działalność w 1954 roku), publicznie wyraził swoje niezadowolenie, uznał, że aktualny temat narkomanii za komiksowe „tabu". Akcja Marvela została pozytywnie przyjęta, więc Goldwater i jego organizacja nie odważyli się pozywać wydawcy. Wobec Lee i wydawnictwa nie zastosowano żadnych sankcji.

Specjalne wydanie *Spider-Mana* wpłynęło na rewizję Kodeksu komiksowego i dostosowanie go do realiów współczesności. Co więcej, dzięki decyzji Lee Marvel nareszcie wyprzedził DC, które – jak głosiła plotka – pracowało nad swoimi komiksami również na temat narkotyków. Carmine Infantino, dyrektor wydawniczy DC, także występował przeciwko Marvelowi, sugerując, że ruch ten był potencjalnie szkodliwy, szczególnie dla dzieci.

Odrzucenie obowiązujących zasad umożliwiło Lee i Marvelowi położenie mocniejszego nacisku na inne kwestie natury społecznej i dotarcie do kolejnych czytelników w wieku studenckim. Wprowadzenie bohaterów innej rasy niż biała i etnicznie zróżnicowanych przyczyniło się do kolejnych pozytywnych zmian. W czerwcu 1972 roku Marvel wypuścił *Hero for Hire* z czarnoskórym herosem Lukiem Cage'em zwalczającym przestępczość w Harlemie. Dwa lata później został on Power Manem i występował w popularnej serii razem z białym mistrzem sztuk walki Iron Fistem.

Pionierskie starania i wprowadzenie postaci Czarnej Pantery poprzedziły publikację komiksu *Red Wolf* (1972–1973) o rdzennie amerykańskim superbohaterze. Niedługo później, kiedy w 1972 roku na telewizyjną antenę trafił serial *Kung Fu* z rolą Davida Carradine'a, Marvel wykorzystał modę na sztuki walki (która obejmowała karierę Bruce'a Lee i innych aktorów traktujących karate jako siłę napędową filmu) i wydało *Master of Kung Fu* z azjatyckim herosem Shang-Chi, znanym już zresztą z *Special Marvel Edition* #15 (z grudnia 1973 roku). W kwietniu 1974 roku tytuł zmieniono na *The Hands of Shang-Chi: Master of Kung Fu* i komiks długo gościł na stojakach z prasą, ciesząc się popularnością, a postać Shang-Chi pojawiała się niejednokrotnie u boku topowych superbohaterów Marvela.

Lee zawsze pielęgnował ambicje bycia kimś więcej niż „tylko" scenarzystą i redaktorem komiksowym. Kiedy jeszcze był dzieckiem, matka nie szczędziła mu pochwał i niemalże codziennie żartowała, że hollywoodzki łowca talentów przyjdzie i go od niej zabierze. Miał w zwyczaju odgrywać dla rysowników sceny ze scenariuszy i lubił krzątaninę związaną z chodzeniem od kampusu do kampusu jako jednoosobowa marketingowa maszyna Marvela. Zwykle starania umacniały więź z fanami i zachęcało innych do czytania komiksów.

Czasem jednak ryzykowne zagrywki Lee zwracały się przeciwko niemu. Na początku grudnia 1971 roku w nowojorskiej gazecie „Village Voice" ukazała się nietypowa reklama z nagłówkiem *Stan Lee w Carnegie Hall!* Zapowiadane na styczeń wydarzenie miało kosztować trzy i pół dolara w przedsprzedaży, a cztery i pół w dniu spotkania. Fani mogli liczyć na obiecywane szumnie „Muzykę! Magię! Mit!", oczywiście wszystko „na żywo!". Reklama nie ujawniała zbyt wielu szczegółów, ale udało się tam upchnąć Thora, Spider-Mana i Hulka, przy czym Spidey w charakterystycznym dla Lee stylu obiecywał: „Erudycyjne pogawędki o kataklizmowej kulturze z bandą z sąsiedzkiej zagrody". Później oficjalną nazwę imprezy zmieniono na „Cudowny wieczór ze Stanem Lee".

Czy był on faktycznie „cudowny", pozostaje kwestią sporną i zależy przede wszystkim od stosunku oceniającego do Marvela i jego ekipy superbohaterów. Dorośli, zwłaszcza ci, którzy recenzowali tę bibę dla miejskich gazet, ocenili starania Lee jako „korporacyjną imprezę świąteczną" i „firmową rewię". Sam Stan był gospodarzem i wodzirejem tej chaotycznej imprezy. Wystąpiły drugoligowe zespoły muzyczne, odbyły się rozmowy o rysunku z Romitą i Buscemą, a nowa gwiazda dziennikarstwa Tom Wolfe pokazał się na scenie w białym garniturze i cylindrze. Podczas wieczoru najwyższy człowiek świata, trzymetrowy Eddie Carmel, przeczytał wiersz o Hulku, a australijski iluzjonista Geoff Crozier zaprezentował osobliwe sztuczki magiczne. Dla samego Lee głównym punktem programu było odczytanie przez niego fragmentów utworu *God Woke* w towarzystwie żony Joanie i córki J.C. Fani nie wiedzieli, co o tym wszystkim myśleć. Sfrustrowani rzucali papierowymi samolocikami.

*

Nieustannie pozycjonując Marvela na rynku, Lee zaczął określać wydawnictwo mianem „Domu pomysłów", która to nazwa spodobała się dziennikarzom i stała się częścią jego image'u. Jeśli chciałoby się wyróżnić wady wynikające z przebicia się Marvela do powszechnej świadomości, należałoby nadmienić, że Lee i jego koledzy z zagrody musieli balansować pomiędzy zapewnieniem rozrywki, ustosunkowaniem się do kwestii społecznych i zachowaniem odpowiedniego poziomu zyskowności. Stan cieszył się radością, jaką ludziom dawała lektura jego opowieści, lecz chciał dać im coś więcej: „mam nadzieję, że będę potrafił uczynić komiksy zarówno przyjemnymi w odbiorze, jak i rentownymi… Nie jest to łatwa sztuka, lecz próbuję jej dokonać na tyle, na ile pozwalają mi na to granice mojego talentu". Lee chciał osiągnąć dwojaki rezultat: aby ludzie czytali komiksy dla rozrywki, ale również traktowali je poważnie.

Marvel musiał jednak przede wszystkim sprzedawać komiksy, co oznaczało, że nadal dzieci i nastolatkowie byli dla wydawnictwa najważniejszymi odbiorcami. Lee szacował, że w 1970 roku około 60 procent czytelników Marvela miało poniżej 16 lat i choć dorośli odbiorcy stanowili bezprecedensowo liczną grupę, to wydawnictwo i redaktor naczelny skupiali się na młodszym segmencie. „To nadal interes – powiedział w wywiadzie. – Raczej byśmy zbyt dużo nie ugrali, wypuszczając komiksy, które się nie sprzedają. Nie zyskałbym nic, robiąc coś, co nie dotrze do dzieci, straciłbym pracę i zniknęlibyśmy z rynku".

Goodman nie mógł ścierpieć tego, że Lee ugruntował swoją pozycję jako twarz i głos Marvel Comics. Przepaść pomiędzy wydawcą a jego redakcyjną gwiazdą cały czas się pogłębiała. Lee był jednak nadal potrzebny, ponieważ branża komiksowa tak się rozkręcała, zespół redakcyjny nieustannie zmagał się z tym, żeby wydawać wszystko w terminie i cały czas trwać na posterunku. Dlatego bez różnicy, czy Lee pracował w biurze, czy w domu, czuł się zobowiązany dbać o grafik. Thomas wspominał: „Stan i ja redagowaliśmy wszystko, a scenarzyści to, co sami napisali, poza tym byli jeszcze asystenci niemający praktycznie mocy decyzyjnej… I to by było na tyle". Podobnie chaotyczna atmosfera sprzyjała kiełkującym animozjom. Lee potrzebował wypchnąć jak najwięcej i jak najszybciej, a tymczasem Goodman usiłował dalej sprawować niepodzielną kontrolę nad okładkami i innymi detalami, co nieuchronnie opóźniało cały proces produkcyjny.

„Stan i Goodman coraz bardziej nadawali na innych falach" – tłumaczył Thomas, który obserwował pogłębianie się ich wzajemnej niechęci z pierwszego rzędu. „Goodman i jego syn Chip nadal podejmowali rozmaite decyzje – mówił. – Chip, rok czy może nawet krócej przed tym, jak Stan przejął stanowisko, był oficjalnie wydawcą, bo Martin wycofał się z interesu. Nie jestem nawet pewien, czy Goodman w ogóle bywał w biurze, i tak zbytnio go nie widywałem, miał gabinet z drugiej strony korytarza".

W 1972 roku Goodman odszedł na emeryturę, dobre cztery lata po przejęciu firmy przez Cadence. Martin spodziewał się, że szefowie firmy zrobią jego syna nowym wydawcą, lecz wkrótce po jego odejściu pokazano Chipowi drzwi. I na tyle się zdały umowy na gębę i rodzinne więzi. Dyrektor wykonawczy Cadence Sheldon Feinberg na stanowisko prezesa i wydawcy powołał Stana Lee.

Objęcie nowej posady wiązało się z rezygnacją Lee ze stołka dyrektora wydawniczego, ale naczelny nie mógł się zdecydować, kogo wyznaczyć na swojego następcę. Po zmaganiach z samym sobą udało mu się nareszcie pokonać niezdecydowanie i przekazał obowiązki Royowi Thomasowi. „Nareszcie będzie tak, jak chcę" – myślał Lee, lecz srodze się pomylił. Musiał uczęszczać na niezliczone, ciągnące się spotkania i dyskusje odnośnie do strategii firmy, na których przedyskutowywał finansową sytuację wszystkich publikacji wydawnictwa, łącznie z magazynami dla mężczyzn. „Nagle zdałem sobie sprawę, że robię coś, co miliony ludzi zrobiłyby lepiej ode mnie. Przestałem za to zajmować się tym, co lubię, czyli pracą kreatywną" – mówił. Dlatego Lee prędko zrezygnował z funkcji prezesa i skoncentrował się na zadaniach wydawniczych. Goodman nie wytrzymał zbyt długo na emeryturze. Rozeźlony zwolnieniem z firmy syna, chciał się odgryźć i założył Atlas Comics. Chip został szefem i rozpoczął agresywne podkupywanie ludzi, zatrudnił nawet młodszego brata Lee, Larry'ego, jako naczelnego. Niejeden freelancer związany z Marvelem skusił się na pieniądze oferowane przez Atlas. Dezercja przyjęła takie rozmiary, że Lee wystosował specjalną notatkę i przypomniał współpracownikom Marvela o lojalności wydawnictwa wobec nich. Choć był to cios dla Lee, branża zmieniła się na tyle, że staroświeckie manewry Goodmana nie mogły się udać i Atlas niedługo potem zwinęło interes.

Lee musiał zmierzyć się i z innymi trudnościami na stanowisku wydawcy. On sam zwykle podchodził do ludzi na większym luzie, poza tym był postacią niemalże legendarną. „Zostawił ich z dobrą energią, która wynikała z tego, że mieli poczucie, że razem współtworzą coś zupełnie nowego – mówił scenarzysta Mark Evanier, który pracował z Lee i Kirbym. – Nie wykonywali jego poleceń ze strachu, jak często podwładni innych redaktorów". Thomas odziedziczył zespół lojalny wobec Lee, który nadal musiał wyprodukować około 40 tytułów miesięcznie. Nadal rządził harmonogram produkcji. „Zdawałem sobie sprawę, że jako redaktor naczelny nie mam podobnej siły przebicia, co Stan, lecz nigdy nie chciałem być taki jak on, mieliśmy go zresztą pod ręką – mówił Thomas. – Nikt nie zagrażał jednak mojej pozycji, bo i kto miałby lepszy kontakt ze Stanem? Zwykle bywało dobrze, nigdy nie czułem się niepewnie".

Awans Thomasa i przejście Lee do pionu zarządzającego zmieniły obrany przez redakcję kierunek, Stan w końcu zrezygnował z pełnoetatowego pisania. „Nadszedł czas, abyśmy poszukali treści gdzie indziej – tłumaczył Thomas. – Chcieliśmy zachować magię Marvela przy jednoczesnym wprowadzeniu innych stylów rysowania czy prowadzenia narracji".

Największa zmiana nadeszła wraz z oddaniem przez Lee *The Amazing Spider-Man* #110 w 1971 roku. To był ostatni napisany przez niego zeszyt o Pająku. Na miejsce Lee wskoczył Gerry Conway, a kolejne numery wychodziły spod ręki gwiazdy wydawnictwa, rysownika Johna Romity.

O ile wielu dorosłych patrzyło na Lee z wyższością tylko dlatego, że pisał komiksy, szczególnie na początku jego kariery, wyrobił mistrzowski styl zdolny konkurować ze współczesnymi powieściopisarzami. Sam tłumaczył:

„Każda postać, jaką kiedykolwiek stworzyłem, była mną, w ten czy inny sposób. Nawet czarne charaktery, ale nie chcę przez to powiedzieć, że mam w sobie coś z niegodziwca. Niech by mnie szlag! Czy można wymyślić wiarygodnego łotra bez zastanowienia się, jakbym się zachował na jego miejscu albo co bym zrobił lub zrobiła, próbując opanować świat, czy nawet przechodząc przez ulicę w niedozwolonym miejscu? Co bym powiedział, gdybym miał pogrozić Spider-Manowi? Rozumiesz, co mam na myśli? Inny sposób nie istnieje".

Wyjątkowy głos Lee pozwalał uchwycić istotę tego medium.

Lee rozumiał też, że nadanie znaczenia sukcesowi odniesionemu we współczesnej kulturze popularnej wymagało od niego dopasowania się do wymogów stawianych celebrytom. Skoro pokolenie nastoletnich i nieco starszych czytelników uparło się wynieść Lee na pozycję swojego przywódcy, ten z chęcią zgodził się na przyjęcie korony i ustanowienie go szalonym królem. Popularyzacja tego wizerunku na wykładach, z którymi jeździł po kraju, a także na stronach komiksów Marvela pomogła mu wykreować image potężniejszy niż jego wydawcy i pracodawcy. Tym sposobem udało mu się całkowicie odmienić przemysł komiksu.

ROZDZIAŁ 11

MARVEL I PLAGA NIESZCZĘŚĆ

Choć najzagorzalszy promotor wydawnictwa nie szczędził optymistycznych słów, lata 70. były dla Lee i Marvela problematyczne. Wszyscy – łącznie ze Stanem, zespołami kreatywnymi odpowiedzialnymi za komiksy, księgowymi starającymi się rozeznać w wydatkach i menedżerami z macierzystej korporacji zdeterminowanymi wziąć dział komiksu w karby – wydawali się być w stanie wojny ze światem, chcąc podnieść spadające wyniki sprzedaż.

Przemysł komiksowy zmagał się z chudymi latami niepewności, tak samo jak inne firmy w całym kraju, i walczył o przetrwanie. Sprzedaż poszczególnych serii Marvela spadała, dlatego firma usiłowała jakoś załatać te dziury, wydając nowe komiksy. Na przykład było aż dziesięć tytułów ze słowem „Marvel" (od *Mighty Marvel Western* i *Marvel Triple Action* do *Special Marvel Edition*). W styczniu 1973 roku Lee nadzorował 69 różnych serii, w tym 28 superbohaterskich, 16 kryminalnych i o potworach oraz 10 westernowych. Sprzedaż całkowita rosła, lecz ogromna liczba publikacji jedynie ukrywała wewnętrzną słabość firmy i stagnację w branży. Zalanie rynku produktami było starą sztuczką Martina Goodmana. Praktyka ta poprawiała sprawozdania finansowe, ale też zwiększała nacisk na zespoły kreatywne.

Oczywiście przy mikrofonie albo podczas rozmowy z przedstawicielem prasy Lee pozostawał optymistą trąbiącym o sukcesie firmy. Czytając jego felietony, nikt by nie zgadł, że Marvel miał nie lada kłopoty, szczególnie po osiągnięciu głównego celu, czyli strąceniu z piedestału lidera branży rywali z DC. Gdy nareszcie do tego doszło, firma musiała przejść zmiany, bo nie była już bojowo nastawionym, odwiecznie słabszym konkurentem. To droga na szczyt zwykle definiuje kulturę danej organizacji. Kiedy Marvel został już największym producentem w branży komiksowej, wydawnictwo musiało znaleźć nową drogę.

Chaotyczny klimat początku lat 70. i starania Marvela o znalezienie pewniejszego gruntu nie ułatwiły firmie przystosowania się do nowej sytuacji, gdy Lee porzucił zadania scenarzysty, dyrektora artystycznego i redaktora na rzecz obowiązków wydawniczych. Z naczelnego zawiadującego zespołem kreatywnym stał się człowiekiem korporacji, działając jako łącznik pomiędzy często nieustępliwymi ludźmi z końca łańcucha pokarmowego firmy a nieokiełznaną zagrodą pełną rysowników i scenarzystów, którzy – jak nakazywał klimat ówczesnej dekady – byli niechętni systemowi.

Lee starał się znaleźć swoje miejsce w nieznanej mu korporacyjnej strukturze, nigdy za bardzo nie mogąc zrozumieć kadry kierowniczej i ciągle obawiając się o sytuację redakcji, rysownicy i scenarzyści bowiem otwarcie krytykowali konformizm i ekonomiczne realia. Musiał być, na przykład, szefem, który opracuje proces akceptacji okładek i tekstu na wszystkich komiksach przeznaczonych na rynek lokalny, do tego dochodziły serie brytyjskie, a jeszcze trzeba mu było nadzorować linie fabularne i żonglować zadaniami dla zespołów, aby żaden nie był przywalony pracą. Operacja ta była zbyt skomplikowana, aby dała sobie z nią radę jedna osoba, ale rola wydawcy wymagała od niego dopilnowania kwestii biznesowych i artystycznych.

Przyjaciele i protegowani Lee z zagrody (znaczną ich część stanowili młodsi rysownicy i scenarzyści, którzy wychowali się na jego pracy) nie poznali tak jak on zawiłości finansowej sytuacji firmy i nie mieli świadomości, że czeka ich trudna przyszłość. Lee tak omawiał swoją rolę w wywiadzie: „Obawiam się głównie o produkt, który wypuszczamy… Jestem niczym jakiś redaktor wykonawczy zajmujący się wszystkim naraz". Pracował z szefami Cadence, którzy musieli przyklepywać osobiście pomysły na nowe magazyny i komiksy, każda decyzja niosła ze sobą znaczące konsekwencje, bo marże nie były zbyt duże.

Lee i inni znawcy branży spodziewali się, że superbohaterski szał nareszcie przycichnie. Gdyby Marvel podupadł, najlepszym scenariuszem dla Lee było odesłanie go za redaktorskie biurko, gdzie ponownie pisałby niezliczone tytuły, jakie narzuciłby kolejny trend, znowu polegając na wolnych strzelcach, aby firma utrzymywała finansową stabilność. Mierziła go jednak ta myśl, bo za żadne skarby nie chciał powrócić do dawnej roli jako jednoosobowej instytucji komiksowej. Lęk ten zmuszał go do utrzymania morderczego tempa i Lee nieustannie ślęczał nad strategicznymi decyzjami redaktorskimi, starał się wychodzić naprzeciw oczekiwaniom korporacyjnego szefostwa i radzić sobie z jego zachciankami, wypuszczał nowe magazyny lub biegał od jednego kampusu uniwersyteckiego do drugiego, wypełniając obowiązki marketingowca i wykładowcy.

*

Marvel potrzebował kopniaka. Popularność superbohaterów wystrzeliła jak rakieta, ale sprzedaż spadała. Na niekorzyść firmy działała demografia. Grono czytelnicze młodniało i chętniej kupowało *Archie Comics*, które ukazało się najpopularniejszym tytułem 1970 roku ze sprzedażą na poziomie 515 tysięcy egzemplarzy. Dla porównania, *The Amazing Spider-Man* dobił do 373 tysięcy. Pod koniec 1971 roku audyt biura Audit Bureau of Circulation (ABC) ujawnił, że płatny miesięczny nakład był najniższy od trzech lat. Marvel sprzedał w 1968 roku około 96 milionów komiksów, a w 1971 liczba ta zmniejszyła się do 91,8 miliona, choć do obrotu trafiło więcej egzemplarzy. Przez kolejne półtora roku wyniki te spadły do 5,8 miliona miesięcznie i poniżej 70 milionów rocznie za lata 1972 i 1973. DC również radziło sobie gorzej i zjechało z 6,3 miliona egzemplarzy miesięcznie w 1968 roku do jedynych 4,7 miliona pięć lat później. Chcąc odwrócić kartę, dział komiksu przez pierwsze lata tej dekady skakał z tematu na temat, usiłując uczepić się jakiejś mody. Marvel usiłował podbić rynek fantastyki i horroru przez publikację *The Tomb of Dracula*, *The Monster of Frankenstein* i *Man-Thing*. Lee zachęcał czytelnika do obrania nowego kursu na łamach Stan's Soapbox, nazywając nowy magazyn *Monster Madness*. Reklamował go słowami: „najbardziej szalony, odlotowy i bajecznie opętany komiksem o potworach, który przyprawi cię o gęsią skórkę!". Niczym karnawałowy wodzirej, zachęcał czytelnika pierwszym przykazaniem fana Marvela, wykrzykując quasi-biblijne: „nie będziesz miał komiksów przed tym!".

Firma mogła przestawić się na horrory, kiedy Kodeks komiksowy zaadaptował się do norm kulturowych przepchniętych przez Lee za pośrednictwem *Amazing Spider-Mana* #96, po tym jak spełnił prośbę amerykańskiego Departamentu Zdrowia, Edukacji i Polityki Społecznej i zajął się tematem narkomanii. Cenzorzy w 1972 roku oficjalnie znieśli ograniczenia dotyczące serii grozy, zwłaszcza poprzednio zakazanych opowieści o wampirach i wilkołakach.

Szefowie Cadence nie rozumieli, jak działa branża komiksu, dlatego ciężko przychodziło im ogarnięcie dzikich fluktuacji wyników sprzedaży i nie mieli pojęcia, jak zapobiec spadkowi. Od zawsze komiksy były po zakupie przekazywane z rąk do rąk, co znaczyło, że jeden egzemplarz czyta potem od trzech do pięciu osób, które nie decydowały się na kupno zeszytu. Cadence podobne statystyki zniechęcały i szefostwo wywierało presję na zespole, łącznie z Lee i jego protegowanym, Royem Thomasem, który niczym miniaturowa wersja mentora zarówno pisał oryginalne scenariusze, jak i redagował inne serie z szerokiego katalogu Marvela.

Thomas odgrywał kluczową rolę w nadaniu wydawnictwu odpowiedniego kursu i organizacji pracy po odejściu Lee na wyższe stanowisko. Przykładowo przekonał sceptycznego Stana to zaryzykowania z serią o dzierżącym miecz siłaczu. Wydany w 1970 roku *Conan Barbarzyńca* okazał się hitem.

Pod koniec 1972 roku, gdy objął stanowisko wydawcy Marvel Comics, rola Lee nabrała oficjalnie jeszcze większego znaczenia strategicznego. „Decydowałem, jakie tytuły będziemy publikować i na czym się skoncentrujemy – tłumaczył. – Pracowałem z redaktorem i nadzorowałem znaczną część tego, co robiliśmy". Z Thomasem zaczęli wyznaczać dla Marvela nowy kurs. Rynek rozmiękczył się i zróżnicował. Młody redaktor popchnął dział komiksu na nieco inne obszary i nie opierał działalności Marvela na tradycyjnych superbohaterach, stawiając na Man-Thinga, Ghost Ridera czy Draculę. Całe lata 70. wydawały się bałaganiarskim miksem nowatorskich postaci usiłujących jakoś przetrwać branżowy kryzys, podczas gdy Lee łączył obowiązki wydawcy z promocją i marketingiem Marvela, podczas gdy jego status celebryty przez cały czas umacniał się przy jednoczesnym spadku sprzedaży, co szefostwa zbytnio nie cieszyło.

Za czasów Goodmana merchandising i licencjonowanie były sprawami pobocznymi. Zmieniło się to po przejęciu wydawnictwa przez Cadence, co spowodowało schizmę pomiędzy korporacyjnymi strukturami firmy a zespołami kreatywnymi. Niektórzy krytycy nowego szefostwa twierdzili, że Cadence chce po prostu przemienić Marvela w marketingową maszynę, ignorując te postacie i komiksy, które nie miały według nich licencyjnego potencjału. W 1973 i 1974 roku marketingowe starania zaowocowały licznymi umowami z firmami zabawkarskimi i wydawcami, a także z Columbia Records, Hostess, Mattel i innymi. Umowy merchandisingowe były kluczowe przy spadających nakładach. Nikt nie spodziewał się, że 1971 rok będzie jakimkolwiek prognostykiem na kolejne lata, ale Marvel nie przeskoczył progu 7,4 miliona egzemplarzy miesięcznie aż do 1987.

Redaktor Lee nie miał bezpośredniego kontaktu z licencjami i był tak samo zdziwiony, jak przeciętny człowiek, natykając się na bibelot ze Spider-Manem czy Hulkiem. Lecz Lee-wydawca był łącznikiem pomiędzy Marvelem a potencjalnymi reklamodawcami, szczególnie młodymi sprzedawcami, którzy dorastali, czytając jego komiksy. Celebrycki status uczynił go atrakcją na targach i innych wydarzeniach, gdzie Cadence inaczej nic by nie ugrało. Dlatego znaczenie Lee dla firmy rosło, szczególnie gdy sprzedaż spadała i szefowie korporacji wywierali naciski, aby szukać zysku na wszystkich frontach. Nawet pomniejsze umowy reklamowe i licencyjne nie pozostawały bez znaczenia, skoro komiksy sprzedawano po 20 centów.

Pomimo rozwodnienia rynku Lee, przynajmniej na pokaz, jako twarz Marvela, pozostał tak radosny i wylewny jak dawniej. Legiony fanów nadal ciągnęły zobaczyć swojego przywódcę, gdy ten objeżdżał kraj, głosząc słowo komiksowe. W połowie 1975 roku sława Lee zatoczyła jeszcze szerszy krąg, kiedy dziennikarz „Chicago Tribune" nazwał go „twórcą współczesnej mitologii" i – bardziej dobitnie – „Homerem popkultury" (ksywkę tę wymyślili w 1966 roku studenci Princeton).

Porzuciwszy codzienne obowiązki redaktorskie, Lee więcej czasu poświęcał na wystąpienia i wykłady. Średnio zaliczał jedno w tygodniu, i to w różnych zakątkach świata: w Europie, Kanadzie, Ameryce Łacińskiej. Na przykład w pierwszych miesiącach 1975 roku Lee odwiedził siedem uczelni, od Sir George Williams College w Montrealu do Augustana College w Rock Island w Illinois. Podczas tej trasy udzielił także licznych wywiadów radiowych, rozmawiał z dziennikarzami z prasy drukowanej i pojawił się w kanadyjskim programie telewizyjnym. Odwiedził także nowojorski Creation Con. Lee stał się tak rozpoznawalny, że musiano umawiać się z nim z rocznym wyprzedzeniem.

Demografia nie była jedynym przeciwnikiem Marvela. Usiłując dorównać Lee na stanowisku redaktora naczelnego, Thomas znalazł się w sytuacji nie do pozazdroszczenia. Praca w cieniu mentora stwarzała zbyt wielką presję. Do tego sprzedaż ryła o dno i ekipa zarządzająca Cadence cały czas mieszała się w podejmowane przez niego decyzje. Tarcia te zniechęcały także redaktorów, którzy przyszli po Thomasie (ten odszedł z Marvela w 1974 roku, uznawszy, że bardziej interesuje go pisanie komiksów niż zamartwianie się o wspinaczkę po korporacyjnej drabinie i zarządzanie personelem). Ostatecznie w 1978 roku awansowano na stanowisko naczelnego Jima Shootera.

Kadrowe zmiany na stanowisku redaktora naczelnego wstrząsnęły zespołem kreatywnym i wystraszyły freelancerów. Przykładowo, kiedy posadę w 1976 roku przejął Archie Goodwin, z początku cieszył się sporym szacunkiem, bo ludzie uznawali go za jednego z najlepszych scenarzystów na rynku. A jednak Goodwin utrzymał się jedynie do końcówki 1977 roku. Miał dość cięć prezesa Cadence Jima Galtona i polityki oszczędności, która odbierała mu radość z pracy.

Zarówno Thomas, jak i Goodwin nie przepadali za koniecznością zajmowania się kwestiami strategicznymi oraz finansowymi wydawnictwa, ale obaj odegrali kluczową rolę w wyciągnięciu firmy z dołka. Zanim odszedł, Thomas spotkał się z mało znanym filmowcem, George'em Lucasem, który realizował film science fiction pod tytułem *Gwiezdne wojny* i namawiał Lee, aby ten zgodził się na wydanie wersji komiksowej.

Stanowi niezbyt podobał się ten pomysł i z początku go odrzucił, lecz Thomas nie rezygnował, argumentując, że Alec Guinness gra jedną z głównych ról. Słysząc nazwisko cenionego aktora, Lee nareszcie dał się przekonać.

Gdy Thomas miał już zgodę Lee, opracował z Lucasem umowę, na której miały skorzystać obie strony. Reżyser dobił niezłego targu z Marvelem, bo chciał wykorzystać komiks jako wprowadzenie do swojego filmu. *Gwiezdne wojny* podbiły serca na całym świecie, a Marvel stał się beneficjentem popytu na wszystko, co związane z filmem. Sześcioczęściowa adaptacja napisana przez Thomasa (wtedy naczelnym był już Goodwin) sprzedała się w nakładzie miliona egzemplarzy na numer. Była to pierwsza pozycja od lat 40., która przekroczyła tę granicę – takiego wyniku nie zdołało osiągnąć nawet DC podczas batmanii, która ogarnęła kraj w zeszłej dekadzie. Kiedy *Gwiezdne wojny* przeszły na miesięczny cykl wydawniczy, scenarzystą serii został Goodwin, z ulgą zwalniając zajmowany przez krótki czas stołek naczelnego. Niektórzy specjaliści, w tym Jim Shooter, uważali, że komiksowa adaptacja *Gwiezdnych wojen* uratowała Marvela przed bankructwem.

*

Mimo że Lee zrezygnował ze stanowiska głównego scenarzysty Marvela, nigdy nie przestał tworzyć. Nie potrafił powstrzymać się przed wymyślaniem coraz to nowych rzeczy i zapisywaniem masy notatek. Zawsze nosił ze sobą wetknięty w kieszeń koszuli kołonotatnik, a przy łóżku trzymał dyktafon, jakby w środku nocy poczuł wenę. Stanowisko wydawcy wymagało od Lee sprawowania kontroli nad publikacjami niekomiksowymi, głównie niedobitkami po imperium Goodmana, czyli pulpowymi magazynami i przeznaczonymi dla mężczyzn pisemkami z golizną. Bynajmniej nie zaniedbywał ich, być może wynikało to z jego chęci zyskania uznania w oczach innych i lęku przed tym, że w końcu skończy się moda na superbohaterów. Zawsze uważał, że redaktorzy pracujący przy czasopismach są krok, albo i dwa, przed scenarzystami komiksowymi. Dlatego wyróżniał ich, może nawet za bardzo.

Jeśli przyjrzeć się krajobrazowi rynku magazynowego, wygląda na to, że nastały trudne czasy dla Lee z uwagi na sukces i kulturowy zasięg czasopisma „Mad". Niewykluczone, że zazdrościł jego wydawcy, Williamowi Gainesowi, któremu udało się wyswobodzić z komiksowego bajzlu po bałaganie w Wertham, a może był świadomy oryginalności magazynu, skoro pracowali tam ludzie tacy jak Al Jaffee czy Wally Wood. Lee starał się naśladować ten charakterystyczny, absurdalny humor i satyryczne zacięcie w komiksie *Crazy* z października 1973 roku. Choć magazyn wypłynął jako nowość, był tak naprawdę odświeżeniem jednej z nieudanych prób zawojowania rynku przez Goodmana na początku lat 50.

Tak jak komiksy Marvela, *Crazy* również zostało opatrzone zachęcającym nagłówkiem „Stan Lee przedstawia". Redaktorem naczelnym został Marv Wolfman, scenarzysta *The Tomb of Dracula* i późniejszy twórca postaci afroamerykańskiego łowcy wampirów Blade'a. Thomas otrzymał stanowisko redaktora wykonawczego. *Crazy* publikowało zarówno kolorowe fotografie, jak i czarno-białe rysunki, z czego te pierwsze opatrywano śmiesznymi podpisami i ciętymi komentarzami.

Tak jak „Mad", magazyn zajmował się bieżącymi tematami kulturalnymi i parodiował panujące mody i popularne filmy, jak chociażby thriller z Jamesem Bondem *Żyj i pozwól umrzeć*, który przemianowano na *Żyj i pozwól utrzeć* z udziałem Agenta 07-11 i skąpo odzianych panienek. Lee nie tyko doglądał ogólnych prac nad magazynem, ale również pisywał do niego, opatrując kiczowate zdjęcia zabawnymi tekstami, opisującymi na przykład przetaczające się wtedy przez kraj protesty na uniwersyteckich kampusach. Pod fotosem przedstawiającym dwóch funkcjonariuszy prowadzących nagiego mężczyznę pod ramiona widniał podpis reprezentatywny dla humoru Lee: „Czekajcie, aż się dowiedzą, że jestem dziekanem!". Magazyn stroił sobie żarty ze wszystkiego, łącznie z kwestiami rasowymi, prezydentem Richardem M. Nixonem, a nawet i samym Marvelem za pośrednictwem stałej rubryki traktującej o zmaganiach nastoletniego Hulka.

Dorastając, Lee uwielbiał rysowane paski z gazet, dlatego kiedy tylko zajął się komiksami, od razu zabrał się do wymyślania swoich. Stworzył chociażby urokliwe *Mrs. Lyon's Cubs* i *Willy'ego Lumpkina*, lecz nie utrzymały się one długo. W październiku 1976 roku Lee sprzymierzył się z rysownikiem Frankiem Springerem i razem wypuścili *The Virtue of Vera Valiant*, campowy pasek komiksowy przeznaczony do gazet, będący satyrą na melodramatyczne opery mydlane. Jego bohaterka była uwikłana w osobliwy trójkąt miłosny: zakochała się po uszy w mężczyźnie, którego żona zasnęła podczas miesiąca miodowego i nigdy się nie obudziła.

Po odbyciu służby wojskowej podczas drugiej wojny światowej i ukończeniu szkoły artystycznej Springer rozpoczął karierę komiksiarza, lecz do Marvela przyszedł dopiero w połowie lat 60. Jak pozostali ulubieni freelancerzy Lee, szybko zaczął pracować przy paru postaciach, pod okiem naczelnego doszlifowując indywidualny styl dla każdej z nich. Ostatecznie Springer przejął *Spider-Mana* i rysował tę serię od lat 70. aż do kolejnej dekady. Kiedy zaczynał pracę z Lee, zadziwiła go sprawowana przez niego niepodzielnie władza: „Stan Lee był wówczas człowiekiem, który samodzielnie decydował, czy rysujesz dany komiks, czy nie, jak go rysujesz i czy będziesz rysował kolejny".

Przy *Verze Valiant* Lee miał okazję zaprezentować swój szalony dowcip i cięty język. Serię rozpoczynał cokolwiek makabryczny pasek, bo otwierała go sknocona próba samobójcza brata bohaterki, Herberta. Vera dowiaduje się, że chłopaka chcą wykopać ze szkoły korespondencyjnej i zwraca się o pocieszenie do Winthropa, dziarskiego dyplomowanego księgowego, unosząc się: „Co się stanie z Herbertem… jeśli wyrzucą go ze szkoły eksternistycznej?". Winthrop odpowiada poważnie: „Nie możemy do tego dopuścić! Świat potrzebuje podiatrów!". Później ten konfrontuje się z przybitym Herbertem i tłumaczy mu, jak dużo dla niego zrobiła siostra: „Zawsze marzyła, aby mieć w rodzinie podiatrę!". Mając do dyspozycji trzy panele dziennie i aż osiem w niedzielę, Lee i Springer zaprezentowali czytelnikom obłędną przygodę o podologii, handlarzach nieruchomości z odległej galaktyki i żonie cierpiącej od 14 lat na „chroniczny sen".

Bliższy jego sercu był publikowany w gazetach od 1977 roku pasek ze Spider-Manem. Pająk sprzedawał się wówczas w milionach egzemplarzy rocznie, co dawało Lee i Marvelowi mocny punkt podparcia w negocjacjach z redaktorami. Pierwotnie pasek – pisany przez Stana i rysowany przez Johna Romitę – ukazywał się w setce gazet w całym kraju i dawał najmłodszym czytelnikom okazję do zapoznania się ze Spider-Manem. Do połowy 1978 roku komiks publikowało już 400 gazet, co umożliwiło Lee dotarcie do zupełnie nowego grona dorosłych odbiorców.

Stan miał pewne trudności z dostosowaniem się do ograniczeń formy paska. Bez względu na to, jak szczegółowo rozrysowywał tło i rozplanował wątki poboczne, nadal musiał trzymać się limitu paneli na dzień. Jako scenarzysta był przyzwyczajony do zapisywania strony po stronie. Teraz musiał zawiązać fabułę na przestrzeni trzech kadrów, szczególnie że – jak sam tłumaczył – pierwszy musiał przypomnieć czytelnikowi akcję z poprzedniego odcinka, drugi popchnąć ją do przodu, a trzeci pozostawić apetyt na więcej. Stopniowo dostosował się do minimalistycznego stylu i polubił pisanie codziennego paska komiksowego. Praca ta pozwoliła mu na interakcję z czytelnikami, którzy pisywali doń szczegółowe listy na temat rozwiązań fabularnych, motywacji postaci i innych rzeczy. Lee tłumaczył: „Chociaż mam pewność, że ktoś gdzieś to naprawdę śledzi!". Owa ekscytacja zaowocowała eksplozją pomysłów, Lee miał ich tyle, że przestało mu brakować na nie miejsca.

Popularność codziennego komiksu ze Spider-Manem popchnęła Tribune do wyprowadzenia ataku frontalnego. Firma poprosiła DC o podobny gazetowy pasek z Ligą Sprawiedliwości, którą nazywano „największymi bohaterami na świecie". Z początku komiksem zajmował się scenarzysta Martin Pasko, stary wyga od *Supermana*, a za stronę graficzną odpowiadał

George Tuska, który przez ostatnią dekadę pracował samodzielnie przy *Bucku Rogersie* (1959–1967) i rysował *Iron Mana* i *Hulka* dla Marvela. Redaktorem został Julius Schwartz. Pierwotnie pasek miał się koncentrować na przygodach całego JLA, w tym Wonder Woman, Batmana i Flasha, lecz ostatecznie skupił się na Supermanie. Konkurencyjny komiks również przebił się do krajowej prasy.

Lee tak opowiadał o powstawaniu paska z Pająkiem: „Pierwsze co, próbowałem wymyślić oryginalny punkt wyjścia lub frapujący wątek poboczny, jakiś problem dla Petera, który wydawał się praktycznie niemożliwy do rozwiązania. A jednym z najlepszych wyjść było odpowiedzieć sobie na pytanie: »Co by było, gdyby?«". Lee lubił tworzyć skomplikowane scenariusze z trudnymi przeszkodami dla bohaterów, które nadawały komiksom odpowiedni rozpęd ku nieuchronnej konkluzji. Przyznawał jednak, że „formuła paska ze Spideyem powinna być traktowana niemal jak opera mydlana". Przy tym ciągle zmagał się z odwiecznym problemem: jak zainteresować młodego odbiorcę publikowanymi codziennie paskami i jednocześnie utrzymać przy sobie starszego czytelnika.

Szefowie Cadence mieli więcej doświadczenia z książkami niż z komiksami, dlatego – co można było przewidzieć – poszli w tym kierunku. Lee zawsze chciał napisać powieść, na początku kariery rozważał wydanie jej samodzielnie, dlatego spodobał mu się pomysł wydania firmowanej przez Marvela serii książkowej, która była tak naprawdę zredagowanymi publikacjami zbiorczymi z krótkimi przedmowami i esejami. Przy współpracy z szanowanym nowojorskim domem wydawniczym Simon and Schuster wypuszczono serię *Marvel Fireside*

Books, które napisał lub zredagował Lee. Składały się na nie krótkie eseje i przedruki mnóstwa opowieści o genezie danego herosa lub łotra. Pomiędzy 1974 a 1979 rokiem ukazało się łącznie 11 pozycji, począwszy od *Origins of Marvel Comics* (wrzesień 1974), a na *Marvel Greatest Superhero Battles* (listopad 1978) skończywszy.

Czytelnicy lubili serię *Fireside*, bo dawała im ona szansę wygodnego zapoznania się z narodzinami Uniwersum Marvela za niewygórowaną cenę (*Origins* w twardej oprawie kosztowało 11,95 dolara, a tom z Silver Surferem 7,95). Aż do tej pory można było jedynie liczyć na dodruk albo polować na stare egzemplarze. Wewnętrzny dokument Marvela z maja 1978 roku informuje, że seria nieźle się sprzedawała, i podaje następujące wyniki: *Origins* – 160 tysięcy sztuk; *Son of Origins of Marvel Comics* – 100 tysięcy; *Bring on the Bad Guys: Origins of Marvel Comics Villains* – 70 tysięcy; i *How to Draw Comics the Marvel Way* z 1978 roku, pod którym oprócz Lee podpisał się także rysownik John Buscema – 20 tysięcy samej twardej oprawy. Robił to wszystko po godzinach, kiedy już uporał się z gazetowymi paskami o Spider-Manie i Verze Valiant oraz innymi niezliczonymi obowiązkami.

W 1977 roku Lee zredagował pozycję z serii *Fireside* pod tytułem *The Superhero Women*, zbiór prac eseistycznych i przedruków komiksów z heroinami i czarnymi charakterami, takimi jak Osa, Czerwona Sonja czy Meduza. Tematem publikacji była paląca kwestia roli kobiet w komiksie superbohaterskim. Lee tłumaczył, że dzielenie grona czytelniczego ze względu na płeć nigdy nie należało do polityki Marvela, bo wydawnictwo skupiało się na wydawaniu opowieści, „którymi mogą delektować się wszyscy kochający fantastykę i przygodę". A jednak Lee latami próbował przyciągnąć odbiorcę do superbohaterek i uważnie śledził wyniki sprzedaży, tyle że interesowało go coś więcej niż wysokość nakładu – faktycznie chciał przekonać do lektury nowe czytelniczki.

Choć nigdy nie był uznawany za rewolucyjnego scenarzystę, jeśli chodziło o tytuły przeznaczone dla dziewczyn, Lee odniósł spory sukces z *Millie the Model* i rozlicznymi seriami pobocznymi pisanymi z myślą o młodych kobietach. Gdy razem z Kirbym wypuścili na rynek pierwsze komiksy superbohaterskie, zadbał o to, aby Susan Storm z Fantastycznej Czwórki była interesującą postacią o potężnych mocach, a nie tylko słabowitą pomocniczką czy stereotypową partnerką głównego bohatera, lecz zwykle nie był tak postępowy. Osa na łamach *Avengers* przez większość czasu zachwycała się Thorem i flirtowała z innymi mężczyznami z drużyny, mimo że podobno łączył ją poważny związek z Henrym Pymem.

Odpowiadając na krytykę na temat roli bohaterek, Lee mógł próbować wyjaśnić, że przemysł komiksowy w latach 60. i 70. kierował się niemal wyłącznie wynikami sprzedaży. Ich wysokość determinowała, które tytuły publikowano dalej i które mogły utrzymać się na rynku, zwłaszcza gdy całym cyklem dystrybucyjnym kierował główny konkurent Marvela. Komiksy, które nie schodziły, nie mogły zajmować cennego, reglamentowanego miejsca.

Pozycje z serii *Fireside* były tylko częścią strategii sprzedażowej Cadence, które wypuściło tytuły zaprojektowane z myślą o młodszych czytelnikach, takie jak *The Mighty Marvel Superheroes Fun Book* (1976) i *Marvel Mazes to Drive You Mad* (1978).

Pośród nich znalazły się kolorowanki i książeczki z ćwiczeniami, przepisy kucharskie i kalendarze, którymi sprzedawcy mieli zachęcać dzieciaki do kupowania kolejnych rzeczy. Marvel wyprodukował nawet specjalne stojaki na komiksy i inne publikacje wydawnictwa. Na tym z 1977 roku znalazła się zaprojektowana przez Lee trójboczna kolorowa półka. Do tego premiery nowych zeszytów *Spider-Mana* i *Hulka* zaplanowano tak, aby zbiegły się z emisją seriali telewizyjnych o superbohaterach Marvela. Terminarz Lee, kiedy zajmował stanowisko wydawcy, wymagał nieustannego slalomu pomiędzy tytułami z serii *Fireside* i codziennymi obowiązkami skupiającymi się na przyklepywaniu haseł reklamowych i doglądaniu merchandisingu. Oraz, rzecz jasna, na komiksach. Lee pisywał też felietony z serii *Perspektywa wydawcy* publikowane na łamach wydawanego przez Cadence magazynu „Celebrity" i dalej odpowiadał za rubrykę Stan's Soapbox. Za aktorskie adaptacje odpowiadała co prawda zewnętrzna firma producencka, ale Lee miał wpływ na realizację seriali jako „konsultant redakcyjny lub kierownik produkcji filmowej", głównie po to, aby „czytać i opiniować scenariusze".

Czas pochłaniały mu także inne projekty, spoza Uniwersum Marvela. W 1979 roku wyszło *Stan Lee Presents the Best of the Worst*, niecodzienna zbitka ilustracji, zwięźle podanych informacji i zuchwałego dowcipu Lee, wzorowana na poprzednich projektach, które robił dla humorystycznych czasopism i pisemek dla mężczyzn wydawanych przez Goodmana. Przykładowo, Lee uznał australijskiego autora Williama Golda za „najgorszego pisarza", bo przez 18 lat napisał 15 książek, ale sprzedał tylko jeden artykuł do canberskiej gazety, za który otrzymał oszałamiające honorarium w wysokości 15 centów. Puenta brzmiała: „Pewnie po długich negocjacjach".

Nawet po rezygnacji ze stanowiska redaktora naczelnego Lee nadal rozmieniał się na drobne, ale z drugiej strony cieszyła go swoboda, bo nie był przywiązany do biurka. Ponadto, tak jak inni celebryci, musiał maksymalizować wysiłki, aby spieniężyć swoją sławę. Tłumaczył: „Ludzie uważają, że na komiksach zarabia się grube miliony, ale były lata, kiedy firmy dosłownie traciły pieniądze... To nie tak, że wszyscy napychają sobie kieszenie i depczą po biednych rysownikach i scenarzystach". Mając okazję do przyjęcia dodatkowego zlecenia poza strukturami Marvela, Lee nie zastanawiał się długo, czy z niego skorzystać.

*

Seriale, które emitowano od końcówki lat 60., nie zniknęły z ramówek ani na początku kolejnej dekady, ani później. W 1978 roku na antenie pojawiło się *The New Fantastic Four* ze scenariuszami Lee i Thomasa, lecz serial ten okazał się gwoździem do trumny dla nadwyrężonej relacji Stana i Kirby'ego, który zakończył współpracę z wydawnictwem. Choć Lee udało się sprowadzić go z powrotem w 1975 roku, rysownik nie potrafił dogadać się z Goodmanem i nadal żywił do Lee urazę (na poły wyimaginowaną). Według jego biografia Marka Evaniera „miał dość tego interesu" i chciał się wycofać, lecz nie wiedział, co innego mógłby robić. Być może magia wyparowała, a może Król miał już dość lekceważenia. Jego ostatnia przygoda z Marvelem od początku wydawała się mniej lub bardziej skazana na porażkę. Dlatego nie zgodził się na przedłużenie umowy, która ograniczałaby jego prawa majątkowe do poprzednich prac i nie odnosiła się do innych kwestii spornych na linii z Goodmanem. Zaakceptował jednak propozycję zrobienia nowego serialu o Fantastycznej Czwórce, z początku dla Hanna-Barbera, a potem studia DePatie-Freleng, które miało się ostatecznie zająć kreskówką. Kirby znalazł się tam pośród ludzi, którzy szanowali jego robotę, szefowie dbali o niego, i zarabiał wystarczająco, aby uniezależnić się od wydawców komiksowych.

Jacka i Stana od zawsze łączyła niełatwa znajomość, lecz ich spuścizna, nad którą przecież razem pracowali, pozwoliła im przymknąć oko na owe animozje i załatać dzielące ich różnice. Lecz gdy przyszedł czas ostatniej schizmy, nigdy już nie udało im się odzyskać tego, co utracili. Zignorowali jednak powody owego rozłamu i dogadywali się przy pracy nad kreskówką na tyle dobrze, że połączyli siły przy *Silver Surferze*, powieści graficznej wydanej w 1978 roku.

Kirby przez następne lata obwiniał Lee za ciągłe problemy, które miał z szefostwem Marvela i pozostałymi, tak jak w 1941 roku, kiedy miał do niego pretensję o wydanie jego i Simona Goodmanowi, że robią zlecenia dla DC. Nietrudno wyobrazić sobie, że rana ta jątrzyła się przez przeszło 30 lat. Choć był osobą serdeczną i troskliwą dla bliskich i rodziny, Król nie zapominał łatwo zniewag. Czuł, że inni nie doceniają jego pracy.

Kirby bywał zrzędliwy i nikt nie negował jego niezwykłej etyki pracy, lecz istnieje jeszcze druga strona osobowości wybitnego artysty, o której rzadko się mówi: był kłótliwy. Nieraz awanturował się ze współpracownikami, co często prowadziło do dłuższych i krótszych sporów. Kirby i Lee w ciągu swojej kariery dorobili się zarówno akolitów, jak i krytyków. Część ludzi z branży, którzy nie opowiadali się po stronie żadnego z nich, również miała podobne zdanie. George Kashdan, długoletni scenarzysta i redaktor z DC, mówił: „Kirby zawsze wykłócał się z kolegami. Poszliśmy raz na lunch i opowiadał, jak złapali się za łby z Joe Simonem". Kirby i Simon poróżnili się co do genezy Kapitana Ameryki, spierając się, kto miał większy wkład w ikonicznego bohatera. Później rysownik miał pretensje do Lee o to samo i usiłował umniejszyć rolę Stana w procesie tworzenia katalogu postaci Marvela, a nawet całkowicie negował włożoną przez niego pracę.

Czas spędzony w Hollywood ożywił Kirby'ego. Pracował tam z młodymi artystami, którzy podziwiali jego kreskę i dorastali, naśladując rysunki swojego mistrza. Otrzymywał wypłatę i inne dodatki współmierne do jego statusu, jednego z tytanów branży. Kirby zahaczył się potem przy studiu Ruby-Spears Productions, gdzie umożliwiono mu pracę przy animowanym serialu *Thundarr the Barbarian* (1980–1981). Otrzymał tam tytuł „producenta", który bardzo sobie cenił.

Marvelowi połączone talenty Lee i Kirby'ego przydałyby się szczególnie, kiedy rozpoczęto produkcję seriali aktorskich. Dziennikarze aż się ślinili, kiedy w 1975 roku Lee ogłosił rychłe powstanie filmu o Spider-Manie, choć jedna z agencji prasowych, która nie traktowała jego i komików poważnie, użyła sformułowania „człowiek, który wymyślił Spidey'ego i hordę dziwadeł z Marvel Comics". Komiksy nazwano „postrzelonymi" i pełnymi „sprośnych odzywek". Lee, który zawsze pracował nad tym, aby komiksy przekraczały granice wieku, powiedział przeprowadzającemu z nim wywiad dziennikarzowi, że: „Opowieści te łączą humor przeznaczony dla młodzieży uniwersyteckiej i akcję, przygodę odpowiednią dla najmłodszych". Mimo rozgłosu i pozytywnego odbioru przez media rzeczony film o Spider-Manie nigdy nie powstał.

W 1977 roku, kiedy Spider-Man zadebiutował jako bohater serialu telewizyjnego, Lee był przerażony. „To była dziecinada. Spider-Man nie miał żadnej osobowości i poczucia humoru, był jednowymiarowy" – tłumaczył. Dla każdego, kto chciał zaadaptować postacie Marvela na potrzeby innego medium, przeszkodą była nieistniejąca jeszcze technika, która pozwalałaby na przedstawienie ich jako „większych niż życie". Lee wszystkie te próby wydawały się nijakie i miałkie, jeśli zestawić je z komiksami.

Aktorski Spider-Man odniósł jednak pewien sukces, ale w innej formie, bo dzięki *Spidey Super Stories*, krótkim spotom emitowanym na kanale PBS w ramach przeznaczonego dla dzieci programu *The Electric Company*, pokazanym przez telewizję po raz pierwszy w latach 1974–1975. Pająk – ikoniczny kostium założył tancerz Danny Seagren – pomagał telewidzom uczyć się czytać – dla najmłodszych był to obowiązkowy seans. Program klimatem przypominał komiksowy styl Lee, choć Spider-Man nigdy się nie odzywał. Jego słowa pojawiały się na ekranie jako dymki i to miało zachęcić dzieciaki do ćwiczenia umiejętności czytania.

Zwykle historyjki te były zabawnymi skeczami. Występowała w nich stała obsada, między innymi Morgan Freeman i Luis Avalos, którzy grali role zbirów i postaci drugoplanowych, a także służyli jako narratorzy, bo bohater nie wydawał przecież nawet najmniejszego dźwięku. Przez trzy lata emitowano po kilkanaście skeczy w sezonie, a typowa fabuła opowiadała na przykład o starciu Spideya z Urodzinowym Bandytą, który okrada dzieci na przyjęciach. Złoczyńca mówił śpiewnymi rymami (narrator określa go mianem „nieprzyjaciela od zabawy i tańca"), ubrany był w garnitur o krzykliwych kolorach, szeroki pas i cylinder. Po bitwie na ciasta i rękoczynach, umazany tortem Spider-Man pokonuje łotra, oplątując go siecią, i ratuje dzień. Skecz pozostaje wierny atmosferze opowieści pisanych przez Lee. Na finałowej planszy pojawia się rysunek przedstawiający Spideya siedzącego w pralni z kocem na ramionach. Czeka, aż upierze się jego kostium. Motyw muzyczny wieńczy sekcja dęta. Solista zawodzi: „Nikt nie wie, kim jesteś".

*

Im bliżej było końca 1979 roku, tym bardziej wewnętrzne przepychanki Marvela przebijały się do prasy. „New York Times" opublikował artykuł, w którym powoływał się na anonimowe źródła i zakulisowe informacje. Autor tekstu, N.R. Kleinfeld, przedstawił dział komiksu jako dysfunkcyjną komórkę, gdzie redaktorzy ścierali się ze scenarzystami, a rysownicy z kadrą zarządzającą. Dni radosnej Zagrody Marvela i śpiewnych ksywek nadawanych pracownikom przez Lee wydawały się odległą przeszłością. Dziennikarz za zaistniałą sytuację obwiniał przede wszystkim Jima Shootera, któremu zarzucał „głód władzy". Shooter rozpoczął karierę komiksową jako zaledwie trzynastoletni młodzieniec, pisząc scenariusze dla DC. Ekipa Marvela kochała go równie mocno, jak nienawidziła.

Niektórzy oskarżali imponującego, dwumetrowego scenarzystę i redaktora o tak wielkie ego, że musiał uginać się pod jego ciężarem. Inni żywili do niego urazę, że przejął stery w wieku dwudziestu paru lat, ponieważ uważali, że pierwszeństwo należy się komuś ze starych wyjadaczy.

Była też mowa o menedżerach, nienazwanych z imienia, który „bardziej interesowali się zarabianiem na umowach licencyjnych niż superbohaterami". Thomas sprzymierzył się z zespołami kreatywnymi, nazywając Marvela zarówno „bezdusznym", jak i „nieludzkim". Artykuł ujawniał, że pomiędzy redakcją a resztą firmy panowała głęboka nieufność, bo menedżerowie koncentrowali się na dojeniu licencji i zajmowali się przede wszystkim marketingiem. Podczas gdy kreatywni chcieli skupić się na swojej robocie, szefowie domagali się zysku. Odwieczna batalia pomiędzy artystycznym pędem a kapitalizmem toczyła się także w Marvelu.

Manifestowana na każdym kroku dobroduszność, którą Lee okazywał fanom, rysownikom i scenarzystom, pozwoliła mu uniknąć oberwania rykoszetem. Kleinfeld nazywa go „pomysłowym geniuszem", który zasłynął z „wymyślania bohaterów" zderzających się z realistycznymi wyzwaniami stawianymi im przez życie. Ale już anonimowy współpracownik dorzuca łyżkę dziegciu i atakuje byłego szefa, krytykując go za to, że „chce być jak Walt Disney" i uważa „że komiksy uwłaczają". Mimo że nadal hołubiono Lee, nawet jemu pod koniec lat 70. zaczął palić się grunt pod nogami, bo branża komiksowa srodze odczuła inwazję telewizji i zmniejszenie się liczby czytelników. Pokolenie baby boomers, które przed dekadą popchnęło cały przemysł naprzód, zdążyło już dorosnąć i porzuciło lubiane niegdyś medium. Ponadto nawet oddani miłośnicy Marvela przyznawali, że komiksy nie były już tak dobre, jak kiedyś.

W odpowiedzi na kryzys dwaj giganci – DC Comics i Marvel – ograniczyli liczbę wydawanych miesięcznie serii (Lee zdecydował o zejściu z 40 do 32). Oba wydawnictwa zarabiały na umowach licencyjnych więcej niż na komiksach. Lee powiedział dziennikarzowi „Timesa", że nowo powstały dział zajmujący się owymi kontraktami mógł działać nieco na nerwy niektórym członkom redakcji, szczególnie że niektórzy rysownicy i scenarzyści skupili się na części biznesowej. „Niegdyś nasi rysownicy zajmowali się komiksami – tłumaczył – a teraz projektują pudełka". Sprawdził się koszmarny scenariusz. Pudełka na drugie śniadanie i ręczniki kąpielowe wydawały się ważniejsze dla korporacji niż komiksy o superherosach.

Zarówno DC, jak i Marvel stawiły czoła spadającym na przestrzeni dekady nakładom i uznały, że straty pokryje ilość. Ogólna sprzedaż rosła, lecz cała branża wydawała się chwiać na nogach. Tuż przed cięciami liderzy rynku wypuścili kilkanaście nowych serii, mając nadzieję, że przyniesie im to spodziewany zysk. Dochód operacyjny Marvela wyniósł w 1979 roku zaledwie półtora miliona dolarów, choć całkowita sprzedaż przekroczyła 23 miliony. Jako że firma funkcjonowała na granicy opłacalności, hipotetyczna umowa, jaką Lee miał zawrzeć z hollywoodzką wytwórnią, miała nieograniczony potencjał, lecz Marvel musiał wypuścić jakiś hit albo rozwinąć działalność licencyjną. Tradycyjna koncepcja mówiąca, że to komiksy napędzają sprzedaż licencji została postawiona na głowie. Marvel i DC stały się przede wszystkim agencjami licencyjnymi, bo te generowały zyski.

Zważywszy na przyjętą perspektywę, końcówka lat 70. była albo kompletnym niewypałem, albo początkiem czegoś dużego dla Lee. Okres ten można oceniać dwojako. Z jednej strony, jako wydawca Marvela zarabiał ponad 150 tysięcy rocznie, a do tego dochodziły stałe honoraria za wykłady na uczelniach i praca przy projektach telewizyjnych, za które otrzymywał osobne wynagrodzenie. Fani nie odstępowali go na konwentach na krok, a studenci witali gromkimi brawami za każdym razem, kiedy pojawiał się na kampusie. Tłoczyli się przy nim, aby tylko stanąć możliwie jak najbliżej człowieka, którzy stworzył cenione przez nich postacie i zapewnił ich młodym życiom odpowiednią oprawę.

Lecz nawet mimo powodzenia Lee jeżył się na samą myśl, że nigdy nie uda mu się wydostać z branży komiksowej. Bardzo chciał zaistnieć w Hollywood. Choć superbohaterski szał utrzymywał się już przez ponad dekadę i Lee naprawdę cieszył się z postaci, które współtworzył, spodziewał się, że moda nareszcie przeminie i ludzie o tym zapomną. Gdy opowiadał o swojej karierze, przemawiał przez niego żal i tak tłumaczył dziennikarzowi: „Chciałbym kręcić filmy, być reżyserem albo scenarzystą, mieć taką pracę jak Norm Lear albo Freddie Silverman. Chciałbym robić to, co robię tutaj, ale na poważniejszą skalę". Lee, mimo że był na swój sposób celebrytą, a dla czytelników na całym świecie istnym bohaterem, nie mógł pozbyć się poczucia, że powinien robić jeszcze więcej.

Lee szukał dodatkowego rynku zbytu dla superbohaterów i wysiłki te sprowadziły go nareszcie do Hollywood, wielkiej amerykańskiej fabryki marzeń. Wymyślił sobie, że na złotych wybrzeżach Kalifornii rozpocznie się kolejny etap jego kariery.

ROZDZIAŁ 12

POCIĄG DO HOLLYWOOD

Nieważne, czy było to zawołanie jeźdźca znikąd („Hej ho, Silver! Ruszaj!"), czy świst powietrza przecinanego przez Supermana, historia telewizji od najwcześniejszych lat przeplata się z komiksami i superbohaterami. O ile komiksy potrafią zabrać czytelnika w głąb umysłu, czego nie może zrobić film, możliwość ujrzenia ulubionego bohatera na ekranie dawała fanom zupełnie inny, nowy dreszczyk emocji.

Popularność telewizyjnych przygód superludzi często dawała kopa sprzedaży serii komiksowych i rynek przeżywał nagłą hossę niemającą nic wspólnego z jakością samego produktu. Podobna zmienność rynku mogłaby doprowadzić niejednego do szału. Seriale z Supermanem i Batmanem pomogły komiksom w latach 50. i pod koniec 60. Przyglądając się telewizyjnemu krajobrazowi i przypominając sobie te dwa szalenie popularne programy, szefostwo Marvela, łącznie z prezesem Cadence Jimem Galtonem, zastanawiało się, czemu ich firma nie mogłaby tego sukcesu powtórzyć w latach 70., zwłaszcza że wydawnictwu nareszcie udało się wyprzedzić odwiecznego rywala.

Batalia o dominację na rynku między komiksowymi gigantami zajęła dziesięciolecia. Galton i inni na szczycie chcieli dorobić się na tym zwycięstwie, obsadzając Zachodnie Wybrzeże. Zamierzali także wykorzystać popularność seriali telewizyjnych, aby pokazać studiom filmowym, że dadzą sobie radę z pełnometrażowymi produkcjami. Byłyby one zdecydowanie bardziej lukratywne dla Cadence i zrównoważyłyby nieprzewidywalność cyklicznej natury rynku komiksu.

Dla Lee wszystko ułożyło się kapitalnie. Szukając nowego sposobu, aby przyciągnąć ludzi, zrobił to, co zrobiło wielu Amerykanów przed nim: spojrzał na drugi koniec kraju, ku Kalifornii.

Pod koniec lat 70. obchodził jubileusz 40 lat pracy w branży wydawniczej. Był teraz dobrze po pięćdziesiątce i miał nadzieję jakoś rozruszać karierę, tak jak przed dekadą, kiedy spotykał się ze studentami z całego kraju. Galton, który dogadywał się znakomicie ze swoim wydawcą, knuł z Lee, że może nawet kupią jakąś hollywoodzką wytwórnię. Kiedy sieci telewizyjne okazały niemałe zainteresowanie superbohaterami Marvela zarówno w formie animowanej, jak i aktorskiej, Lee został wysłany na zachód, aby wszystkiego przypilnować.

Mimo że postaci wymyślone przez Lee zrewolucjonizowały kulturę popularną, a ich przygody czytali fanatycy z całego świata, do Los Angeles poleciał, nie mając zbyt komfortowej pozycji negocjacyjnej. Był znany, można nawet powiedzieć, że był celebrytą. Jednocześnie nie rozumiał zasad funkcjonowania przemysłu filmowego, z którym miał pierwszy raz do czynienia. Cały katalog Marvela był silną kartą przetargową i otwierał przed nim niejedne drzwi. Dlatego też jego szefowie mieli wygórowane oczekiwania. Poza tym Lee od lat nastoletnich przywykł do tego, że to on rządzi i dzieli. Lecz Hollywood tak nie działało. Lee musiał przekonać sceptycznych producentów, że bohaterowie Marvela to doskonały materiał do telewizji, a dorośli widzowie z chęcią włączą odpowiedni program.

Branża filmowa zmieniła się, zanim przybył do niej Lee. Nie dość, że Marvel nareszcie awansował na lidera w świecie komiksu, a wpływ Lee na popkulturę stał się niemalże wszechobecny, to filmy science fiction i fantasy zdobyły niewyobrażalną popularność. Pokazywany na małym ekranie *The Six Million Dollar Man* (1974–1978) udowodnił, że publika może polubić bohatera o nadludzkich umiejętnościach. Cyborg Steve Austin (grany przez Lee Majorsa) zyskał rangę kulturowego fenomenu i do serialu dołączyły komiksy (za które odpowiadali rysujący przyjaciele Lee, Howard Chaykin i Neal Adams), albumy i figurki. Spin-off *The Bionic Woman* (1976–1978) z Jaime Sommers (w tej roli Lindsay Wagner) rozbudował fikcyjny świat. Popularność tej drugiej produkcji również rozgałęziła się na produkty towarzyszące, od obowiązkowej figurki do gry planszowej i pudełka na drugie śniadanie, które chciał mieć każdy uczeń podstawówki.

Końcówka lat 60. pomogła superbohaterom i opowieściom science fiction przebić się do świadomości odbiorcy obcującego przede wszystkim z głównym nurtem. Na przykład w 1968 roku filmy *2001: Odyseja kosmiczna* oraz *Planeta małp* podbiły serca publiczności i wygenerowały spore zyski w box offisie. Filmy te ugruntowały nowy styl prowadzenia narracji, którego ludzie się domagali i oczyściły pole dla fantastyki przeznaczonej dla dorosłych. Późniejsze tytuły, na przykład *Ucieczka Logana* (1976), pokazały, że innowacyjna technologia i efekty specjalne pomagają w tworzeniu historii. Z kolei w 1977 roku

Gwiezdne wojny George'a Lucasa udowodniły producentom filmowym i telewizyjnym, a także ludziom na całym świecie, że w gatunkach fantastycznych tkwi olbrzymi potencjał. Czy aby Luke Skywalker nie przypominał futurystycznej wersji Spider-Mana, outsidera zmuszonego uporać się ze swoimi nadzwyczajnymi zdolnościami? Rok później do kin zawitał potężny Superman i również zawojował widownię. Okazało się, że nowatorskie sposoby realizacji filmowej wpływają na jakość opowiadania historii i tworzenia wielowymiarowych postaci. Efekty specjalne nareszcie zaczęły doganiać wyobraźnię scenarzystów i rysowników, co otworzyło furtkę różnym projektom z pogranicza fantastyki, zarówno na małych, jak i dużych ekranach. Nastał odpowiedni czas, aby pośród nich znalazły się także adaptacje opowieści superbohaterskich.

Lee latał od wybrzeża do wybrzeża, usiłując trzymać rękę na pulsie, ale coraz bardziej angażował się w działania na polu telewizji i filmu. Postrzegał Los Angeles jako raj, gdzie będzie mógł rozpocząć nową karierę jako pięćdziesięcioletni mężczyzna, nie musząc przy tym odrzucać wszystkiego, co do tej pory osiągnął. Strach przed opuszczeniem Nowego Jorku, miasta, w którym spędził praktycznie całe życie, ustąpił miejsca niemałej ekscytacji wywołanej perspektywą pracy, Zachodnim Wybrzeżem, ciepłą bryzą wiejącą od Pacyfiku i niesamowitymi miejscami otoczonymi gęstymi lasami i wzgórzami.

*

Przejście z medium drukowanego do telewizji wydawało się naturalne w świecie coraz bardziej zdominowanym przez obrazy i ruch. Lee określił styl Marvela mianem „kinowego", który łączył dialogi i rysunek. Marvel podbudował się gorączkowymi działaniami wydawcy i umowami zawartymi z paroma sieciami telewizyjnymi i firmami producenckimi. Ale niestety wyniki współpracy rzadko dorównywały pierwowzorom Lee, inne z kolei nie przemawiały do widza. Szefowie hollywoodzkich wytwórni i kolejne ekipy odpowiadające za scenariusz, reżyserię czy produkcję nie doceniały wagi stylu Lee, który uczynił postacie Marvela ikonami popkultury. Uważali, że sami dadzą sobie ze wszystkim radę, bo przecież są specjalistami, i nie będzie problemów z odwzorowaniem komiksowych przekomarzanek czy życia codziennego. Postacie Marvela były w oczach ludzi kina i telewizji zaledwie „licencją", którą trzeba przekuć na dające się sprzedać produkty. Dusza superbohaterów i to, co sprawiało, że czytelnicy z wypiekami na twarzach pochłaniali komiksy produkowane przez Marvela często ginęło po przeniesieniu na ekran.

Na pierwszy rzut oka spora część postaci wymyślonych przez Lee wydawała się praktycznie stworzona do filmowych adaptacji, a jednak wybrano tę, która nadawała się do tego bodajże najmniej – zielonego, rozszalałego Hulka. Zagrał go były Mr. Universe, mierzący 190 centymetrów i ważący 130 kilogramów żywych mięśni Lou Ferrigno. Z kolei w rolę Davida Bannera (twórcy serialu zmienili mu imię), fizyka i naukowca o łagodnym usposobieniu, wcielił się weteran Bill Bixby.

Krytycy zastanawiali się nad popularnością serialu, który zwykle sprowadzał się do przeplatanki ujęć przedstawiających kobiety spoglądające z przestrachem na Lou Ferrigno i scen na tyle poważnych, że przemawiały raczej do dorosłych, a nie młodzieży. Producent Ken Johnson wyjaśnił to dziennikarzowi:

„Staraliśmy się zrealizować serial dla dorosłych, na którego obejrzenie rodzice pozwolą dzieciom". Scenarzyści, jak twierdził, umyślnie zmarginalizowali elementy campowe. Starali się „zrealizować serial tak szczery i bezpośredni, jak to możliwe". Adaptacja przypadła do gustu Lee, doceniał dobre aktorstwo i zmiany scenariuszowe, dzięki którym można było trafić do dojrzalszego telewidza.

Niektórzy spekulowali, że starsi odbiorcy czerpali przyjemność z oglądania bohatera kompletnie spuszczonego ze smyczy, gdy się rozzłościł i szalał. Lee identyfikował się z tym katartycznym impulsem, mówiąc: „Wszyscy chcielibyśmy czasem być Hulkiem. Nikt nim nie pomiatał, ludzie się z czymś takim identyfikują". Serial był niespodziewanym hitem w Stanach Zjednoczonych, ale jeszcze większym w Zjednoczonym Królestwie, gdzie zajmował pierwsze miejsca na listach oglądalności. Być może w latach 70. Brytyjczycy czuli silniejszą potrzebę „wyhulkowania się" niż Amerykanie. Ostatecznie serial z Hulkiem okazał się największym aktorskim sukcesem Marvela na przestrzeni kilkudziesięciu najbliższych lat.

CBS kupiło także Spider-Mana, Doktora Strange'a (którego pseudonim skrócono do „Dr Strange") i Kapitana Amerykę z zamiarem przeniesienia ich na mały ekran. Gwiazdą emitowanego przez dwa sezony *The Amazing Spider-Man* był Nicholas Hammond jako Peter Parker. *Dr Strange* z Peterem Hootenem był filmem telewizyjnym/pilotem serialu wyświetlonym we wrześniu 1978 roku, a rok później zadebiutował *Captain America* z Rebem Brownem jako tytułowym bohaterem.

Z tych trzech produkcji to *Spider-Man* przyciągnął przed telewizory największe tłumy. Dowodem na wszechobecność

Spideya w kulturze popularnej był najlepszy od 1978 roku rating stacji według agencji badawczej Nielsen wystawiony po emisji pilota. Szefostwo CBS obawiało się jednak, że serial nie trafi do istotnej dla telewizji grupy odbiorców w wieku od 18 do 49 lat. Asekuracyjnie zamówiono jedynie pięć odcinków (wyemitowanych w kwietniu i w maju 1978 roku), chcąc wybadać, czy uda się przyciągnąć trochę więcej widzów z rzeczonej grupy. Serial nadal radził sobie znakomicie i nie spadał z pierwszej dziesiątki najchętniej oglądanych programów na CBS, przez tydzień okupując nawet czołową pozycję. Choć ostatecznie uplasował się dopiero w najlepszej dwudziestce, szefowie stacji uznali, że sprawdza się jako produkcja dla młodszego widza.

Fani chętnie oglądali aktorskiego *Spider-Mana*, lecz Lee go nie znosił i nie szczędził słów krytyki, mówiąc, że „wygląda głupkowato… dziecinnie, zbyt komiksowo". Ścierał się przez to niejednokrotnie z producentem Danielem R. Goodmanem, tłumacząc, że serial powinien być skierowany do dorosłych. „Zrobili kiedyś serial ze Spider-Manem, ale okropny. Po prostu koszmarny. Nie miał charakteru. Humoru. Żadnego składnika, który powinien mieć". CBS było w kropce. Zamówiło więc kolejny, siedmioodcinkowy sezon, bez pomyślunku wyznaczając daty i godziny emisji, zwykle w tym samym czasie antenowym, co najpopularniejsze programy konkurencyjnych stacji. Stery przejął nowy producent Lionel Siegiel i wprowadził pewne zmiany, chciał na przykład skupić się na życiu osobistym Pająka i dorzucił wątek miłosny. Mimo solidnych wyników oglądalności CBS zdecydowało się zaprzestać produkcji serialu po drugim sezonie. Obawiano się między innymi, że stacja zacznie być postrzegana wyłącznie przez pryzmat emitowanych przez nią seriali o superbohaterach.

Lee nie lubił *Spider-Mana* i określał go mianem „okropnego", bo serial nie posiadał „marvelowego tempa", dzięki któremu komiks był bestsellerem od przeszło dekady. Produkcja CBS pomijała istotne aspekty życia zarówno Petera Parkera, jak i Spider-Mana, poza tym telewizji i tak nie zależało zbytnio na kontynuacji serialu. Gdy zaś przyszło do filmu z Kapitanem Ameryką, Lee nie posiadał się ze złości, nazywając go „paskudztwem". Każda z owych produkcji telewizyjnych znacząco odbiegała od nowatorskiego konceptu, jaki Lee i jego współpracownicy obrali za obowiązujący przy budowaniu rozległego Uniwersum Marvela.

Odbijając się od wybrzeża do wybrzeża, Lee drżał na myśl o tym, co Hollywood wyrabiało z superbohaterami, traktując ich jak zapchajdziury ramówki. Decydenci z Zachodniego Wybrzeża, z którymi rozmawiał, mieli do komiksu podobnie elitarystyczne podejście, z jakim spotykał się przez prawie całą swoją karierę: uważali, że superbohaterowie są dla dzieci, a dorosłym nie wypada się nimi interesować, o ile fabuła nie zawiera mocnej intrygi romansowej. Niezliczone egzemplarze sprzedane na przestrzeni dwóch minionych dekad, przeczytane miliardy razy i przekazywane sobie z rąk do rąk od ponad pokolenia nie potrafiły przekonać Hollywood, że wszystko to może funkcjonować jako rozrywka dla dorosłych. Czasami mogło się wydawać, że szefowie wytwórni i zespoły kreatywne podpisywały umowy, bo chciały spotkać słynnego twórcę Uniwersum Marvela.

Jarmarczna gadka, którą uwodził czytelnika na łamach felietonów, oraz wykłady na uniwersytetach pomogły Lee promować Marvela, ale podobny styl rozmowy nie przechodził w Los Angeles. Stan miał w zwyczaju trąbić o poczynionych ustaleniach i nagłaśniać swoją pracę z producentami, co budowało ogromne oczekiwania, ale również skutkowało dużymi rozczarowaniami, kiedy projekt utknął gdzieś po drodze albo w ogóle z niego rezygnowano.

Lee odpowiadał przed wieloma ludźmi, łącznie z szefostwem Cadence, musiał też pracować, aby pozycjonować siebie jako byt niezależny od swoich słynnych postaci. A przy tym uczył się rozróżniać faktyczne spotkania biznesowe od tych, które organizowano tylko dlatego, że reżyser albo producent dorastał z komiksami Marvela i chciał poznać swojego bohatera z dzieciństwa.

Lee musiał również nieustannie pilnować, aby operacje Marvela na Zachodnim Wybrzeżu przez cały czas przynosiły owoce, dlatego razem ze swoją ekipą podpisywał kolejne umowy. Pracował z telewizją NBC nad przeniesieniem na ekran powieści graficznej o Silver Surferze, którą zrobił razem z Kirbym, następnie ABC ogłosiło, że robi serial ze Spider-Woman. Niebawem aż 12 postaci, w tym Thor, Daredevil i Doktor Strange, zostały udostępnione wytwórni Universal.

O ile czasem pojawiały się jakieś optymistyczne informacje, to część z nich stawała się kulą u nogi, bo – jak to bywa w Hollywood – nic z tego nie wychodziło. Lee czuł się coraz bardziej sfrustrowany przemysłem filmowym. Umowy padały jedna po drugiej, stopniowo tracił przez to chęci: „Pracowaliśmy z różnymi firmami producenckimi i zawsze muszę się godzić na to, co chcą zrobić. Całe wieki zajmuje wymyślenie historii, którą wszyscy przyklepią".

Ciągłe zmagania Lee z Hollywood podczas tych pierwszych spędzonych tam lat sprowadzały się do jednego: nie mógł podpisać umowy, która uczyniłaby jego i Marvela poważnymi graczami. Niemal cyklicznie Lee ściągał na siebie uwagę prasy rozmaitymi projektami, nad którymi pracował, lecz niewiele ujrzało światło dzienne. A nawet, co gorsza, te, które już udało się nakręcić, nierzadko cierpiały na poważne problemy scenariuszowe, firma zupełnie nie rozumiała postaci albo istniejąca technika nie pozwalała na pokazanie bohatera dość potężnym. „Nie ma żadnej możliwości przewidzieć, co dana stacja kupi, a czego nie" – lamentował Lee.

Niekończące się serie spotkań odrywały Lee od pisania. „Masz pomysł na film, a parę lat później nadal próbujesz przenieść go na ekran, tak to tutaj działa – tłumaczył. – To znacznie większy biznes. Są kontrakty, negocjacje, zmiany stanowisk. To dla mnie frustrujące, bo lubię szybko decydować i szybko pisać". Studia filmowe i wydawnictwa zwracały się do niego, aby pisał dla nich scenariusze albo powieści, ale – jak mówił – niemożliwe było znaleźć „kilka miesięcy wolnego" na takie zlecenie. Życie w Los Angeles przypominało zaklęty krąg konferencji, dyskusji, negocjacji i oczekiwania. Lee spędził tam więcej czasu, rozmawiając o tworzeniu nowych, wspaniałych rzeczy, niż faktycznie je robiąc.

*

Mimo frustracji hollywoodzkim sposobem działania do Lee przemawiała sama idea przeprowadzki do Kalifornii. O ironio, to filmowy sukces odniesiony przez DC pomógł jemu i Joanie przenieść się tam na stałe. W 1978 roku Warner Bros. wypuściło bowiem *Supermana* z Christopherem Reeve'em jako Człowiekiem ze stali, który spotkał się z powszechną aprobatą publiczności, a opiniotwórczy krytyk Roger Ebert napisał przychylną recenzję. Ludzie głosowali nogami i film z miejsca zarobił 300 milionów dolarów. Wynik ten, idąc niejako w parze z popularnością serialu telewizyjnego *The Incredible Hulk*, wskazywałby, że zapanował urodzaj na opowieści superbohaterskie. Dlatego Lee udało się przekonać szefostwo Marvela, aby pozwolono mu założyć biuro na Zachodnim Wybrzeżu, skąd zawiadywałby projektami filmowymi.

Pisząc w maju 1979 roku list do swojego przyjaciela, znakomitego reżysera Alaina Resnaisa, reprezentanta francuskiej Nowej Fali, Lee zwierzał mu się ze swojej „miłości" do Los Angeles i nadziei, że uda mu się „zinfiltrować przemysł telewizyjny i filmowy". Napomykał także o potencjalnej umowie z Lee Kramerem, producentem i menedżerem/partnerem popularnej piosenkarki i aktorki Olivii Newton-John, której przedmiotem miałby być wysokobudżetowy film z Silver Surferem.

Lee spędził przeważającą część roku, pracując w Los Angeles i marząc o przeniesieniu się tam na stałe. „Faktem jest, że zakochałem się w L.A. podczas tych rozlicznych podróży" – tłumaczył. Lecz nie udało mu się jeszcze przekonać Joanie, że to rozsądny ruch. Z czasem oswoiła się z tym pomysłem, zwłaszcza kiedy ich nowojorskie mieszkanie zostało okradzione i zabrano należącą do niej biżuterię i inne cenne rzeczy. Lee nazwał włamanie „najbardziej dołującym i niepokojącym doświadczeniem, jakie można sobie wyobrazić". Dla nich obojga Hollywood oznaczało nowy początek. Lee starał się nie zdradzać przed przyjacielem, że tak bardzo poruszyła go ta kradzież. Nawet żartował, pisząc do Alaina i jego żony Flo, aby trzymali „biżuterię pod kluczem!".

Do lipca 1979 roku Lee zdążył nabrać rozpędu, chcąc się przebić w Hollywood. Starając się zaadaptować Metodę Marvela na grunt kina, nagrał na dyktafon propozycję fabuły filmu o czarownicy zabijającej jedynie złych ludzi; miał on nosić tytuł *The Night of the Witch*. Niezależny filmowiec Lloyd Kaufman (który lata później nakręcił kultowy przebój *Toksyczny mściciel*) spisał transkrypcję i przerobił materiał na scenariusz. Kaufman spotkał Lee jeszcze jako student, komiksowy obsesjonat z Uniwersytetu Yale. Młody człowiek założył potem z przyjacielem Troma Entertainment. To studio realizujące niskobudżetowe projekty łączące szaloną komedię i horror wypuściło parę cieszących się niejakim powodzeniem rzeczy. Obaj panowie współpracowali latami i choć *The Night of the Witch* zostało kupione za marne 500 dolarów, nigdy nie zostało wyprodukowane. Z czasem obrobili inny pomysł Lee i poszli z nim bezpośrednio do Resnaisa, lecz reżyser nie był zainteresowany treatmentem o roboczym tytule *The Man Who Talked to God*.

Mimo statusu legendarnego współtwórcy ikonicznych superbohaterów Lee był tak naprawdę świeżo upieczonym scenarzystą filmowym, który nie miał nawet czasu tworzyć i był skazany na łaskę i niełaskę osób, które były chętne przerabiać jego pomysły na pełnoprawne treatmenty. Na początku lat 70. umówił się z Resnaisem, że ten przygarnie od niego parę scenariuszy, lecz Lee nie potrafił znaleźć chwili, aby je napisać. Jedynym sposobem było szukanie współpracownika, który zbierze jego pomysły do kupy. Proces ten pasował idealnie do jego frenetycznego stylu. Często jednak okazywało się, że gotowe dzieło nie potrafiło uchwycić ducha i stylu Marvela. Zdawało się, że Lee był za bardzo oddany swojej Metodzie, aby znaleźć scenarzystę będącego ekwiwalentem Kirby'ego i Ditko zdolnym urzeczywistnić jego wizję.

Lee nareszcie udało się przekonać szefostwo Cadence, żeby puściło go na stałe do Kalifornii w celu otworzenia niewielkiego interesu w Dolinie San Fernando. Rozpoczęcie działalności Marvel Productions ogłoszono w połowie lat 80. Siedziba firmy mieściła się w niewielkim mieszkaniu przy 4610 Van Nuys Boulevard w Sherman Oaks, które Lee określił mianem „miniaturowego Pentagonu w bujnym ogrodowym atrium". Stan tradycyjnie pracował na najwyższych obrotach, aby „Excelsior" na plakietce wiszącej na drzwiach biura nie było pustym słowem.

Lee, jako rodowity nowojorczyk, nie mógł się nacieszyć kalifornijskim słońcem. Ludzie mieli go za szalonego, bo wychodził do atrium i pracował na powietrzu, choć grzało. Była to miła odmiana po chłodnym, szarym Nowym Jorku i biurze wydawnictwa przy Madison Avenue. Do Lee dołączyło parę osób z doświadczeniem w pracy dla telewizji i filmu, co zbilansowało jego braki. Był pośród nich chociażby David H. DePatie, weteran animacji, który udzielał się przy paru projektach zrealizowanych na podstawie prozy Dr. Seussa i odebrał Oscara za film krótkometrażowy o Różowej Panterze; DePatie otrzymał stanowisko prezesa Marvel Productions. Razem z nim dołączył Lee Gunther, który został wiceprezesem do spraw produkcji. Kiedy firma ogłosiła założenie studia, zespół miał już rozgrzebanych kilka rzeczy, animowanych i aktorskich, w tym reklamy dla Oscara Mayera i Owens-Corning.

Lee cały czas miał chrapkę na blockbuster, ale jego misja przede wszystkim koncentrowała się na rozbudowie uniwersum Marvela i chwytaniu rozmaitych okazji, takich jak reklamy czy nowe umowy licencyjne. Działając w ramach nowej struktury organizacyjnej Cadence, Lee dodał sobie do stanowiska wydawcy mglisty tytuł „wiceprezesa do spraw kreatywnych", który jednak oddawał charakter jego działalności na Zachodnim Wybrzeżu.

Galton powtarzał, że każdy pojedynczy element wzmacnia całość, tłumacząc, że studio „przyczyni się do sukcesu naszych licencjobiorców, hurtowników i reklamodawców", a „przyszłość Marvela nigdy nie wyglądała lepiej", szczególnie zważywszy na „korzyści związane z założeniem nowej komórki". Instrukcje od przełożonego, które otrzymał Lee, obejmowały zajęcie się rozlicznymi projektami przy jednoczesnym wychwalaniu Marvela osobiście i na łamach prasy. Dziennikarze „Time" zastanawiali się w 1979 roku, czy Lee nie zasługuje przypadkiem na miano człowieka, który przemienił telewizję w „ogromny elektroniczny komiks" i obwieścił, że to on będzie za ten trend w największym stopniu odpowiedzialny. Dziennikarz przekonywał, że skoro CBS dołączyło do oferty tyle programów opartych na komiksach, firma powinna zmienić nazwę na „Comic Book Supplier" (dostawca komiksów). Jakość owych seriali nie dorównywała towarzyszącemu im rozgłosowi i wszystkie adaptacje aktorskie, poza *Hulkiem* z Bixbym i Ferrigno, przyprawiały Lee o ból głowy.

Założeniem Marvel Productions było skoncentrowanie się na animacjach, za co miał odpowiadać DePatie. Firma wierzyła, że kreskówki puszczane w sobotnie poranki lepiej pasowały do ówczesnego profilu Marvela. Negocjacje Lee ze stacjami telewizyjnymi polegały na „możliwościach, zdolnościach, umiejętnościach i niezawodności", jak sam tłumaczył. Z kolei pozycja, jaką cieszył się DePatie, miała pomóc dotrzeć do sceptycznych sieci. Przez parę następnych lat Marvel Productions sprzymierzało się z różnymi producentami, chociażby z Fredem Silvermanem, z którym realizowano projekty spoza Uniwersum Marvela. Znajomość ta zaowocowała powstaniem serialu animowanego *Meatballs and Spaghetti*, który emitowano w porannym bloku programowym CBS Saturday. Jego bohaterami byli śpiewający małżonkowie przemierzający kraj w ruchomym domu. CBS kupiło także *Lochy i smoki*, produkcję Marvela opartą na popularnej grze role-playing.

Na początku lat 80. Lee zaangażował się w większym stopniu w prace nad animacjami ze Spider-Manem i Hulkiem, służąc jako konsultant scenariuszy i narrator. Fanom spodobało się, że mogą usłyszeć prawdziwy głos Lee, lecz on sam nie czerpał z tego doświadczenia zbytniej przyjemności, bo nie pozwalano mu zmienić ani słowa z powodu wymogu odpowiedniego timingu. Nadal jednak starał się, jak sam mówił, „sprawić, aby chociaż przez niektóre fragmenty przebijał mój styl". *Hulk* nie utrzymał się na antenie zbyt długo, mimo że zielony gigant nadal był popularny wśród chłopców, ale program nie potrafił zainteresować dziewcząt.

Te wzloty i upadki doprowadzały Lee do szewskiej pasji, zwłaszcza że cała jego kariera komiksowa opierała się na jak najszybszej pracy zespołowej. Powoli jednak odnosił sukcesy, znajdując lepsze dojścia na polach merchandisingu i licencjonowania postaci Marvela. Być może nie była to najbardziej reprezentatywna część hollywoodzkiej działalności Lee, lecz umowy, które zawierał, były konieczne, aby popularyzować markę wydawnictwa. Dzięki produktom towarzyszącym superbohaterowie Marvela wbijali się głębiej do powszechnej świadomości, co dawało Lee szansę przedyskutowania swojego ulubionego tematu: roli komiksu w promowaniu czytelnictwa.

Aby korporacyjne szychy reagowały entuzjastycznie na myśl o współpracy z Marvelem, Lee wypuścił informację, że krążące po kraju 225 milionów egzemplarzy trafiało do grupy czytelniczej od 6. do 17. roku życia, na którą składało się 40 procent dziewcząt i 60 procent chłopców, z czego 60 procent pochodziło z rodzin o średnich lub wyższych dochodach. Lee przechwalał się, że 92 procent młodych ludzi z rzeczonego przedziału wiekowego czytało komiksy. Co więcej, gdy przedstawiał owe dane podczas spotkań konferencyjnych, towarzyszyli mu aktorzy przebrani za postacie Marvela; firma użyczała ich także na otwarcia centrów handlowych, parady, konwenty oraz jarmarki wiejskie i miejskie.

Lee podjął też odważniejszą próbę przyciągnięcia młodych czytelniczek, wymyślając postaci She-Hulk i Dazzler, a był to zaledwie początek planu przewidującego wypuszczenie osobnych serii o potężnych superbohaterkach. Pierwszego numeru *Savage She-Hulk* #1 (luty 1980) sprzedano ćwierć miliona kopii. Lee powiedział dziennikarzowi: „zawsze chcieliśmy robić komiksy o kobietach", ale przyznawał, że decyzjami redakcji kierowały potencjalne zyski. „Przez lata nie mogliśmy dobrze sprzedać żadnej bohaterki" – przyznawał. Niestety, tak jak wszystkie poprzednie serie z superbohaterkami, *She-Hulk* utrzymała się na rynku krótko, bo jedynie dwa lata; tytuł ten skasowano w lutym 1982 roku.

*

Do drugiej połowy lat 80. Lee zdążył się już praktycznie zdystansować od codziennej pracy nowojorskiej redakcji, mimo że przypiął sobie niejeden fikuśny tytuł jak „wiceprezes do spraw kreatywnych Marvel Productions" sugerujący, że nadal to i owo nadzoruje. Przy czym tak naprawdę większą część jego obowiązków przejął Michael Z. Hobson, wiceprezes Cadence odpowiedzialny za sprawy wydawnicze, bo Lee zajął się pisaniem scenariuszy i treatmentów, nadzorując przy tym animacje i naganiając potencjalne umowy z licznymi firmami producenckimi. Praktycznie nie czytał już żadnych wydawanych przez Marvela rzeczy, przyznał: „uzbierałem spory stosik, lecz zdołałem go tylko przejrzeć".

Choć specjalnie trzymał się z dala od działalności czysto wydawniczej, Lee nigdy nie wycofał się ze swojej roli pełnoetatowego piewcy Marvela, choć podniósł swoją stawkę do trzech tysięcy, żeby nieco zniechęcić uczelnie do wystosowywania zaproszeń, i skupił się na dużych, biletowanych imprezach, jak konwenty komiksowe czy występy w telewizji i radiu. Przy rosnącej popularności telewizji kablowej i niesłabnącego wpływu radia Lee miał więcej okazji do dotarcia do swojej publiczności. Dla gospodarzy programów typu talk show i prezenterów radiowych był niezmiennie znakomitym gościem, na antenie świetnie sprawdzały się jego cięte komentarze i raz po raz serwował wypróbowane, jak się wydawało, niestarzejące się opowieści o początkach superbohaterów. Lee miał niebywały talent erudycyjny i niezmiennie sprawiał wrażenie, jakby po raz pierwszy pytano go o ulubioną postać lub czy miał jakiś zeszyt, do którego wracał najczęściej.

Tuż przed nowojorskim Dimension Convention w 1984 roku Lee udzielił wywiadu radiowego i chwalił się, że komiksy stały się „o wiele większe niż kiedyś", mówiąc, że Marvel odegrał niebagatelną rolę w stworzeniu „grupy fanowskiej, jaka nie istniała 20 czy 30 lat temu". Podkreślił także wagę kolekcjonerskiej gorączki, rozwój niezależnych sklepów komiksowych i oddany fandom, jaki Marvelowi udało się przez lata zgromadzić.

Lee odpowiadał na pytania dzwoniących do studia czytelników, opowiadając o zmianach designu kostiumu Spider-Mana czy cenie starych numerów, lecz audycja ujawniła również, jak wielu ludzi jest na niego złych z powodu niejasności co do genezy niektórych superbohaterów. Gospodarze goszczący Lee zwykle nie byli komiksowymi ekspertami, a telewizja i radio, funkcjonujące na wysokich obrotach, zwykle podawały skrótowe informacje, żeby oszczędzić czas antenowy. Dlatego nazywano go „twórcą postaci...", nie zająkując się o rysownikach. Dziennikarze nie posiadali odpowiedniej wiedzy. Lee różnie reagował, czasami weryfikował błędne informacje, dopowiadał kontekst, ale zdarzało się, że nie był precyzyjny. Z jednej strony wdawanie się w dyskusję z prowadzącym zabierało czas i odwracało uwagę od samego gościa, potencjalnie prowadząc do niezręcznej sytuacji. Z drugiej strony ignorowanie roli rysownika generowało animozje. Lee ciągle trzymał się roli przyjętej na potrzeby programu, był prowokatorem, akwizytorem, historykiem i aktorem, czasem zdarzało mu się poświęcić prawdę, żeby wywołać lepszy efekt i rozbawić oglądających i słuchających.

W 1986 roku Lee na potrzeby wydania zbiorczego pasków gazetowych z Pająkiem *The Best of Spider-Man* napisał długi esej *Spidey i ja*. Tekst opisywał losy Petera Parkera i przybliżał genezę superbohatera, ale był także pewnego rodzaju autobiografią. Lee przyznał, że przemycał do komiksu siebie: „Trudno jest scenarzystom podczas pisania odepchnąć od siebie to, co myślą, tak jak nie potrafi tego żaden inny człowiek... na przykład prowadząc rozmowę". Co więcej, Lee napisał nawet, że każda wymyślona przez niego postać „to tak naprawdę ja... jestem każdą z nich... [ale] historia Spider-Mana to praktycznie moja autobiografia".

Lee trzy dni w tygodniu – sobotę, niedzielę i środę – poświęcał na pisanie, a przez pozostałe cztery zajmował się spotkaniami biznesowymi i dyskusjami o strategii podejmowanych działań. Pisał scenariusze i całą resztę tak jak w Nowym Jorku, siedząc na zewnątrz, przykrywał maszynę do pisania kawałkiem kartonu, aby nie oślepiał go blask kalifornijskiego słońca, które grzało tak mocno, że roztopiłoby klawisze. Lee pracował siedem dni w tygodniu, czując, że jego przeprowadzka do Los Angeles była konieczna, „żeby stać się bardziej kreatywnym". Będąc częścią środowiska całkowicie oddanego kreatywności, Lee znalazł się w sytuacji, kiedy „»myślał opowieściami« prawie 24 godziny na dobę".

Gdy Lee oswoił się już ze swoją hollywoodzką rolą, w 1986 roku Cadence Industries sprzedało Marvela za 46 milionów dolarów firmie producenckiej i dystrybucyjnej New World

Pictures, która zamierzała zespolić swoją działalność filmową i telewizyjną z szerokim katalogiem postaci Marvela. Harry Sloan, jeden z partnerów, którzy trzy lata wcześniej przejęli New World od reżysera Rogera Cormana i jego brata za 16,5 miliona, mówił wszystkim, którzy chcieli go słuchać, że kupno Marvela przemieni jego firmę w „miniaturowego Disneya". Ekipa redakcyjna chętnie słuchała tych postulatów. Trzeba jednak pamiętać, że Disney zbudował swoją potęgę na filmach i merchandisingu, a nie działalności wydawniczej. Zapowiedź radosnych dni wydawała się cokolwiek złowieszcza.

Szefowie New World Pictures, w tym dyrektor wykonawczy Robert Rehme, powitali Lee z szeroko otwartymi ramionami i przenieśli go do nowej siedziby biura w Westwood. Na pierwszy rzut oka wydawało się, że szanują Lee. Niektórzy członkowie zarządu poprosili go o autografy dla siebie i dzieci. Stan nareszcie doczekał się podziwu, na który zasłużył. W końcu tyle lat pracy poświęcił dla Marvela i tworzenia gatunku superbohaterskiego. Co więcej, nie ustawał w wysiłkach, żeby przenieść postaci z komiksów do kina i telewizji. Krążyły słuchy, że Rehme zbytnio nie odróżniał Marvela od DC i nie znał się nic a nic na komiksach, dlatego dwie firmy (i posiadane przez nie postacie) nieustannie mu się myliły. Kiedy zdał sobie sprawę, że zakupił nie Supermana, tylko Spider-Mana, krzyknął: „O kurwa. Musimy to zakończyć. Cannon na film ze Spider-Manem". Rehme nie znał tych wszystkich postaci zbyt dobrze i nie czytał komiksów, lecz popychał firmę ku nowym pomysłom.

New World chciało wykorzystać superbohaterów tak, żeby przykuwali uwagę, ze szczególnym naciskiem na Spider-Mana. Pająk znalazł się na balonie o pojemności ponad 250 metrów sześciennych helu, który za 300 tysięcy dolarów znalazł się na paradzie z okazji Święta Dziękczynienia zorganizowanej przez Macy's. Oceniono, że transmitowaną przez telewizję imprezę ogląda co roku 80 milionów telewidzów i dodatkowe dwa miliony stojące na ulicach, dlatego marketingowe profity usprawiedliwią spory wydatek. Następnie firma podjęła decyzję o ożywieniu postaci w lecie 1987 roku, gdy Spidey ożenił się ze swą długoletnią miłością Mary Jane Watson przy bazie domowej stadionu Shea, przed wyprzedanym meczem oglądanym przez 55 tysięcy fanów mistrzów świata New York Mets.

W centrum spektaklu znajdował się Lee, który odgrywał rolę sędziego pokoju prowadzącego ceremonię zaślubin. Wydarzenie to wykorzystało status Lee jako celebryty i w pewnym sensie rekompensowało jego pomysł na przedstawienie ślubu w codziennym pasku gazetowym (został on również pokazany w komiksach). New World rozkręciło szeroko zakrojoną kampanię promującą ślub i załatwiło Lee wywiad w programie porannym *Good Morning America* prowadzonym przez popularnych prezenterów Marię Shriver i Forresta Sawyera oraz materiał w tabloidowym *Entertainment Tonight*. O ślubie rozprawiały niezliczone gazety w całym kraju, dzięki czemu ikoniczny już bohater ponownie zagościł w świetle reflektorów, nie mówiąc, oczywiście, o jego twórcy. Lee pracował bez wytchnienia, rozmawiając o Spider-Manie z masą dziennikarzy i prezenterów chcących pogadać choćby przez chwilę o głośnym wydarzeniu.

Lecz mimo sukcesu promocyjnego i zdolności Marvela do generowania zysku New World ledwie sobie radziło finansowo. Krach na giełdzie pod koniec 1987 roku i rozczarowujące wyniki wysokobudżetowych produkcji wypuszczonych przez studio skutkowały ogromnymi długami i wystawiły New World Pictures na żer korporacji polujących na firmy przeżywające przejściowe kłopoty i skupujących najlepsze kąski.

Lee, który usilnie starał się przekonać producentów z New World do swoich superbohaterów, znowu został zepchnięty na pobocze. Jak mówił jeden z wtajemniczonych pracowników: „Stan nie ma nic do gadania, nie jest jednym z graczy, nie jest partnerem. Nie ma prawa głosu. Ale zawsze był jak pitbull, nie da się go tak po prostu spławić". Wewnętrzna polityka firmy raz jeszcze działała na niekorzyść Lee, lecz nikt nie zdawał sobie sprawy, że New World balansowało na granicy bankructwa. Stopniowo okazywało się, że seria finansowych machlojek doprowadziła Marvela na katowski pieniek. Od razu znalazło się sporo osób, które chciały przejąć firmę, pod warunkiem że Lee zostanie. Ostatecznie bitwę o wydawnictwo wygrał Ronald O. Perelman, jedna z najgrubszych ryb korporacyjnych mórz, przebijając pozostałych i wykładając 82,5 miliona przefiltrowanych przez sieć fasadowych firm.

Gdy w 1989 roku Lee celebrował 50 lat pracy w Marvelu, rysował się przed nim zupełnie nowy scenariusz. Stan pamiętał, że minione pięć dekad upłynęło pod znakiem chaosu, ale przetrzymał wszystkie przewroty dzięki nieustępliwości i entuzjazmowi, poza tym miał w ręce kartę atutową: dla wielu pokoleń to on był symbolem Uniwersum Marvela. Co więcej, Lee był Marvelem bez względu na to, kto faktycznie zarządzał firmą, tak jak na przestrzeni lat stał się ojcem superbohaterów dla milionów fanów i widzów, obojętne, czym akurat się zajmował.

ROZDZIAŁ 13

MANIPULACJE MARVELA

W 1989 roku, kiedy prezydent Ronald Reagan i jego żona Nancy przygotowywali się do powrotu do cywilnego żywota po ośmiu długich latach spędzonych w Białym Domu, dziennikarz Mike Wallace z programu *60 Minutes* przeprowadził wywiad z pierwszą parą zaledwie na kilka dni przed ich wyjazdem na kalifornijskie ranczo. Rozmawiali na różne tematy, od trwałości małżeńskich więzi do niełatwego czasu prezydentury spędzonej w stolicy. W pewnym momencie Wallace skierował dyskusję na interesujące, choć niezwiązane z poprzednimi wątkami sprawy, aby przybliżyć widzom codzienną rutynę Reagana.

Wallace zapytał prezydenta: „Czy czyta pan rano komiksy?". Reagan opowiedział wtedy, jak wygląda jego poranek, tłumacząc, że faktycznie zaczyna od przeglądania pasków komiksowych, a dopiero potem przerzuca się na „poważniejsze rzeczy" i tak przygotowuje się do rozpoczęcia dnia. Dziennikarz doprecyzował, że prezydent najbardziej lubi komiks o Spider-Manie, a Reagan rozkręcił się na temat czytania i przyznał, że nie wyobraża sobie nie mieć książki pod ręką. Krytycy prezydenta mogliby sobie pożartować, że potencjał intelektualny pozwalał głowie państwa na zrozumienie jedynie gazetowego paska o Pająku, ale Lee poczuł się wyróżniony, mając świadomość, że Reagan czyta jego komiksy. Nie na darmo Stan na przestrzeni lat użyczył Spidey'ego niejednej kampanii społecznej.

Deklaracja Reagana, który czytywał *Spider-Mana* do śniadania, pokazywała dobitnie, jakiej pozycji dorobiła się ta postać, Marvel Comics i Stan Lee. Przywódca światowego mocarstwa rozpoczynał dzień od lektury tego, co napisał Lee! Podobne wieści pomogłyby każdemu przetrwać kolejne nudne spotkanie z firmą producencką czy przetrawić myśl, że następna hollywoodzka gwiazda przymierza się do roli superbohatera. Gdy świat odkrył, że prezydent czyta paski Lee, jemu właśnie stuknęła sześćdziesiątka, ale nadal miał energię, której mogliby mu pozazdrościć ludzie o połowę młodsi.

*

Rodowity filadelfijczyk Ronald O. Perelman był w latach 80. jednym z najbogatszych ludzi w Nowym Jorku. Postrzegano go jako przedsiębiorcę, który niczym Midas przemieniał każdy interes w złoto. Cała dekada upływała pod znakiem finansowych machlojek, lewarowanych wykupów i wrogich przejęć, a Perelman prowadził przypominającą szachowy mecz korporacyjną wojnę z innymi rekinami biznesu, której stawką były grube miliony.

Na początku 1989 roku New World Entertainment szukało firmy mogącej wykupić Marvela i tym sposobem sfinansować planowaną ekspansję telewizyjną i filmową. Perelman zaproponował 82,5 miliona przez swoje fasadowe przedsiębiorstwo MacAndrews & Forbes, które było podpięte pod splątaną sieć firm holdingowych i macierzystych kontrolowanych przez miliardera. Perelman był twarzą tej umowy i wyłożył około 10,5 miliona ze swoich pieniędzy, a Chase Manhattan Bank przejął większość długu, co było typowym układem w epoce szalejącego kapitalizmu, skupującego wszystko jak leci.

Przejęcie Marvela – łącznie z ikonicznymi superbohaterami i prawami licencyjnymi – za mniej niż 100 milionów wydawało się wielu obserwatorom kradzieżą w biały dzień. Transakcja zapowiadała się finansowo opłacalna i potencjalnie nawet lukratywna. „Pod względem posiadanej własności intelektualnej mamy do czynienia z mniejszym Disneyem – tłumaczył Perelman. – Panuje teraz moda na wymyślanie i handel nowymi postaciami". Na papierze nowy właściciel prezentował się jako odpowiedni człowiek, który mógłby przekształcić Marvela w międzynarodową potęgę medialną. Perelman miał solidny plan, aby popchnąć firmę ku rynkom światowym i rozbudować jej potencjał na najbardziej rozpoznawalnych postaciach. Co ważniejsze, posiadał środki i zaplecze finansowe pozwalające na zebranie ekipy, która podoła temu zadaniu i osiągnie założony cel.

Perelman zdecydował się zaryzykować z Marvelem, bo pod koniec lat 80. rynek komiksu przeżywał ponowny rozkwit. Finansista wiedział jednak, że zarobi prawdziwe pieniądze dopiero, gdy zacznie sprzedawać akcje. Akurat złożyło się parę czynników, dzięki którym planowana oferta publiczna byłaby opłacalna, począwszy od ekspansji sklepów komiksowych do paru agresywnych zwyżek cen, które podbiły sprzedaż, zamiast zniechęcić czytelników. Komiksy zdążyły też ewoluować z tanich magazynów w lśniące, zafoliowane przedmioty kolekcjonerskie i dzięki temu sprzedaż Marvela wzrosła z roku na rok o 30 procent na egzemplarzu.

Przychód Marvela w 1990 roku ogółem przekroczył 70 milionów dolarów, a do tego należałoby doliczyć dodatkowe 11 z licencji. O ile Perelman i inni ludzie wewnątrz firmy bogacili się jeszcze bardziej dzięki ofercie publicznej, to zewnętrzni inwestorzy musieli wziąć pod uwagę ewentualne ryzyko, bo w rzeczonym roku czysty zysk wyniósł jedynie niecałe 5,5 miliona. Co prawda wyniki i tak szły w górę, lecz zaledwie przed dwoma laty Marvel zarobił 2 miliony 400 tysięcy. Dochody z nakładu i sprzedaży w sklepach były jednak tylko jedną z części tej wydawniczej układanki. Na rynku funkcjonowało 80 firm, które dysponowały licencjami Marvela i dysponowały niemałym potencjałem. Rozwój techniki doprowadził do podpisania kolejnych umów, między innymi na gry wideo i produkcje filmowe na kasetach VHS.

Dla finansisty takiego jak Perelman przemienienie części jego dalekosiężnego imperium w nowego Disneya było szansą na zbudowanie firmy bezkonkurencyjnej na rynku rozrywki. Krytycy uważali jednak, że biznesmenowi zależy jedynie na wykreowaniu jak największego rozgłosu wokół nowego zakupu i przystrojeniu go odpowiednio w celu przygotowania do sprzedaży lub innej formy finansowej eksploatacji. Oczywiście Perelmanowi zależało przede wszystkim na pieniądzach, a nie na czytaniu komiksów ze Spider-Manem. Nieustannie szukając sposobu i możliwości na naśladowanie strategii Disneya, amerykańskiego wzorca budowy prawdziwego imperium medialnego, zdecydował o utworzeniu silnej komórki filmowej – Marvel Films.

Na czele Marvela stanął Bill Bevins, topowy menedżer Perelmana i niegdysiejszy dyrektor finansowy w Turner Broadcasting. Mianował Lee szefem nowo utworzonego Marvel Films i dał mu podwyżkę w wysokości trzykrotności obecnej pensji, co zaskoczyło Stana, ale rzecz jasna również ucieszyło, szczególnie że czuł się nieustannie bagatelizowany przez hollywoodzkie rekiny z New World. Lee zresztą zawsze uważał, że przez wszystkie te lata zaniżano mu zarobki. Kiedy Bevins powiadomił go o nowych warunkach współpracy, Stan został wzięty z zaskoczenia. Pomyślał nawet, że musiał się przesłyszeć i tego wieczoru opowiedział Joanie o rozmowie z nowym szefem, przyznając się do pomyłki. Resztę wieczoru spędzili, zastanawiając się, co Bevins faktycznie powiedział. Ale kilka tygodni później, kiedy Joanie odebrała pocztę, przyszedł czek z wypłatą Stana. Rozdarła kopertę, zobaczyła sumę i niemal upadła z wrażenia. Istotnie dotychczasowa pensja męża została potrojona. Od tamtej pory Lee mówił o Bevinsie wyłącznie dobrze. Lecz ważniejszy od samego aspektu finansowego był symboliczny wymiar owej podwyżki, bo oznaczała ona, że nowi szefowie chcieli zrobić z Marvela wydajną korporację mogącą rywalizować z każdym zajmującym się rozrywką przedsiębiorstwem na świecie.

Przyszłość Lee wyglądała różowo. Raz jeszcze otrzymał szansę nadzorowania ekspansji filmowej i telewizyjnej Marvela. Od dawna podzielał pogląd, że Marvel da radę osiągnąć status nowoczesnego imperium podobnego Disneyowi. Być może Perelman miał pieniądze i dryg, żeby nareszcie do tego doprowadzić. Lee nigdy nie czuł się dobrze, obcując z ludźmi z New Line. Tymczasem biznesmen, nieustannie szukając nowych inwestycji, dokonał niejakiej zemsty, bo wykupił rzeczoną firmę, kiedy jej problemy nie przestały się pogłębiać. Lee dysponował teraz o wiele większą piaskownicą, gdzie miał podjąć się zadania budowy filmowego i animowanego królestwa Marvela.

*

Długa znajomość Lee ze Spider-Manem trwała w najlepsze nawet dziesiątki lat po tym, jak do spółki z Ditko stworzył nastoletniego superbohatera przygniecionego wyzwaniami stawianymi przez codzienność. Kiedy tylko Pająk odzyskiwał czołowe miejsce na popkulturowym radarze, od razu był obok niego Stan, gotowy opowiedzieć jakąś historyjkę i rzucić tekst nadający się na dżingiel, bez różnicy, czy mówił o śmierci Gwen Stacy w czerwcu 1973 roku, czy zainscenizowanym na stadionie Shea ślubie Petera z Mary Jane Watson z czerwca 1987 roku, który oglądało 55 tysięcy rozkrzyczanych kibiców. Zabiegi marketingowe Lee korespondowały ze staraniami wydawnictwa, które obrało Pająka na serce Marvela. Niektórzy obserwatorzy uważali Spider-Mana za najpopularniejszego bohatera na świecie, który zdetronizował niezniszczalnego siłacza z czerwoną peleryną i ponuraka w czarnej masce.

W sierpniu 1990 roku Marvel wypuścił *Spider-Mana* #1 autorstwa Todda McFarlane'a, wysoce wystylizowany i wizualnie zachwycający reboot, którego pierwszy numer ukazał się z paroma wariantami kolorowych okładek, co miało zainteresować krajowe media i chwycić za serce kolekcjonerów. Towarzyszący premierze rozgłos i udostępnienie różnych wersji komiksu przyczyniły się do jego ogromnego sukcesu. Zeszyt ten okazał się najlepiej sprzedającym się komiksem w historii z 2 milionami 850 tysiącami rozprowadzonych egzemplarzy. McFarlane skupił się na wizualnej osobowości postaci, żeby „ludzie zaczęli czytać komiksy inaczej, niż robili to przez ostatnich 20 lat". Innymi słowy, miał nadzieję rozpocząć nową konwersację ze Spider-Manem, tak jak niegdyś, jeszcze u zarania Uniwersum Marvela, zainicjował ją Lee.

Tymczasem Stan nie porzucił nadziei, że Hollywood nareszcie uczyni ze Spider-Mana herosa dużego ekranu, lecz na początku lat 90. musiał poświęcić uwagę innym postaciom. Do tej pory Lee zdążył już wyrobić sobie pozycję w branży filmowej. Często pracował jako konsultant przy projektach związanych z Marvelem, chociażby *Śmierci niesamowitego Hulka*, filmie telewizyjnym NBC z 1990 roku z Lou Ferrigno i Billem Bixbym. Mimo że od emisji serialu minęły długie lata, aktorski Hulk nie tracił na popularności, a fani patrzyli na tamtą produkcję z pełną tęsknoty nostalgią. Było coś magicznego i urzekającego w duecie Bixby/Ferrigno, czego telewidzowie pragnęli, szczególnie ujął ich wiecznie umęczony samotnik Banner zmagający się ze swoim życiem, w którym był dla siebie obcy. Po latach, kiedy komiksowe opowieści o superbohaterach odznaczały się sugestywną przemocą i dynamiczną akcją, serial o Hulku i nakręcone na jego podstawie filmy pełnometrażowe wydawały się niemalże staroświeckie.

W 1994 roku Lee zredagował *The Ultimate Spider-Man*, zbiór krótkich historii autorstwa doświadczonych i cenionych scenarzystów i rysowników. Napisana przez niego przedmowa dała czytelnikom zakulisowy wgląd w narodziny tej postaci, a także nastawienie do niej samego Lee. „Nikt z Marvela nie spodziewał się, że Spidey zostanie kulturową ikoną – ujawniał. – Był wtedy dla nas jedną z całego mnóstwa postaci, które wymyślaliśmy, wydawaliśmy, porzucaliśmy i zapominaliśmy, jeśli się nie przyjęły". Tym samym nie rozczarował fanów i dziennikarzy, którzy spodziewali się napuszonej, tryumfalnej opowieści. Lee przyznał, że „upichcił" to wszystko pewnego dnia, kiedy zobaczył chodzącego po okiennej szybie pająka. Potem przyszedł mu do głowy przymiotnik „niesamowity", bo spodobało mu się brzmienie. Lee przez cały czas balansował pomiędzy umniejszaniem swoich osiągnięć a jawnymi przechwałkami, które czytelnicy, przynajmniej częściowo, odczytywali jako żartobliwe.

Te bezpośrednie, lekkie przekomarzanki pomiędzy Lee a czytelnikiem rozwijały się przez lata, a rozpoczęły się już na początku lat 40., gdy pisał pierwsze komiksy z Kapitanem Ameryką. Ciągłe – ktoś mógłby powiedzieć, że niepohamowane – żarciki miały pewną ogromną zaletę: zaufanie, które umocniło więź pomiędzy nim a fanami. Nieważne, czy historyjka Lee o pająku łażącym po szybie była prawdziwa, czy nie, i tak chłonęli każde jego słowo. Dla nich „Stan the Man" był idolem mimo narastającej krytyki ze strony historyków zajmujących się komiksem i niemałego grona zagorzałych czytelników Marvela. Niemałe poruszenie wywołał miłośnik paska o Spider-Manie (i znakomity pisarz) John Updike, który napisał list do redaktora *The Boston Globe* na temat zaprzestania publikacji komiksu (gazeta wycofała się później z tej decyzji). Lee przesłał jemu i żonie bluzy z Pająkiem i oprawiony pasek z autografem. Kolejny usatysfakcjonowany czytelnik.

Bodaj najważniejszą częścią publikacji z 1994 roku była nowelka napisana przez Lee opowiadająca zredagowaną i rozszerzoną wersję genezy Spider-Mana. Rozwinięto i uczłowieczono postaci wujka Bena i cioci May. Lee pozwolił sobie na charakterystyczne dla niego żarciki. Ciocia May, zabijając przy sprzątaniu pająka, krzyczy: „Nie znoszę pająków. Paskudne stworzenia". Przygląda się drobnemu owadowi, upewniając się, czy jest „należycie rozgnieciony".

Ten przykład pokazuje, jak z czasem Lee i inni scenarzyści z Marvela rozbudowywali tę samą opowieść. Na przykład w jednej z wersji Stan umieścił radioaktywnego pająka w laboratorium doktora Octopusa na Empire State University i obdarzył zdolnością do odczuwania i myślenia, szczególnie po dawce promieniowania. Pająk przyczynia się do tego, że naukowiec wywołuje eksplozję nuklearną, i parę sekund później gryzie Petera Parkera, odmieniając go na zawsze. Efektem tego wypadku są nie tyko narodziny Spider-Mana, ale i przytwierdzenie metalowych ramion do ciała doktora Octopusa. Pająkowi udaje się pokonać złoczyńcę, lecz wujek Ben umiera, a Parker ściera się z Flashem Thompsonem. Na potrzeby nowej wersji zostaje nieco zmieniona również słynna kwestia: „z wielką mocą… wiąże się wielka odpowiedzialność".

Zbiór *The Ultimate Spider-Man* odegrał niemałą rolę w umocnieniu pozycji Lee jako twórcy tego superbohatera, bo sekcja biograficzna nie wspomina ani o Kirbym, ani o Ditko. Uwypukla za to rolę Stana: „Jego płodna wyobraźnia zrodziła setki legendarnych postaci takich jak Spider-Man". Oczywiście podobna notka miała pełnić przede wszystkim funkcję promocyjną, lecz takie autorytarne twierdzenia antagonizowały

„prawdziwych wyznawców", którzy darzyli szacunkiem także dwóch wspaniałych rysowników i współpracowników Stana. Owszem, to nie Lee bezpośrednio odpowiadał za jej treść, ale skoro jego nazwisko pojawia się w redakcji, czytelnicy i fani mogli się spodziewać, że wykaże się choćby odrobiną skromności. Uważny czytelnik wypatrzy jednak dedykację od Lee: „Dla Steve'a Ditko, który był tu od samego początku".

*

Pod kierownictwem Bevinsa i działając zgodnie ze strategią narzuconą przez Perelmana, Marvel generował coraz wyższe obroty, czyniąc działalność wydawnictwa zyskowniejszą. Kolejnym ruchem przedsiębiorcy było wyprowadzenie firmy na giełdę. Decyzja ta umożliwiła mu zarobienie jeszcze większych pieniędzy, kiedy inwestorzy kupowali akcje. Pierwsza oferta publiczna przyniosła Perelmanowi 82 miliony dolarów. Do swoich firm macierzystych przelał 50 milionów, tym samym gwarantując sobie 500 procent zwrotu z pierwotnej inwestycji i 60-procentowe udziały w Marvelu. Na nowojorskiej giełdzie zjawił się nawet aktor przebrany za Spider-Mana, machając i witając kupujących.

Giełda ceniła sobie rozmach i Perelman podkarmił bestię informacjami, że młody reżyser James Cameron, świeżo opromieniony sukcesami *Terminatora* i *Obcego – decydującego starcia*, napisze scenariusz i zrealizuje film o Spider-Manie (co niezmiernie ucieszyło Lee i było początkiem długiej przyjaźni obu mężczyzn). Ceny akcji firmy podwoiły się i za pojedynczą sztukę pod koniec 1993 roku trzeba było zapłacić 35 dolarów.

Przychody Marvela klarowały się wtedy na poziomie 415 milionów, a zyski – 56. Na papierze udziały Perelmana były warte 2 miliardy 700 tysięcy. Duży sukces jak na finansowego pirata.

O ile przyszłość Marvela wyglądała obiecująco, rynek wykazywał już oznaki zmęczenia boomem, a dokonany przez Perelmana w połowie 1992 roku zakup zajmującej się produkcją kart kolekcjonerskich firmy Fleer (wartej 286 milionów) sfinalizowano, gdy profesjonalny sport przeżywał ciężkie czasy. Fani nie wykazali zainteresowania. Następnie Marvel udzielił nieodpłatnej licencji na swoje postacie specjalizującej się w figurkach, zarządzanej przez Ike'a Perlmuttera i Aviego Arada nowojorskiej firmie Toy Biz, przejmując 46 procent jej akcji.

Ani Perelman, ani jego menedżerowie nie zdawali sobie sprawy, że to kolekcjonerski szał sztucznie podbijał sprzedaż. Film *Batman* z 1989 roku z Michaelem Keatonem i komiks *Śmierć Supermana* z 1992 roku, którego sprzedano sześć milionów egzemplarzy, ożywiły rynek, lecz szaleństwo prędko przeminęło. Z kolejnego kryzysu Marvelowi trudno było się podnieść pomimo niedawnej dobrej passy, zwłaszcza gdy Perelman skupił się jedynie na zyskach, a nie na dalszym inwestowaniu w prace rozwojowe nad produktami.

Jego zespół próbował jakoś zamortyzować upadek, kupując firmę zajmującą się naklejkami, kolejnego producenta kart i dwa mniejsze wydawnictwa: publikujące magazyny dla dzieci Welsh Publishing Group oraz Malibu Publishing, niewielką oficynę z Zachodniego Wybrzeża, do której zalecało się także DC (Marvel otrzymał nakaz kupna bez baczenia na cenę, bo przejmując tę firmę, rywal miałby większościowy udział w rynku). Po tych zakupach Marvel spuchnął tak bardzo, że jeszcze bardziej zachwiała się jego delikatna infrastruktura. Pierwsze straty pod rządami Perelmana odnotowano w 1995 roku, kiedy wydawnictwo popłynęło na 48 milionów dolarów pomimo sprzedaży wartej 829 milionów. Dług firmy napęczniał do około 600 milionów, co popchnęło obsługujące Marvela banki do bacznej obserwacji kontrahenta. Nie było mowy o pieniądzach na nowe projekty, jak założenie niezbędnego działu internetowego, ani na nic, co mogłoby pomóc stworzyć jakieś nowe źródło mogące wygenerować dochody.

Perelman wypuścił śmieciowe obligacje, nie chcąc przerywać zakupowego szału. Tymczasem inny korporacyjny konkwistador, Carl Icahn, jeszcze bogatszy od Perelmana, wyczuł, że firma jest gotowa do wrogiego przejęcia, i wykupił obligacje o wartości około 40 milionów. Kiedy Marvel miał kłopot ze spłaceniem długu, Perelman zaproponował 350 milionów za kolejne akcje, lecz Icahn, który posiadał 25 procent firmy, odmówił. Nagle, na tle słabej koniunktury na rynku komiksowym, jedni z najbogatszych ludzi Ameryki walczyli o przyszłość firmy. Choć Icahn pozornie chciał ratować Marvela, niewielu wierzyło, że chodziło mu o cokolwiek innego poza tanim kupnem firmy i późniejszym rozsprzedaniem jej po kawałeczku.

27 grudnia 1996 roku, dzień przed siedemdziesiątymi czwartymi urodzinami Lee, Perelman zrobił jedyny możliwy krok i ogłosił upadłość Marvela, starając się rzutem na taśmę udaremnić przejęcie firmy przez Icahna. „Informacja prasowa była zwięzła i niezbyt fajna" – podsumował Shirrel Rhoades, który próbował przeprowadzić Marvela przez ten burzliwy okres. Cały komiksowy świat zadrżał. „Całą branżę zdjął strach" – dodał. Strony wymieniły się planami reorganizacji

firmy, lecz żadna nie potrafiła zaakceptować propozycji drugiej. Co mogło wydawać się ironiczne, to działalność wydawnicza ratowała Marvela przed upadkiem, podczas gdy interes z kartami jedynie nadwyrężał budżet firmy, a umowy reklamowe i licencyjne ciągle nie napływały.

W lutym 1997 roku sąd upadłościowy pozwolił Icahnowi przejąć kontrolę nad Marvelem, a następnie, w czerwcu, także nad zarządem, co umożliwiło mu usunięcie rywala i jego ludzi na dobre. Szacunki są różne, lecz ocenia się, że przez tych parę lat Perelman mógł zarobić na Marvelu od 200 do 400 milionów dolarów. Kiedy Icahn dopiero zaczął wprowadzać swoje porządki, nagle niewielkie Toy Biz, prowadzone przez Perlmuttera i Arada, przyłączyło się do negocjacji i wyłożyło plan ratowania Marvela. Firma chciała zachować korzystną dla siebie umowę, szczególnie że połowę asortymentu firmy stanowiły zabawki na licencji Marvela.

W grudniu 1997 roku los Marvela spoczął w rękach powiernika Johna J. Gibbonsa, wyznaczonego przez Rodericka McKelviego, sędziego dla dystryktu Delaware. Szefostwo Marvela zakwestionowało zapisy umowy z Toy Biz i Perlmutterowi i Aradowi zaczął się palić grunt pod nogami. Skrzyknęli grupę inwestorską, zebrali 400 milionów i wystąpili z propozycją natychmiastowego kupna Marvela. Mimo obiekcji Icahna sędzia McKelvie przystał na oferowaną kwotę. Firmy po fuzji miały spłacić wierzycielom część należności i zaproponować roszczenie rezydualne. Arad przekonał kontrahentów wykładających największe pieniądze, że przyszłość rysująca się przed Marvelem jako wytwórnią filmową była warta podjęcia ryzyka.

Jego żarliwa przemowa okazała się profetyczna.

*

Kiedy tytani biznesu i korporacyjni gladiatorzy pod koniec lat 90. wojowali ze sobą o kontrolę nad Marvelem, Lee odgrywał rolę lojalnego żołnierza i nadal przebijał się przez hollywoodzkie struktury, podpisując umowy na animacje, seriale telewizyjne i filmy. Upadłość zaszkodziła mu tylko wtedy, gdy producenci zaczęli łypać na niego podejrzliwie, niepewni, czy chcą pracować z wydawnictwem, którego przyszłość jest niejasna. Zwykle Bevins pozwalał mu działać niezależnie od siebie, interweniując tylko raz, kiedy Lee miał w zasięgu kilka sieci telewizyjnych chętnych na seriale o Czarnej Wdowie i Daredevilu, ale niepewność co do dalszego losu Marvela zmusiła szefa firmy do zerwania negocjacji. Wysiłki Lee przypominały nieco jego starania redaktorskie z dawnych lat, bo znowu upewniał się, że scenarzyści kreskówek zrozumieją standardy wydawnictwa odnośnie do rozwoju postaci i fabuły. „Zwykle całymi dniami pracowałem nad filmami, serialami telewizyjnymi i animacjami" – opowiadał.

Los Marvela wydawał się niejako zawieszony, bo sędziowie dopiero dyskutowali o tym, komu przypadnie firma, kiedy już wygrzebie się z bankructwa. Wynik tej rozgrywki nie miał tak naprawdę dla niego zbytniego znaczenia, bo był zbyt istotny dla wydawnictwa, aby mogło się go pozbyć, bez różnicy, kto stał na jego czele. Mniej lub bardziej był ponad tym wszystkim. „Trzymam się z daleka od kwestii biznesowych, moim obszarem zainteresowań pozostają rzeczy związane z procesami kreatywnymi" – przyznawał. Zresztą Marvel dostrzegał zalety nadzoru sprawowanego przez Lee nad produkowanymi animacjami. *Spider-Man*, *X-Men* i *The Incredible Hulk* przyciągały przed telewizory sporą publikę dziecięcą. „Nasze seriale radziły sobie naprawdę nieźle… I tylko to mnie wtedy tak naprawdę obchodziło" – tłumaczył.

Choć często pomijano jego pracę, planując szerszą strategię Marvela, dzięki rozbudowie animowanego imperium Lee udało się przyciągnąć niejednego fana. Dla zagorzałego kinomana takiego jak Stan tak naprawdę liczyło się kino. O ile projekt ze Spider-Manem z czasem wydawał się coraz mniej realny z powodu dysput i prawnych przepychanek odnośnie do własności praw filmowych do postaci, pozostałe postaci radziły sobie lepiej, łącznie z X-Men i Hulkiem.

Ale co zadziwiające, pierwszym filmem Marvela, który wybijał się spośród innych, była adaptacja mniej znanego komiksu o drugoplanowym bohaterze, łowcy wampirów imieniem Blade, którego stworzyli Marv Wolfman i rysownik Gene Colan. Film z Wesleyem Snipesem w roli tytułowej miał swoją premierę pod koniec lata 1998 roku i choć zebrał mieszane recenzje, fani oszaleli na jego punkcie. Sprzedał się dobrze zarówno w Stanach Zjednoczonych, jak i za granicą – ostatecznie zarobił 70 milionów w Ameryce i 131 na całym świecie. Mimo że epizod Lee skończył na podłodze montażowni, *Blade* udowadniał, że Stan miał rację co do filmowego potencjału postaci Marvela.

Lata 90. nareszcie dobiegły końca. Lee miał tę dziwaczną dekadę za sobą. Nareszcie jego marzenia o przeniesieniu superbohaterów Marvela na ekran albo się zmaterializowały, albo były bliskie urzeczywistnienia. A jednak firma nadal stąpała po cienkim lodzie. Marvel dysponował niemalże nieskończonym katalogiem postaci, którego trzon znany był doskonale niemalże na całym świecie, lecz różne korporacyjne konglomeraty posiadające do nich prawa nie miały pojęcia, jak je wykorzystać ani jak opracować korzystną strategię. Jedynie Perlmutter i Arad z Toy Biz wydawali się rozumieć, co sprawia, że superbohaterowie generują zyski. Najpierw dorobili się na nieobciążonych tantiemami zabawkach, a potem przejęli całego Marvela.

Choć Lee był po siedemdziesiątce, uważnie śledził rozwój techniki i to, jak wpływała na całą branżę. Rozpatrywał całe mnóstwo opcji, od gier wideo do serii komiksowych nagrywanych na płyty CD-ROM, a nawet raczkującego dopiero internetu. Lee udzielał się przy najwcześniejszych sieciowych projektach Marvela, pod koniec lat 90. odpowiadając na pytania za pośrednictwem strony domowej AOL. Zdawał sobie sprawę, że internet to kolejne medium, które umożliwi rozpowszechnianie rozrywki internautom z całego świata.

Niewielu pisarzy, muzyków, artystów i innych ludzi kultury pozostało tak aktywnych i znaczących w wieku Lee, ale on nie zamierzał odchodzić na emeryturę, obawiając się, że brak zajęcia odbierze mu chęć do życia. Podczas konwentów komiksowych towarzyszyło mu niesłabnące zainteresowanie, media ciągle chciały mieć go u siebie, a kontakt z celebrytami wydawał się dla niego niczym magiczny eliksir. Nie chodziło o to, że nie chciał przestać. Po prostu nie mógł.

ROZDZIAŁ 14

POWSTANIE I UPADEK STAN LEE MEDIA

W styczniu 1999 roku w całej sieci zawrzało, bo Stan Lee założył firmę internetową – Stan Lee Media, Inc. (SLM). Dziennikarze ruszyli tłumnie, aby coś o tym napisać. Wywiad z Lee dawał im szansę dowiedzenia się czegoś o startupie oraz posłuchania niestworzonych historii o baśniowych początkach Uniwersum Marvela. Mariaż najbardziej ekscytującego kanału służącego snuciu opowieści z najciekawszym gawędziarzem na świecie był obietnicą pewnego sukcesu.

Lee założył SLM z Peterem F. Paulem, przedsiębiorczym hollywoodzkim akcjonariuszem, który prowadził fundację non profit z legendarną gwiazdą ekranu Jimmym Stewartem i zorganizował kilka prestiżowych zbiórek pieniężnych. Na dokumentach marketingowych SLM stanowisko Paula określono jako „producent do spraw nowych mediów", na co zasłużył sobie doświadczeniem zdobytym jako założyciel firmy Digicon Entertainment, które stworzyło dla Sony wykorzystującą sztuczną inteligencję i rzeczywistość wirtualną animację z Marilyn Monroe. Paul przysłużył się też karierze niejakiego Fabio, ówczesnego obiektu kobiecych westchnień, i przejawiał dryg do poznawania bogatych i potężnych ludzi, takich jak prezydent Bill Clinton i jego żona Hillary.

Rozwój internetu i wzrost jego globalnego znaczenia umożliwił Lee opanowanie nowego medium mimo 76 lat na karku. „Gdy Peter Paul rzucił sugestię, że powinniśmy założyć firmę internetową, moja wiedza o sieci ograniczała się do wniosku, że z czasem będzie to najsilniejsze medium rozrywkowe i komunikacyjne, jakie pozna świat. Dlatego, rzecz jasna, byłem podekscytowany podobną perspektywą" – tłumaczył Lee. Paul wyliczył, że samo nazwisko jego partnera przekłada się na około 30 milionów wartości marki. SLM nie mogło zrobić użytku z postaci stworzonych i współtworzonych przez Lee, bo prawa do nich posiadał Marvel, lecz stary mistrz mógł rozpisać zupełnie nowe uniwersum superbohaterskie specjalnie na potrzeby nowego startupu.

Sam pomysł, że mógłby zaprezentować Marvelowi i światu zupełnie nowy panteon superbohaterów, motywował Lee do działania. Mimo że przyznano mu tytuł „prezesa emeryta", chciał stanąć do rywalizacji – trudna sytuacja wydawnictwa i uwłaczająca batalia o dożywotni kontrakt tylko pobudzały go do działania. Nie spodobał mu się pomysł, że po tak długiej służbie ma zostać praktycznie figurantem.

Lee czuł się zraniony i zły, że musiał płaszczyć się przed Ike'em Perlmutterem, nowym szefem Marvela, i renegocjować umowę po tym, jak został uprzednio zatrudniony na mocy dożywotniego kontraktu zapewniającego mu finansowe zabezpieczenie i uznającego jego rolę w budowaniu pozycji firmy. Lee uznał pierwotną ofertę Perlmuttera za uwłaczającą, bo ten zaproponował mu dwuletnią umowę i „dokładnie połowę tego, co zarabiałem". Stan zastanawiał się, czy aby nowym zespołem Marvela nie kieruje duch Martina Goodmana.

Szefostwo Marvela uznało jednak wartość Lee jako duchowego szefa działu komiksu i nie mogło ryzykować PR-owego koszmaru, gdyby legendarny scenarzysta odszedł do DC lub innego wydawcy. Prawnik Arthur Lieberman wywalczył ostateczny kształt umowy, która dawała Lee podwyżkę (do przeszło 800 tysięcy rocznie do końca życia) i 125 tysięcy rocznie za pasek gazetowy o Spider-Manie. I co ważniejsze, pół miliona rocznej pensji dla Joanie i dziesięć procent z przyszłego dochodu filmowych i telewizyjnych projektów Marvela. Ponadto umowa nie wymagała od Lee wyłączności, czyli pozwalała mu na pracę, gdzie chciał i przy czym chciał, dla każdego wydawcy, firmy czy organizacji.

Po rozpoczęciu działalności SLM Lee mógł sobie pozwolić na drobne przytyki pod adresem Marvela, mówiąc, że jego nowa firma, w odróżnieniu od rzeczonego wydawnictwa, może zająć się produkcją komiksów sieciowych i wymyślaniem bohaterów „śmiałych, ambitnych i zadziwiających". Roztaczał wizję, że SLM sprzymierzy się z innymi firmami działającymi w internecie, będzie tworzyć swoje witryny i wirtualne komiksy, gry interaktywne i organizować warsztaty z branżową legendą przeznaczone dla tych, którzy będą chcieli spróbować się wybić.

Stan Lee Media rozpoczęło działalność na początku 1999 roku z zupełnie niewyróżniającego się biurowca przy Ventura Boulevard w Encino w Kalifornii. Mimo że z zewnątrz miejsce to wyglądało identycznie jak zlewające się ze sobą wszystkie inne budynki stojące 30 kilometrów od Los Angeles, SLM wypuściło pakiety prasowe wydrukowane na lśniącym papierze w jaskrawych kolorach, wychwalające Lee i jego dawne sukcesy, co miało przyciągnąć inwestorskie pieniądze i szybko przenieść firmę na giełdę. Tak przez ostatnie lata internetowe firmy zwykły dorabiać się niemałych fortun. Napisano tam na przykład, że Lee „wywarł na branżę komiksową wpływ większy niż ktokolwiek inny" i „w 75 krajach wydano przeszło dwa miliardy jego komiksów przetłumaczonych na 25 języków". Jądrem całego przedsięwzięcia była nowo utworzona strona internetowa www.stanlee.net, gdzie ukazywały się informacje o nowych postaciach i produktach.

Przeprowadzka ikony do sieci trafiła na nagłówki gazet. Ludzie byli zaciekawieni, jak materiały do tej pory kojarzone z drukiem sprawdzą się w świecie wirtualnym. Lee w każdym wywiadzie manifestował szczery entuzjazm, który podłapywały potem prasowe notki. Tłumaczył podczas rozmowy z NPR, że komiksy internetowe to „tak naprawdę miniaturowe filmy. Aktorzy czytają dialogi. Koniec z dymkami". Sama myśl o stworzeniu przez Lee nowego uniwersum superbohaterskiego intrygowała potencjalnych kontrahentów i ekscytowała fanów. SLM miała przeskoczyć konkurencję przeprowadzką do sieci, co było kolejnym czynnikiem, który zachęcił inwestorów publicznych do sfinansowania tego projektu. Jeden z dziennikarzy tak opisywał pomysł Paula na SLM, tłumacząc, że ma on zamiar wypromować przedsięwzięcie, aby stworzyć „sytuację, kiedy Stan będzie mógł zaoferować co nieco fanom i chętnym licencjobiorcom, stojąc na wirtualnym balkonie nowego Domu Starych Pomysłów postawionym na płynnym fundamencie internetu".

I tak w sierpniu 1999 roku, nie mogąc się doczekać wejścia na giełdę, lecz nie chcąc podążać wydeptaną ścieżką prowadzącą do przedstawienia pierwszej oferty publicznej, Paul i bankier inwestycyjny Stan Medley doprowadzili do tak zwanego połączenia odwrotnego z publiczną firmą Boulder Capital Opportunities, Inc. Utworzone w ten sposób przedsiębiorstwo miało działać pod nazwą Stan Lee Media, SLEE. Jako prezes i kreatywna siła firmy Lee otrzymał udziały w wysokości ponad sześciu milionów akcji, tak jak Paul i inni na kierowniczych stanowiskach. Z początku miały one niewielką wartość, ale z czasem uczyniły Stana i pozostałych obrzydliwie bogatymi (ówczesna roczna pensja Lee wynosiła 272,5 tysiąca dolarów). Podczas pierwszego roku działalności na najwyższym piętrze budynku w Encino (które było również siedzibą dla paru cokolwiek ciemnych interesów Paula) firma rozrosła się na tyle, że zatrudniała 150 pracowników.

Flagowym tytułem firmy miało być *7th Portal*, opowieść o drużynie superbohaterów zwalczającej łotrów przedostających się na Ziemię przez ukryte przejście. Lee, jak mówił Buzz Dixon, wiceprezes do spraw kreatywnych, osobiście nadzorował projekt. Z początku Stan pracował nad sześcioma czy siedmioma różnymi rzeczami jednocześnie, rozpisywał fabuły i kreślił szkice postaci. „Lee odcisnął swoje piętno na wszystkim, z czym miałem do czynienia" – powiedział Dixon. Podczas gdy Stan, jego scenarzyści i rysownicy przerzucali się pomysłami, szefostwo firmy starało się wytłumaczyć światu, co tak naprawdę jest na sprzedaż – sam Lee. „Fakty są takie, że Stan jest rozpoznawalną marką na globalnym rynku" – mówił Dixon. Paul i inni zastanawiali się, czy nie rozkręcić linii odzieżowej z wykorzystaniem znanych powiedzonek Lee oraz paru nowych, które mogliby zastrzec jako znaki towarowe. Dziennikarze zwrócili uwagę na to, że każdego ranka Lee meldował się pod biurem o 9.30, podjeżdżając pod budynek czarnym kabrioletem, mercedesem E20, i często zbierał się do domu dopiero o 20.00.

SLM zaprezentowało *7th Portal* podczas gwiazdorskiej gali 29 lutego 2000 roku, którą Paul zorganizował na terenie Raleigh Studios w Północnej Karolinie. Na gospodarza imprezy wybrano Dicka Clarka, osobowość telewizyjną, a na scenie wystąpili Jerry Lee Lewis, Ray Charles i Chaka Khan. Trzy miesiące później SLM ogłosiło podpisanie umowy z Paramount Parks, które miało opracować przejażdżkę 3D na bazie *7th Portal* dla 12 milionów gości rocznie.

SLM dysponowało rozpoznawalną marką, lecz firmie brakowało treści, którymi mogłaby rozporządzać, żeby zacząć zarabiać na licznych umowach podpisanych przez Paula. Lee przez cały czas asystował scenarzystom i rysownikom, lecz to współzałożyciel firmy trzymał łapę na umowach i odpowiadał za wszystkie ustalenia biznesowe, przez co Stan praktycznie nie uczestniczył w procesach podejmowania decyzji. Według pracowników Lee „z rzadka odzywał się na spotkaniach biznesowych. Zwykle coś gryzmolił albo przysypiał". Dzięki Paulowi ciągle mówiono o Lee i ich startupie, marketingowa maszyna działała na pełnych obrotach. Lecz coraz mniej zawartych z kontrahentami porozumień faktycznie przekładało się na produkcję treści.

Sama osoba Lee posłużyła za przynętę, która ściągnęła na pokład celebrycką brać. SLM ogłosiło rychłe prestiżowe przedsięwzięcia z udziałem gwiazd, takich jak Backstreet Boys i Mary J. Blige. Eksperci interpretowali działania firmy jako kulminację długiej komiksowej kariery Lee i wierzyli, że sama jego wizja pozwoli SLM zostać Disneyem ery internetu. Ale czym innym było potraktowanie nazwiska „Stan Lee" przez opinię publiczną jako ekwiwalentu sukcesu odniesionego przez Marvela lub gwarancji następnego świetnego biznesu, a czym innym interpretacja sytuacji SLM przez media, analityków giełdowych i innych, którzy mieli się podczepić pod ten uciekający pociąg. Histeria towarzysząca bańce Nowej Gospodarki pozbawiła prasę umiejętności rozpoznania farsowości tej operacji i przewidzenia opłakanych konsekwencji.

Internetowa mania rozpętała się w całych Stanach Zjednoczonych, od San Jose i San Francisco aż do nowojorskiej Alei Silikonowej, a potem opanowała cały świat, rozkwitały technologiczne centra: Dublin, Tel Awiw i Moskwa. Całe środowisko było tak rozgrzane i chłonne, że proste pomysły na sprzedaż zwyczajnych dóbr konsumenckich przez sieć mogły zachęcić inwestorów wysokiego ryzyka do wyłożenia dziesiątek milionów na dofinansowanie projektu. Dlatego też SLM wydawało się pewniakiem. Na początku 2000 roku – gdy boom osiągnął szczyt – giełda wyceniła akcje firmy na 31 dolarów od sztuki, co dawało SLM wystarczający kapitał (350 milionów), aby od ręki wykupić Marvela. Supergwiazda popu Michael Jackson sam rozważał ten ruch, osobiście zapytał Lee, czy stanąłby na czele wydawnictwa, gdyby się zdecydował. Rzecz jasna Stan z miejsca się zgodził, lecz do przejęcia nigdy nie doszło.

Lee doskonale szło to, z czym zawsze sobie znakomicie radził: służył za reprezentanta organizacji i – co ważniejsze – był twarzą komiksów sieciowych i mediów online. Ten nadzwyczajny poziom podniety i chęć uwierzenia w sukces pomimo niewielkich lub żadnych gwarancji stworzyły środowisko idealne dla „prawdziwych wyznawców", którzy mogliby przyłączyć się do przedsięwzięcia Stana the Mana. Gdy Lee mówił do ludzi goszczących na technicznych konferencjach i innych imprezach, był pomiędzy swoimi, z pokoleniem namaszczonych przez siebie zapaleńców, którzy dorastali, czytając opowieści o superbohaterach, i nadal byli zagorzałymi fanami komiksów.

Niektórzy pracownicy SLM po cichu kwestionowali legalność zawieranych przez firmę umów i podpisywanych kontraktów, bo nikt poza Paulem i niewielkim gronem towarzyszących mu konspiratorów nie miał pojęcia, jak szybko startup pochłaniał fundusze akcyjne i dofinansowania. Dokumenty sądowe ujawniły potem, że SLM od zarejestrowania spółki do września 2000 roku pochłonęło około 26 milionów dolarów. Dla porównania przez ten czas przedsięwzięcie przyniosło jedynie około miliona dochodu.

Tak jak inne firmy internetowe, których działalność zakończyła się spektakularnym fiaskiem, SLM było domkiem z kart, zbudowanym na rozgłosie i przebiegłej strategii marketingowej wykorzystującej nowatorski pomysł przeniesienia komiksu do przestrzeni internetowej. O ile jednak podobne klęski zwykle bywały efektem zwodniczego entuzjazmu wywołanego pęcznieniem giełdowej bańki i przekonaniem, że rozmiar jest istotniejszy od zyskowności, tak SLM dopuściło się faktycznego oszustwa i manipulacji akcjami. Wszyscy pracownicy firmy z miejsca stracili pracę, gdy ta w grudniu 2000 roku ogłosiła upadłość. Komisja Papierów Wartościowych i Giełd oraz FBI rozpoczęły dochodzenie w sprawie Paula, Lee i innych szefów SLM. Stana szybko oczyszczono z zarzutów o malwersacje finansowe i skupiono się na Paulu. Niedługo potem stał się znany na całym świecie jako facet, który wciągnął Stana Lee w jedną z najbardziej śmiałych piramid finansowych tamtego okresu.

Zaledwie dwa tygodnie przed siedemdziesiątymi ósmymi urodzinami Lee, personel SLM, mimo obaw o posady i złowieszczych plotek o rychłym upadku firmy, zrzucił się na sprowadzoną dla niego z Niemiec dwumetrową statuę Spider-Mana. Kupując ten prezent, pracownicy trzymali kciuki, aby Lee, niczym prawdziwy superbohater, uratował dzień. Może mieli też cichą nadzieję, że ich Pająk magicznie ożyje i wszystko naprawi.

Podczas spotkania personelu szefowie SLM weszli do salki konferencyjnej i ogłosili bez ogródek, że firma zostaje zamknięta, a pracownicy natychmiastowo zwolnieni. Ludzie, zapłakani i zaskoczeni, nie mogli uwierzyć, co przed chwilą usłyszeli, choć spora część z nich już jakiś czas temu zaczęła sobie uświadamiać pogarszającą się sytuację finansową. Nie minęły nawet dwa lata, a SLM zmarnotrawiło dziesiątki milionów dolarów, było tylko kolejną internetową firmą wyrzuconą na śmietnik historii. Lee, słysząc to wszystko, opadł z sił i musiano wyprowadzić go z budynku. Wspomnienie dni, kiedy Goodman zmuszał go do przekazywania podobnych wieści freelancerom z Marvela nadal było świeże w jego pamięci.

*

Gdyby Paul faktycznie był superłotrem, można by było z łatwością wyobrazić sobie, jak z eleganckiego mężczyzny pod krawatem przemienia się w oślizłego węża albo w masę energii o nadludzkiej mocy zasilaną pieniędzmi i drogimi kamieniami. Lista celebrytów i ludzi ze świata polityki, których oszukał, była długa. Udało mu się też wywieść w pole prasę. Na przykład „Los Angeles Business Journal" nazwał go swojego czasu „Mózgiem Spider-Mana" i sugerował, że niechybnie uda mu się zbudować „biznesowe imperium" z nowymi postaciami wymyślonymi przez Lee. Sam Paul przechwalał się z kolei, że SLM to „Disney XXI wieku".

Paul potrafił snuć wizje o wielkości. Jego plan na startup wydawał się prosty i podążał tymi samymi ścieżkami, co inne firmy powstałe podczas internetowej gorączki. Promował firmę i Lee przez inteligentny marketing oraz sprytne strategie PR-owe. Następnie, mimo ograniczonej oferty SLM i niewielkiego dochodu, wchodził na giełdę, choć nie dysponował ani produktami, ani treściami. Oferta publiczna umożliwiała Paulowi na wykorzystanie pieniędzy uzyskanych ze sprzedaży akcji na finansowanie zwiększającego się deficytu (i równocześnie napychanie sobie kieszeni). Straty finansowe były cedowane na akcjonariuszy. Na wszystkim zarabiał Paul – który przekuwał przyznawane samemu sobie opcje na zakup akcji na niezliczone miliony – i jego kumple.

Władzom udało się rozgryźć giełdowy szwindel zaaranżowany przez Paula i jego paru strategicznie rozmieszczonych towarzyszy, w tym wiceprezesa SLM Stephena M. Gordona, którego skazano w 2003 roku na sześć i pół roku w więzieniu federalnym za wzięcie udziału w przekręcie polegającym na wystawianiu czeków bez pokrycia. Paul pożyczał pieniądze z banków, korzystając z napuchniętych cen akcji SLM jako zabezpieczenia finansowego, a potem nielegalnie obracał akcjami. Żeby dokopać się do fundamentu tej piramidy, śledczy potrzebowali paru lat, lecz Paul dopuścił się też bardziej bezpośrednich nielegalnych zagrań, jak odmowa spłaty pożyczki od Lee w wysokości ćwierci miliona dolarów czy podrobienie jego podpisu na paru umowach (grafolodzy udowodnili, że to nie Stan je podpisał).

16 lutego 2001 roku SLM wypełniło wniosek o upadłość, który złożono w Sądzie Upadłościowym dla Centralnego Dystryktu Kalifornii. W sierpniu 2002 roku sekretarz stanu Kolorado rozwiązał firmę, a jej sprawa został odrzucona, jako że nie uregulowała opłat powierniczych. Gdy zaczęły wychodzić na jaw nowe machlojki, Paul zdążył uciec z kraju i w grudniu 2000 roku wylądował w Brazylii, mając nadzieję uniknąć kary. Zbieg został jednak pochwycony przez tamtejsze władze w sierpniu 2001 roku i aresztowany na dwa lata. Amerykańskie organy ścigania wniosły o ekstradycję i byłego partnera biznesowego Lee przewieziono do kraju we wrześniu 2003 roku.

Choć Paul usilnie próbował wykaraskać się z kłopotów, pojawiały się kolejne oskarżenia od ludzi i stron, które naciągnął łącznie na przynajmniej 25 milionów. W 2005 roku przyznał się do winy i spędził cztery lata w areszcie domowym, a w 2009 roku został skazany na pobyt w więzieniu federalnym w Anthony w stanie Texas. Zwolniono go warunkowo pod koniec 2014 roku.

Dobra reputacja, którą cieszył się od kilkudziesięciu lat, pomogła Lee uniknąć przykrych następstw całej sprawy. Nie dość, że na początku nowego tysiąclecia wyglądał niczym ekscentryczny dziadunio, to jeszcze szybko stało się dla śledczych oczywiste, że sam został oszukany przez współpracowników. Nie wszystko jednak skończyło się dla niego dobrze. Prasa branżowa zajęła się licznymi opowieściami, że przysypiał na spotkaniach i ogólnie nie interesował się sprawami finansowymi. Nie odpowiadał za pieniądze, to fakt, lecz można było się upierać, że powinien być na bieżąco z tym, co dzieje się w firmie nazwanej jego imieniem.

Lee poniekąd uratowało to, jak bardzo skorumpowanym manipulatorem był Paul. Na długiej liście osób, które udało mu się przekręcić znalazło się mnóstwo wpływowych postaci, takich jak Bill i Hillary Clinton, Muhammad Ali i aktor Jimmy Stewart. Określony przez jednego z dziennikarzy „cokolwiek tajemniczą postacią o przeszywającym spojrzeniu i szerokim geście" Paul był jedną z najbardziej niewiarygodnych postaci ery internetowej. Twierdził nawet, że ma powiązania z tajnymi organizacjami rządowymi i federalni sfabrykowali dowody przeciwko niemu, aby go uciszyć.

Klęska SLM praktycznie wymazała trzy lata z życia Lee i odmieniła jego spojrzenie na świat. „Nic nie naprawi już szkody ani mi, ani niezliczonym osobom – mówił. – Ale jedno jest pewne: nie będę już tak naiwnie łatwowierny". Po owym fiasku, jak zauważyli eksperci i obserwatorzy, kariera Lee zaczęła powoli przygasać. Być może nareszcie największy showman przemysłu superbohaterskiego, po czterech dekadach w świetle reflektorów, powinien był sobie odpuścić. Niewielu wierzyło, że nawet niezniszczalny Lee da radę wyjść ze skandalu cało, choć rządowe dochodzenie oczyściło go z jakichkolwiek zarzutów i uznało niewinnym upadku SLM.

Lecz patrząc na sprawy z szerszej perspektywy, koniec internetowego boomu zaskoczył niejednego korporacyjnego potentata, łącznie z tymi, którzy od dekad poruszali się w wyższych sferach świata biznesu. Pozwoliło to spojrzeć na kłopoty Lee nieco inaczej. Globalny kryzys gospodarczy sprawił, że fiasko SLM wyglądało jak kolejny urzeczywistniony koszmar biznesu sieciowego. Poza tym gdy kryminalna przeszłość Petera Paula, jego cudaczna próba wyprowadzenia pieniędzy z Wall Street i osobliwe gadki o pracy przy tajnych operacjach wojskowych przedostały się do wiadomości publicznej, stało się jasne, że był oszustem, który naciągnął Lee i wykorzystał jego przyjaźń, aby zrealizować złowieszczy plan mający na celu jedynie osiągnięcie przez niego osobistych korzyści.

Upadek firmowanego przez Lee interesu jeszcze bardziej wzmocnił jego chęć do rywalizacji. Bez względu na konsekwencje postanowił nie odchodzić na emeryturę, a truchło SLM pozostawił jako dziedzictwo. Pracując z producentem serii filmowej o Batmanie i znawcą branży Michaelem Uslanem, Lee podpisał umowę z odwiecznym rywalem DC na przerobienie po swojemu historii ikonicznych postaci wydawnictwa. Seria ta nosiła nazwę *Just Imagine…* i dawała Stanowi okazję do całkowitego odświeżenia panteonu DC, łącznie z Supermanem, Batmanem i Wonder Woman. Publikacja komiksów pociągnęła ze sobą dalsze, dotyczące poszerzenia zakresu współpracy z Lee negocjacje z DC i Time Warner, firmą macierzystą oficyny. Rozmawiano między innymi o działalności wydawniczej, potencjalnie prowadzonej tak, aby – jak mówiła jedna z wtajemniczonych osób – „zdjąć z barków Stana ciężar zmartwień". Kilka miesięcy po bankructwie przyjaciele i bliscy Stana szukali sposobu, aby odciągnąć od niego rozgłos związany z porażką SLM.

Mimo że pod koniec 2001 roku Lee kończył 79 lat, to przyrzekł sobie, że nie przestanie pisać o superbohaterach i pracować przy nowych, ekscytujących projektach. Jak zwykle starał się jak najlepiej wykorzystać potencjalnie niewyczerpane zasoby kreatywności i wyrobił sobie nowy image jako popkulturowy mąż stanu i ojciec chrzestny komiksu.

ROZDZIAŁ 15

TYMCZASEM...

Jeszcze zanim w lipcu 2000 roku na ekrany trafił pierwszy film o X-Men, Stan Lee spotkał się z reżyserem Bryanem Singerem, żeby omówić postacie i to, jak można produkcję zrealizować. Singer wyjaśniał, że „nie było wtedy żadnego schematu. Filmy komiksowe umarły i nie było na nie innego pomysłu niż camp". Dyskusja z Lee skierowała produkcję na inne tory. Stan zachęcił reżysera, aby ten samodzielnie poczytał o bohaterach, dzięki czemu Singer odrzucił stare scenariusze zlecone przez Fox i zaczął od nowa.

Po szeroko zakrojonej kampanii marketingowej *X-Men* ustanowili rekord dla filmu komiksowego i zarobili w weekend otwarcia 54,5 miliona dolarów. Lee wystąpił jako sprzedawca hot dogów. Nie otrzymał żadnej kwestii mówionej, ale on i senator Kelly spoglądają na siebie, gdy ten wyłania się z oceanu. Ledwie dało się zauważyć Lee, ubranego w niebieską jeansową koszulę i jasnoczerwony fartuch. Sukces komercyjny zapoczątkował nową falę kina superbohaterskiego, a wraz z nią zwyczaj umieszczania epizodu z Lee w filmach o postaciach, które współtworzył.

Renesans kariery Lee przyszedł razem z *X-Men*; film ostatecznie zarobił na świecie 296 milionów dolarów. Pamięć o klęsce SLM zaczęła się już zacierać, a twarz Lee poznawali wszyscy fani uczęszczający na produkcje firmowane logiem Marvela. Lee przyznał, że praca przy filmach na nowo ożywiła jego karierę. Niebawem „istną tradycją stały się występy Stana the Mana na ekranie". Lee przez kolejnych siedem lat pojawił się w ośmiu filmach o superbohaterach.

W listopadzie 2001 roku Lee połączył siły z prawnikiem Arthurem Liebermanem i producentem Gillem Championem i razem założyli POW! Entertainment. Lee objął funkcję dyrektora kreatywnego. Niewątpliwie za tą decyzją stała między innymi duma. „Chciałem udowodnić, że może mi się nareszcie udać. Zwłaszcza kiedy pracuję z ludźmi godnymi zaufania i kompetentnymi" – tłumaczył. Lee i jego partnerzy wyrzekli się ostentacyjności Stan Lee Media i zatrudnili jedynie niewielki personel, upewniając się, że firma będzie łatwa do prowadzenia, choć spora część jej działalności pokrywała się z zadaniami SLM. POW! skupiło się na opracowywaniu postaci na podstawie pomysłów Lee, ale – co ważne – nie miało opierać się wyłącznie na internecie.

Przesada towarzysząca wszystkiemu, czym zajmował się Lee, towarzyszyła również i jego nowemu przedsięwzięciu. Jedna z pierwszych informacji prasowych mówiła o umowie na trzy filmy podpisanej ze stacją Sci-Fi Channel, a Lee zaprezentowano jako „twórcę i wynalazcę współczesnego superbohatera", który „zrewolucjonizował branżę komiksu" dzięki postaciom obdarzonym supermocami, „zmagającymi się z podobnymi wątpliwościami i problemami, co zwyczajni ludzie". Notatka podkreśla rolę Lee w stworzeniu najpopularniejszych bohaterów Marvela, nazywając ich „jego niezniszczalnymi postaciami", a potem wymienia Spider-Mana, Hulka i X-Men. Jako że większość owych herosów funkcjonowała na rynku od lat 60., marketing POW! starał się rozpisać kontekst i przypomnieć o centralnej roli Lee.

Następnie POW! zawarło kilka umów z firmami mediowymi i rozpoczęło pracę nad nowymi projektami mającymi w założeniu wykorzystać status Lee jako popkulturowego męża stanu. Ale ciągłe przechwałki i brak namacalnego, ukończonego produktu sprawił, że część obserwatorów zaczęła kręcić głowami i kwestionować rentowność przedsięwzięcia, skoro jego potencjał zależał w tak dużym stopniu od kreatywności i nadzoru Lee. Zmienne wiatry popkultury pomogły jednak Stanowi zająć dogodną pozycję. Tak jak na początku lat 60., gdy razem z kolegami z Marvela szedł z duchem czasu, udało mu się załapać na przełomowe zmiany także u zarania nowego tysiąclecia. Stało się bowiem coś niezwykłego gdzieś na styku internetu, telewizji kablowej i stale rozrastającego się kina: umocniła się kultura geekowska, a superbohaterowie znaleźli się w jej centrum.

Sukces filmów nakręconych na podstawie komiksów Marvela szybko uczynił wydawnictwo i jego postacie równie modnymi, jak w czasach świetności Lee, Kirby'ego i Ditko. Fani wystawali godzinami, żeby chociaż móc rzucić na Stana okiem albo zdobyć jego podpis na komiksach, które trzymali w plastikowych koszulkach wzmocnionych kartonikiem. Lee znalazł się nagle w centrum uwagi nowego pokolenia reżyserów filmowych, scenarzystów, artystów i szefów wytwórni, a także młodych komiksiarzy, chętnie składających hołd dawnym mistrzom. Czas wypłacał Lee dywidendy – ludzie, którzy niegdyś czytali jego komiksy i dla których był przed laty idolem, teraz zajmowali ważne stołki w różnych kanałach mediowych i firmach.

Na przykład w 2002 roku niezależny filmowiec Kevin Smith (*Sprzedawcy*, *Dogma*), długoletni fan i właściciel sklepu komiksowego, zrealizował *Stan Lee's Mutants, Monsters and Marvels*, serię rozmów pomiędzy dwoma zapaleńcami okraszoną materiałami o Lee koncentrującymi się na jego dniach chwały i wpływie, jaki superbohaterowie wywarli na kulturę popularną. Stan i Smith byli przyjaciółmi od lat, zwłaszcza od 1995 roku, kiedy Lee otrzymał rolę w jego filmie *Szczury z supermarketu*. Dla Stana wsparcie, które udzielił mu Smith, było o tyle znaczące, że otworzyło przed nim zupełnie nową ścieżkę i pokazało, jak powinien być traktowany przez swoich popkulturowych fanów, czyli całe pokolenie, albo i dwa, różnych twórców, artystów, filmowców i innych, którzy dorastali, spoglądając z zauroczeniem na Nowy Jork i „the Mana".

Tego samego roku Lee opublikował długo wyczekiwaną autobiografię *Excelsior! The Amazing Life of Stan Lee* (napisaną z George'em Mairem). Książka ta przedstawia go jako heroiczną postać, która wyśniła swój amerykański sen jedynie dzięki bystremu umysłowi, ciężkiej pracy i ciętemu dowcipowi. Dla miłośników Lee to bezcenna analiza jego kariery, z której można wyciągnąć szczegóły, o jakich ta istna żywa ikona popkultury nigdy nie opowiadała.

Lee korzystał z rosnącej sławy i celebryckiego statusu na Zachodnim Wybrzeżu, celowo dystansując się od komiksowych działań Marvela. Skupił się, tak jak wcześniej przy Stan Lee Media, głównie na projektach multimedialnych. Nigdy jednak nie potrafił zupełnie się odciąć od superbohaterów. Nie miał już czasu czytać komiksów, ale cieszył się rolą ojca herosów Marvela. Publiczny wizerunek popkulturowego męża stanu pomógł mu zbudować wokół siebie nową narrację w niełatwych czasach po upadku SLM.

Lee i POW! koncentrowali się na nowych technologiach i innowacjach. Pod koniec 2003 roku Lee podpisał umowę z Activision, wtedy jedną z topowych firm zajmujących się produkcją gier, gdzie miał pełnić rolę konsultanta. Jego obowiązki obejmowały opracowywanie gier wideo z superbohaterami, czyli coś, do czego nadawał się najlepiej. Kiedy Marvel i Activision sfinalizowały sprzedaż licencji na, między innymi, Spider-Mana, Iron Mana, X-Men i Fantastyczną Czwórkę, Lee podrzucił pomysły na fabułę i rozwój postaci oraz opiniował przygotowane projekty.

Podobne zlecenia konsultingowe wykorzystywały mocne strony Lee jako kreatywnego twórcy i człowieka pomysłowego, pozwalając pozostałym dopieszczać szczegóły i zająć strategiczne pozycje wykonawców nakreślonej przez niego wizji. Zaledwie po sześciu miesiącach od podpisania umowy z Activision, Lee dogadał się z Peak Entertainment Holdings, firmą multimedialną z Wysp Brytyjskich. Peak zapewniło POW! kanał produkcyjny i dystrybucyjny, podczas gdy ze swojej strony Lee miał pomóc przy przeniesieniu postaci animowanych z Peak do filmów aktorskich.

Stan miał w perspektywie sporą liczbę umów i był po słowie z niejednym kontrahentem, ale nadal zmagał się z tymi samymi przeszkodami, które stały mu na drodze od lat 70., czyli tempem wymyślania i produkcji treści. Czasem to POW! przeliczało się z siłami, czasem kontrakty po prostu wyparowywały, co nie było takim rzadkim zjawiskiem w świecie rozrywki.

Na początku pierwszej dekady nowego tysiąclecia głównym wyzwaniem dla Lee było uporanie się z zainteresowaniem prasy mnogością podpisywanych umów, bo nagłówki szumnie zapowiadały nadchodzące projekty, a potem niewiele z nich doczekiwało się realizacji. Niektórzy ludzie, z którymi się umawiał, wydawali się cokolwiek podejrzani, co rodziło plotki, że Stan sprzedaje swoje nazwisko i minione sukcesy za marne pieniądze.

Jednym aspektem pracy Lee, który frustrował fanowskie grono i nakręcał krytyków, było jego zaangażowanie w projekty uważane za niechlujne lub nielicujące z kimś o takiej jak on pozycji. Na przykład w 2003 roku wypuścił serial animowany dla dorosłych *Stripperella* z dziewczyną „Playboya", aktorką ze *Słonecznego patrolu* i lubianą przez paparazzi prowokatorką Pamelą Anderson. Zaglądanie Anderson do łóżka – dosłownie – nie dość, że było campowe, to jeszcze tandetne. Sytuacja wyglądała, jakby Lee godził się na udział w takich projektach tylko dla pieniędzy i ciągnął się za nim smrodek najemnika.

Stan osobiście zaproponował Anderson współpracę na planie jej serialu *V.I.P.*, gdzie grała nieudolnego ochroniarza sław. Oboje byli poważniej zainteresowani współpracą, jako że mieli tego samego agenta. Aktorka uważała, że Stan jest „stuknięty" i „bardzo ekscentryczny", lecz spodobał jej się pomysł na serial animowany o striptizerce, która zwalczała zbrodnię. *Stripperella* była częścią animowanego bloku kanału Spike TV, którego treść nawiązywała do hasła reklamowego stacji – „pierwsza telewizja dla mężczyzn" – i trzeba przyznać, że pasowała do niego, jak ulał ze swoimi dwuznacznościami i seksualnymi aluzjami. Anderson użyczyła głosu głównej bohaterce, Erice Jones/Agentce 0069, która nosiła sugestywne, wydekoltowane kostiumy z kusymi, obcisłymi spodenkami.

Lee nie pisał scenariuszy *Stripperelli*, ale był współproducentem serialu, dyrektorem kreatywnym i redaktorem. Nie stronił od pikantnych detali. Tłumaczył: „Nie powiedziałbym, że to sprośna kreskówka. Jest raczej zabawnie seksowna, bo bezguście zostało potraktowanie gustownie". Lee określił nawet swój serial mianem „*Simpsonów*, których zobaczysz dopiero po 22". Choć serial utrzymał się na antenie tylko jeden sezon i wyprodukowano 13 odcinków, kupiły go stacje z całego świata – z Australii, Wysp Brytyjskich, Niemiec, Brazylii czy Włoch – i często emitowały bez cenzury (Spike zamazywało pewne rzeczy w scenach topless). Można zgadywać, czemu publiczności zagranicznej spodobali się niezdarni złoczyńcy jak Klinko, który za pomocą kopiarki pierze ludziom mózgi i przemienia w kryminalistów, albo zła Queen Clitoris (Królowa Łechtaczka). Sukces *Stripperelli* umożliwił Lee podpisanie serii umów z MTV i jej siostrzanymi stacjami, jak Spike TV. Stan pełnił również funkcję producenta przy animowanym serialu o Spider-Manie. Stacja potrzebowała treści odpowiednich dla młodego widza, a Lee mógł je zapewnić.

Pod koniec 2004 roku Lee rozpoczął współpracę z założycielem „Playboya" Hugh Hefnerem przy kolejnej kreskówce: *Hef's Superbunnies*. Serial przypominał *Aniołki Charliego*, słynną produkcję stacji ABC, od której rozpoczęła się kariera Farrah Fawcett. Hefner wysyłał swoje króliczki, które walczyły dla demokracji, na różne misje. Jak miał to w zwyczaju, Lee wychwalał swojego partnera pod niebiosa, tłumacząc: „Mnie, fana, który kupił i hołubił swój pierwszy w życiu egzemplarz »Playboya« w 1953 roku, przechodzą dreszcze na samą myśl o współpracy z człowiekiem, który zrobił tak wiele, aby ukształtować kulturę czasów, w jakich żyjemy".

Komiksowy gigant zawsze miał słabość do Hefnera. Mężczyzn dużo łączyło, bo obaj urodzili się w wielkich amerykańskich miastach w tej samej dekadzie (Hefner w Chicago, 9 kwietnia 1926 roku). Późniejszy założyciel „Playboya" podążył jednak bardziej tradycyjną ścieżką niż Lee i udzielał się aktywnie w organizacjach szkolnych i działał dziennikarsko, rozkręcił szkolną gazetkę i stworzył swój komiks. Żaden nie walczył na froncie i obaj z wojennej zawieruchy wyszli cało i pełni wigoru oraz życiowego optymizmu. Po epizodzie z pracą dla „Esquire" Hefner zapożyczył się u kilkunastu inwestorów i wypuścił na rynek pierwszy numer „Playboya", co kosztowało go jedynie osiem tysięcy dolarów. Pierwotnie chciał nazwać magazyn „Stag Party" (Wieczór Kawalerski), lecz nie mógł tego zrobić, bo Goodman już zastrzegł słowo „Stag".

W grudniu 1953 roku, kiedy Lee redagował i pisał romanse, westerny i komiksy o uroczych zwierzakach, Hefner rozsławił swoje nazwisko kolorową rozkładówką z Marilyn Monroe. „Playboy" od razu zaskoczył, a fani zinterpretowali treść i formę magazynu jako atak ze świeżych pozycji na represje ery powojennej. Hefner celował w wyrobionego, inteligentnego czytelnika z dużego miasta, pokazując mu uroki swawolnego, ale niepozbawionego ambicji stylu życia. Jeszcze przed końcem dekady „Playboy" prześcignął konkurencyjne „Esquire" i sprzedawał się w nakładzie miliona egzemplarzy miesięcznie.

Być może Lee wyczuł, co życie mogłoby dla niego przygotować, gdyby poświęcił się jednemu z czasopism dla mężczyzn wydawanych swojego czasu przez Goodmana, zamiast dalej rozkręcać biznes komiksowy. Podziwiał umiejętność Hefnera do wyrobienia sobie pozycji, choć działał w biznesie wydawniczym przez wielu ludzi pogardzanym. Krytycy „Playboya" rzecz jasna cały czas występowali przeciwko magazynowi, określając go mianem pornograficznego. Sam Lee niejednokrotnie stawiał czoła konserwatywnym oponentom, jak Wertham i grupy religijne, jeszcze zanim Marvel stworzył w latach 60. swoich ikonicznych superbohaterów. Przez lata ich przyjaźń zacieśniała się i parokrotnie rozważali współpracę przy projektach, lecz jako że byli zajęci przeprowadzaniem popkulturowych rewolucji we własnych branżach, żadne nie wypaliły.

Po kilkudziesięciu latach pochwały kierowane przez Lee pod adresem „Playboya" przekraczały kolejne granice przesady. Stan określił bowiem Hefnera „jednym z największych kanałów informacji w całym naszym społeczeństwie" i przyznawał, „nie potrafię sobie wyobrazić nikogo innego, z kim mógłbym się sprzymierzyć". Informacja prasowa, która towarzyszyła premierze animacji, wychwalała również osiągnięcia Lee, nazywając go „ojcem chrzestnym nowoczesnego komiksowego superbohatera", podczas gdy Hefner twierdził, że od zawsze fascynował się komiksami i nie może doczekać się współpracy z „geniuszem kreatywności". Choć MTV oficjalnie ogłosiło, że kupiło pilota serialu, kreskówka nigdy nie została wyemitowana.

Po pamiętnej klęsce SLM, nieustannie chcąc pokazać fanom, krytykom i nawet samemu Marvelowi, że nadal jest energicznym twórcą, Lee łapał się różnych rzeczy. Kryjąc swoje myśli pod maską zawsze uśmiechniętego karnawałowego naganiacza, Stan zawsze miał coś do udowodnienia i liczył na to, że nareszcie zbuduje swoje własne marki i nie będzie musiał biernie patrzeć, jak kolejna korporacyjna gruba ryba tłucze potężne pieniądze na jego pomysłach i ciężkiej pracy.

Lee ewidentnie cieszył się z podpisywania umowy za umową i towarzyszącego temu rozgłosu częstokroć przeradzającego się w medialny szał. Nie miał jednak przy sobie, tak jak niegdyś, kiedy jeszcze pracował dla Marvela, zespołu rysowników, scenarzystów i innych wizjonerów, którzy mogliby stać u jego boku, kiedy przekuwał swoje pomysły w ukończone projekty i produkty.

*

Wytrwałość Stana Lee, który stale próbował tworzyć nowe postacie, zakładać firmy i kreślić heroiczne plany bez związku z Uniwersum Marvela brała się stąd, że – jak niezliczeni rysownicy i scenarzyści – nie posiadał praw do stworzonych lub współtworzonych przez siebie postaci. Można dyskutować, czy rynek komiksu podczas tych paru pierwszych dekad nie powinien był działać inaczej, ale nie zmienia to faktu, że panowały takie, a nie inne zasady. Lee różnił się od innych twórców, na przykład Jerry Siegela i Joe Schustera, tym, że był twarzą Marvela.

Mimo namaszczenia się na zadeklarowanego „człowieka firmy" Lee miał do wydawnictwa żal, że zarabiało fortunę na jego pomysłach, szczególnie kiedy przemysł filmowy nareszcie zdecydował się zrobić krok, do którego wykonania namawiał Hollywood od dziesiątek lat.

Pod koniec października 2002 roku popularny program informacyjny *60 Minutes II* wyemitował materiał o rynku komiksu i ogromnej popularności kina superbohaterskiego. Niemałą jego część poświęcono potyczkom Lee z Marvelem odnośnie do sformułowania kontraktu oraz ustalenia honorarium Stana. Samo wydawnictwo przedstawiono jako złą i chciwą korporację zarabiającą ogromne pieniądze na eksploatowaniu zespołu redakcyjnego. Umowa Lee wydawała się całkiem sensowna, lecz gdy ją podpisywano, nikt nie spodziewał się, że filmy komiksowe odniosą ogromny sukces: *X-Men* (2000) zarobili przecież na świecie prawie 300 milionów dolarów, a *Spider-Mana* (2002) można uznać za globalny fenomen, gdyż dobił do wyniku 821 milionów. Bob Simon, korespondent cieszącego się sporą oglądalnością *60 Minutes II*, zdecydował się nawet nie przebierać w słowach, i na antenie CBS zapytał Lee, czy czuje się przez Marvela „wycyckany". Stan, powściągając swój zwyczajowy, górnolotny styl, wyraził szczery żal, że został zmuszony do pozwania pracodawcy: „Staram się o tym nie myśleć". Fani Marvela wzięli w tym sporze jego stronę.

Zaledwie parę dni po emisji programu Lee pozwał Marvela o nieuhonorowanie klauzuli z podpisanego w 1998 roku kontraktu, który zobowiązywał firmę do wypłacenia mu 10 procent zysku Marvel Entertainment z produkcji filmowej i telewizyjnej. Choć, jako emerytowany prezes, otrzymywał roczną pensję w wysokości miliona dolarów, jego adwokat upierał się, że Stan nadal powinien otrzymywać obiecaną prowizję. Zażarta bitwa pomiędzy Marvelem a najsłynniejszym pracownikiem wydawnictwa trafiła na nagłówki gazet na całym świecie. Jeden z dziennikarzy, niejako podsumowując to, co opinia publiczna myślała o kontrowersyjnej sprawie, powiedział: „Nie można obwiniać wodzireja, że nie odpuszcza i domaga się spłaty długu".

Upublicznienie umowy i jej warunków (łącznie z niemałą pensją za 15 godzin pracy w tygodniu, gwarancję podróży pierwszą klasą i szczodre emerytury dla Joanie i J.C.) wzburzyło część środowiska komiksowego i raz jeszcze rozgorzała dyskusja na temat niewłaściwego traktowania rysowników i współpracowników Lee – szczególnie Jacka Kirby'ego – przez Marvela i co za tym szło, również przez Stana. Związane z tym oburzenie i fakt, że Lee chciał jeszcze przy tym skorzystać na sukcesie popularnych produkcji filmowych nastawiła część zainteresowanych przeciwko niemu. Krytycy wytykali, że on się wzbogacił, a Kirby i inni nie. Nie dało się cofnąć niesprawiedliwych decyzji i nic nie skłoniłoby ich do zmiany zdania, bez względu na to, co stanowiła umowa.

Na początku 2005 roku, kiedy sędzia przyznał Lee rację, Stan znowu wystąpił w *60 Minutes*. „To niełatwa chwila – mówił. – Chyba faktycznie mnie to dotknęło. Zawsze się ze sobą dogadywaliśmy i czułem się częścią firmy". Choć sprawę nagłośniono i był to dla prasy istny samograj, Marvel bronił się przed zawarciem z Lee ugody, publikując kwartalny raport o zarobkach.

Nareszcie w maju 2005 roku Marvel ogłosił, że dogadał się z Lee. Firma dawała przy tym do zrozumienia, że kosztowało ją to dziesięć milionów dolarów. Oczywiście sam fakt, że Stan musiał pozwać wydawnictwo, dla którego pracował przez całe życie i przemierzył kulę ziemską wzdłuż i wszerz, promując jego działalność, dawało prasie do ręki gotowe, przykuwające uwagę czytelnika nagłówki. Poza tym kwota wypłacona przez Marvela Lee wydawała się satysfakcjonująca, choć były to zaledwie grosze w porównaniu z tym, co firma zarobiła na *Spider-Manie*, który przyniósł jej zyski rzędu 150 milionów z merchandisingu i tantiem.

Wynik sporu niejako wymusił na Marvelu decyzję o uruchomieniu samodzielnej produkcji filmowej, co było znaczącą zmianą taktyki. Od wczesnych lat 60. Marvel – i poprzedzające go firmy – udzielał licencji na postacie innym firmom. Tym sposobem cedował ryzyko związane z realizacją przedsięwzięć telewizyjnych czy kinowych na kontrahenta, ale zarabiał na nich zdecydowanie mniej. Śmiały ruch dawał firmie kontrolę nie tylko nad filmami. Przyszłe profity miały generować też seriale telewizyjne emitowane przez sieci kablowe oraz sprzedaż i dystrybucja oraz sprzedaż materiałów na nośnikach wideo.

Merrill Lynch & Co zgodziło się udzielić Marvelowi kredytu na realizację projektu w wysokości 525 milionów dolarów (żądając jako zabezpieczenia ograniczonych praw do dziesięciu postaci z katalogu wydawnictwa), a Paramount Pictures podpisało z firmą ośmioletnią umowę na dystrybucję dziesięciu filmów, godząc się przy tym ponieść koszty marketingu i reklamy. Co interesujące, porozumienie było skonstruowane tak, aby hollywoodzkim księgowym udało się sztucznie zaniżyć zyski; była to powszechna i podejrzana praktyka. Na przykład filmy Marvela wyprodukowane na początku pierwszej dekady bieżącego tysiąclecia zgarnęły w latach 2000–2005 w box offisie około dwóch miliardów dolarów, lecz Marvel zarobił na umowach licencyjnych jedynie około 50 milionów. Mimo podpisanej umowy Lee nie otrzymał żadnych tantiem.

Lee zawsze umiał się wypromować, lecz w trakcie toczonej z Marvelem batalii prawnej zdał sobie sprawę, że w świecie napędzanym przez popkulturę i wiernych fanów mógł bez trudu korzystać z tych samych taktyk, co wydawnictwo handlujące superbohaterami. Miał zamiar licencjonować samego siebie. Pomysł ten zrealizował w 2004 roku, kiedy ze swoim osobistym asystentem i event menedżerem Maxem Andersonem oraz przedsiębiorcą Tonym Carrollem założył Stan Lee Collectibles. Znana na całym świecie twarz Lee stała się produktem i kolekcjonerzy mogli kupować pamiątki podpisane przez Lee i opatrzone przez sklep certyfikatem autentyczności. Dla fanów komiksów i filmów Marvela był on bowiem niemal tak samo rozpoznawalny co Spider-Man czy Iron Man. Dzięki Stan Lee Collectibles mogli oni zostać właścicielami kawałka „the Mana".

W 2006 roku, gdy Stan świętował 65. rocznicę pracy dla Marvela (który niepoprawnie liczył ten okres od 1941 roku zamiast od 1938 lub 1939), firma wypuściła serię *Stan Lee Meets…* (*Stan Lee spotyka…*), gdzie Lee występował jako komiksowy bohater spotykający stworzone przez siebie postacie. Stan pisał pierwszą przygodę z danym superherosem, a inni scenarzyści – jak Joss Whedon czy Jeph Loeb – dopisywali do niej krótkie komiksy-hołdy wypełniające dany zeszyt. Co zabawne, zwykle spotykani przez niego bohaterowie i złoczyńcy nie darzyli Lee zbytnią sympatią.

Epizody napisane przez Stana puszczały do zaznajomionego z tematem czytelnika oko i skrzyły się suchym dowcipem. Na przykład historia ze Spider-Manem rozpoczyna się od sceny w kuchni, gdzie Lee piekł ciasteczka, ubrany w fartuch z Fantastyczną Czwórką. Na drugim planie można dostrzec ekran telewizora wyświetlającego *Hulka* z Lou Ferrigno. Pająk, chcąc prowadzić „normalne" życie, odwiedza Stana, żeby prosić o radę. Gdy Spidey duma, co robić, Lee żartuje: „Następnym razem, jak będzie miał problem, niech lepiej idzie do Ditko!". Z kolei w numerze, gdzie natyka się na Thinga, Nowy Jork zastawiony jest billboardami żartującymi sobie z klasycznych rysowników Marvela jak Gene Colan czy Buscemowie, a na jednej ze stron da się też wypatrzyć reklamę maszynek do golenia marki Personna ze Stanem z 1976 roku, na której deklaruje, że jest „człowiekiem Personny".

Tytuł „króla epizodu" przeniósł się na inne media, nie tylko do filmów Marvela. 28 kwietnia 2002 roku Lee wystąpił gościnnie (jako on sam) w odcinku *Simpsonów* zatytułowanym *I Am Furious (Yellow)*, gdzie w klasie Barta wybuchł szał komiksowy i wszyscy uczniowie zabrali się do tworzenia swoich superbohaterów. Lee wparowuje do Comic Book Guya, który prowadzi sklep z komiksami, i sprawnie zasłania stojący na wystawce na blacie lady zeszyt *Supermana* egzemplarzem *X-Men*. Krytykuje przy tym tytuł napisany przez Barta Simpsona, *Danger Dude*, lecz zachęca go do dalszych prób. Lee żartuje sobie: „A jeśli ci się nie uda, zawsze możesz otworzyć sklep z komiksami!". Dalej, przejmując należący do innego młodego klienta batmobil, stara się upchnąć do środka Thinga, przez co auto rozlatuje się na kawałki. Dzieciak płacze, że Lee rozwalił mu samochód, na co ten odpowiada: „Czy aby na pewno zepsułem? A może uczyniłem go lepszym?". Stana przedstawiono jako lekko szurniętego. Potem zrywa z piersi koszulkę i próbuje przeistoczyć się w Hulka.

Chcąc podpiąć się pod modę na telewizję reality, Lee stworzył dla Sci-Fi Channel program, w którym wystąpił jako gospodarz. Pierwszy sezon *Who Wants to Be a Superhero?* (*Kto chce zostać superbohaterem?*) zadebiutował 27 lipca 2006 roku. Wystąpiło w nim 12 uczestników chcących stworzyć dla siebie superbohaterskie osobowości, jak Ty'Veculus (czyli trzydziestoczteroletni E. Quincy Sloan z Bakersfield w Kalifornii), który posiadał nadludzką siłę i umiejętność wykrywania, czy jego rozmówca kłamie, jako że słyszał tylko wtedy, gdy ludzie mówili prawdę.

Program został skrojony na modłę *Big Brothera* i *Survivora*. Uczestnicy musieli wykonać zadania, aby udowodnić swój heroizm. Na końcu każdego odcinka Lee oceniał ich starania i sposób, w jaki poradzili sobie z danym wyzwaniem, i eliminował gracza, który zbytnio się nie wykazał. Zwycięzcą pierwszego sezonu został Feedback (trzydziestoczteroletni spec komputerowy Matthew Atherton z Nowego Meksyku). Jego moc polegała na absorpcji energii z gier wideo, którą następnie wykorzystywał do zakłócania pracy urządzeń elektrycznych w promieniu pięciu metrów. Feedback w nagrodę pojawił się w lipcu 2007 roku na łamach komiksu napisanego przez Lee, opublikowanego przez Dark Horse Comics, i zagrał w filmie telewizyjnym stacji Sci-Fi pod tytułem *Megawąż* (25 sierpnia 2007 roku). Atherton pojawiał się potem na konwentach komiksowych i zbiórkach na cele dobroczynne. Program Lee powrócił na antenę z ośmioodcinkowym drugim sezonem 26 lipca 2007 roku.

Umowa z 1998 roku zapewniała Lee prawa na wyłączność do zarządzania swoim wizerunkiem i pewnych chwytliwych powiedzonek jak „Excelsior!" i „Stan Lee prezentuje". POW! korzystało z nich przy okazji nowych animacji o superbohaterach, które wypuściło w 2007 roku. *Mosaic* zadebiutował 9 lutego, a w marcu film wyemitował na antenie Cartoon Network. Głos pod tytułową bohaterkę podłożyła Anna Paquin (Rogue z aktorskiej serii o X-Men). Mosaic, czyli początkująca aktorska Maggie Nelson, zyskiwała przeróżne supermoce, lecz przede wszystkim potrafiła zmieniać kształt, miała nadludzką siłę i mogła stać się niewidzialna. Powracając do formuły, która sprawdziła się w Marvelu w latach 60., Lee rozpisywał szkice fabuł, które potem przekazywał doświadczonym scenarzystom. *The Condor* z Wilmerem Valderramą wyświetlono na Cartoon Network 24 marca 2007 roku, parę dni po premierze na DVD.

*

Po upadku SLM wielu myślało, że Lee się nie podniesie. Ale mu się udało i to w krótkim czasie. Sam próbował zbudować nową infrastrukturę, która pozwoliłaby mu zdobyć całkowitą swobodę twórczą i zarządzać superbohaterskim uniwersum należącym tylko i wyłącznie do niego. Losy SLM i towarzyszący działalności feralnej firmy rozgłos z naturalnej przyczyny kładły się jednak cieniem na projekty POW! Entertainment, bo wciąż się zastanawiano, co było prawdą, a co jedynie marketingowym blefem. Wydawało się, że Lee i jego zespół kompletnie ignorowali tę cezurę. Być może sama pogoń za nowymi umowami dostarczała dreszczyku emocji Stanowi, a nie późniejsze wprowadzenie ich zapisów w życie. Kolejna paląca kwestia związana była z tym, czego tak naprawdę świat popkultury mógłby oczekiwać od człowieka po osiemdziesiątce, nawet tak energicznego jak Lee. Bez zespołu scenarzystów, rysowników, designerów i ludzi zaznajomionych z siecią POW! nie miało szans wypełnić postanowień przyprawiającego o zawroty głowy mnóstwa zawartych kontraktów i wynegocjowanych zleceń konsultingowych oraz ukończyć rozgrzebanych projektów rozpisanych na firmowej tablicy.

Jak można było się spodziewać, niektórzy fani byli rozczarowani efektami pracy Lee, szczególnie że firma nie stworzyła żadnych godnych zapamiętania postaci, a co dopiero marek na miarę Spider-Mana czy X-Men. Innymi słowy, Lee nie wpadł na żaden pomysł na tyle znaczący, żeby mógł przedefiniować jego osobę w nowym tysiącleciu. Obwinianie za to w ten sposób Stana wydaje się jednak nieszczere, szczególnie zważywszy na jego długą i owocną karierę. Niewielu pisarzy, aktorów czy artystów stworzyło w tym wieku coś godnego zapamiętania. Z tych, którzy mieli szczęście tyle lat przeżyć, większość albo odeszła na emeryturę, albo wycofała się z branży.

Pod koniec 2007 roku Lee kończył 85 lat. Mógł przestać pracować i przeżyć swoje dni jako ikona popkultury. Była to łatwa i kusząca droga, za której obranie nikt by go nie obwiniał, szczególnie po fiasku SLM. Stan pracował jednak wytrwale przy kolejnych projektach dla POW!, a także wypełniał kontraktowe obowiązki względem Marvela, czyli jeździł po konwentach komiksowych, występował w kinie i telewizji, no i dalej pisał. Długowieczność była częścią jego legendy. Nieustępliwość, jaką wykazał w owej dekadzie, ujawniła głębię jego charakteru.

ROZDZIAŁ 16

WIĘKSZY NIŻ ŻYCIE

Czarujący celebryta przechadza się po czerwonym dywanie, nie zwracając nawet uwagi na atrakcyjną kobietę wypatrującą go z tłumu. Podchodzi do eleganckiego starszego mężczyzny z uwieszonymi na jego ramieniu trzema blond pięknościami i poklepuje go po ramieniu. „Dobrze wyglądasz, Hef!" – mówi. Tamten obraca się, nie jest to założyciel słynnego „Playboya" i skończony łobuz Hugh Hefner, ale palący fajkę Stan Lee, zabawiający się niczym Hef. Oto kolejny epizod Stana Lee, tym razem w *Iron Manie* (2008) z Robertem Downey'em Jr. jako Tonym Starkiem/Iron Manem. Film zarobił łącznie 585 milionów dolarów na świecie.

Występy Lee w produkcjach Marvela przyniosły mu zupełnie nowy poziom sławy i rozpoznawalności. Epizody te, których widzowie się spodziewali i których wyczekiwali, były niczym pełen szacunku ukłon dla bogatej przeszłości Marvela i roli, którą Lee odegrał przy tworzeniu Uniwersum Marvela. Nagle kinomani, którzy nie wiedzieli o Lee praktycznie nic – albo nie mieli pojęcia, jak wyglądał – mogli teraz zobaczyć twarz, która kryła się za słynnym nazwiskiem (i to w jednych z najlepiej zarabiających filmów wszech czasów). Występy te stały się dla fanów Marvela czymś obowiązkowym i niektórzy czekają na nie z takim samym zainteresowaniem jak na same filmy.

Atrakcyjność Lee rosła geometrycznie nie tylko pośród grona fanowskiego, ale i celebryckiego, co demonstrowało popularność Lee. Na przykład w 2007 roku na panelu promującym *Iron Mana* podczas Comic-Conu w San Diego zjawiła się prawie cała obsada. I kiedy reżyser Jon Favreau zapowiedział wyjątkowego gościa, Downey Jr. zerknął na lewo i uniósł dłoń w geście zwycięstwa, a na jego twarzy wykwitł diabelski uśmieszek. Niespodziewanym gościem okazał się Lee, którego aktor uściskał, podobnie przywitała go Gwyneth Paltrow i reszta obecnych na panelu ludzi. Rozgrzmiały gromkie brawa. Równie zawzięcie klaskali najwięksi celebryci na świecie.

O ile fani raczej nie mieli szans nawet się zbliżyć do Downeya Jr. czy Paltrow, swoją popularność Lee zawdzięczał po części dostępności. Można go było zobaczyć nie tylko na ekranie, ale i poznać na lokalnym konwencie komiksowym czy spotkaniu. Odróżniało go to od innych ikon (jak Bob Dylan i Bruce Springsteen), którzy byli jakby odgrodzeni od fanów. Lee nadal się nie oszczędza i przez cały czas obcuje z kolejnymi pokoleniami rozszalałych komiksiarzy, którzy chcieliby spędzić choćby chwilę z mistrzem, nawet jeśli opanuje ich zbytnia nerwowość, aby mogli zadać mu pytanie albo wychrypieć ciche „dziękuję". Niewiele znanych postaci w wieku Lee, a nawet tych o dekady młodszych, przyciąga takie tłumy. Ile osób po dziewięćdziesiątce ma prawie dwa i pół miliona obserwujących na Twitterze?

*

Rola Lee jako męża stanu Uniwersum Marvela i quasi-formalna rola emerytowanego prezesa, a także jego pragnienie tworzenia nowych treści, produkowania postaci i fabuł, umożliwiły mu zajęcie wyjątkowego miejsca na początku XXI wieku. Jest bowiem chodzącym, mówiącym, żartującym, również na temat siebie, żywym dziedzictwem historii komiksu.

17 listopada 2008 roku prezydent George W. Bush podczas ceremonii w Białym Domu uhonorował Lee Narodowym Medalem Sztuki i Narodowym Medalem za Osiągnięcia w Naukach Humanistycznych. Wyróżnienie to jest jednym z największych i najbardziej prestiżowych, jakie może nadać rząd Stanów Zjednoczonych w owych dyscyplinach. Lee czekał na swoją kolej, która przyszła zaraz po słynnej zdobywczyni Oscara, aktorce Olivii de Havilland. Prezydent pochylił się i nałożył medal na jej szyję, całując ją przy tym w policzek. Żartowniś jak zawsze, Lee, po tym jak wyciągnął dłoń, którą oburącz uścisnął Bush, uśmiechnął się i wypalił: „Ale mnie pan chyba nie pocałuje, co?". Bush się roześmiał. Następnego dnia media z całego świata opublikowały fotografie, na których Stan i prezydent rechoczą serdecznie; chwila ta została utrwalona.

O ile coraz częstsze były uroczystości celebrujące jego dawne osiągnięcia, Lee koncentrował się na nowych projektach i zwalniał jedynie wtedy, gdy zmuszały go do tego ograniczenia ciała. Kiedy wykonywał obowiązki dla POW! Entertainment, Lee znajdował się całkowicie poza systemem Marvela, ale opinia publiczna kojarzyła go głównie z epizodycznych ról filmowych i podczas imprez komiksowych wszyscy chcieli rozmawiać o przeszłości.

Lee przez cały czas uśmiecha się szeroko, lecz niemałym wyzwaniem musi być dla niego ciągłe roztrząsanie cudownych lat 60., kiedy on i współpracujący z nim rysownicy tworzyli tak ukochany przez niego świat. Przykładowo na konferencji prasowej z 2009 roku zwołanej z okazji połączenia z Disneyem, dziennikarz zapytał, czy Lee spróbuje ściągnąć Supermana do Marvela, kiedy prawa powrócą do rodzin Joego Schustera i Jerry'ego Siegela. Stan odparł, że pomysł ten niezmiernie mu się podoba, lecz wyjaśnił: „Pracuję dla Marvela, ale nie jestem częścią zespołu decyzyjnego... Piastuję stanowisko emerytowanego prezesa, lecz tak naprawdę niewiele to znaczy... Tyle że o mnie nie zapomnieli i dostaję te rólki, co jest miłe".

Przez ostatnią dekadę branża cyklicznie składała hołd Lee, lecz Stan nie przestał się udzielać twórczo. Pod koniec 2007 i w połowie 2008 roku wydano dwie publikacje koncentrujące się całkowicie na karierze Lee. Redaktorem *Alter Ego* #74 z grudnia 2007 roku był niegdysiejszy protegowany Stana, Roy Thomas, a za opublikowane latem 2008 *WriteNow!* #18 odpowiadał Danny Fingeroth. Zamieszczone tam materiały opierały się na wywiadach z Lee i dyskusjach na temat zajmowanego przez niego miejsca w historii komiksu z udziałem historyków, fanów, rysowników i scenarzystów, którzy pracowali z nim lub dla niego. Oba magazyny usiłowały nakreślić szczegółowy kontekst i uwypuklić niebagatelną rolę Stana, jaką odegrał dla nowego pokolenia czytelników, a także przez rozwiązanie pewnych kwestii spornych będących nadal przedmiotami kontrowersji dla zagorzałych komiksiarzy.

Lee wydał w 2008 roku, pod szyldem „Stan Lee prezentuje”, *Election Daze*, gdzie żartował sobie z politycznych przepychanek, co przypominało wydawane przez niego własnym sumptem w latach 40. i 50. humorystyczne zdjęcia sławnych osób opatrzone zabawnymi komentarzami i śmieszne dowcipy o dziwnych zwyczajach graczy w golfa. Przykładowo na okładce zamieścił satyryczną fotografię przedstawiającą George'a W. Busha przejęzyczającego się na słowie „nuklearny” i aluzję do potencjalnego kłopotu Hillary Clinton ze stażystami. Żartobliwa publikacja ewidentnie próbowała skorzystać z satyrycznego talentu Lee, lecz brakowało jej charakterystycznego dla komentarzy politycznych tej epoki ostrości obecnej w retorycznych potyczkach przez 24 godziny na dobę.

Lee nie przestał poszukiwać nowego uniwersum superbohaterskiego, które mogłoby rywalizować z jego pracą wykonaną dla Marvela. W 2009 roku POW! sprzymierzyło się z Walt Disney Studios Home Entertainment przy produkcji animowanego komiksu *Time Jumper*, przeznaczonego do dystrybucji przez sieć i telefony komórkowe. Przyjmując rolę karnawałowego naganiacza i słynnego rzecznika ery komiksu, Stan stworzył nie tylko cały serial, ale również wymyślił swoją alternatywną osobowość – „Lee Excelsiora” – przywódcy grupy zwalczającej przestępczość, którą nazwał Korporacją H.U.N.T. Przy *Time Jumperze* Lee przyjął rolę producenta, co znaczyło, że zespół kreatywny pisał scenariusz i rysował storyboardy, a Lee opatrywał je niezbędnymi komentarzami. Dziennikarzom zdradził, że nie pracował z aktorami podkładającymi głosy, lecz od czasu do czasu wpadał do studia, aby nagrać swoje partie. A jednak grająca główną rolę Natasha Henstridge żartowała, że

Lee flirtował z nią, i opowiadała, jak dobrze bawiła się podczas realizacji serialu.

Z czasem gdy epizody Lee były coraz częstsze, pojawiał się także w innych programach, od emitowanych po zmroku programów talk show do popularnych sitcomów. Na przykład w marcu 2010 roku wystąpił jako on sam w *Teorii wielkiego podrywu*, serialu komediowym akcentującym popularność kultury geekowskiej. Obejrzany przez około 16 milionów telewidzów odcinek zatytułowany *Excelsior Acquisition* opowiadał o staraniach głównych bohaterów próbujących spotkać Lee na spotkaniu zorganizowanym w sklepie komiksowym i zdobyć jego podpis. W zwariowanej, typowej dla serialu historii fizyk teoretyczny Sheldon odwiedza dom Lee – Stan otwiera mu w morskim szlafroku Fantastycznej Czwórki – i kiedy bezceremonialne wparowuje do środka, aresztuje go policja i zostaje wydany sądowy zakaz zbliżania się. Na końcu odcinka zdziwaczały naukowiec radośnie ogłasza, że powiesi go sobie zaraz obok innego zakazu, który zabrania mu kontaktu z Leonardem Nimoyem ze *Star Treka*.

W kwietniu 2012 roku Lee uruchomił własny kanał na YouTubie, który nazwał Stan Lee's World of Heroes (Świat bohaterów Stana Lee), gdzie zamieszczał program *Fan Wars* (Wojny fanów). Był on dedykowany „bohaterskiemu stylowi życia i kulturze entuzjazmu" i przewidywał emisję rzeczy z uprzednio przygotowanym scenariuszem oraz improwizowanych, takimi jak relacje z imprez komiksowych i newsy. Pierwotnie Google dotowało kanał w ramach Channel Initiative, programu mającego na celu produkcję treści premium dystrybuowanych za pośrednictwem szalenie popularnego serwisu wideo. Innymi celebrytami i ludźmi ze świata rozrywki, którzy otrzymali podobny kapitał inwestycyjny, byli gwiazda koszykówki Shaquille O'Neal i Madonna. Lee i jego POW! Entertainment w celu realizacji programu sprzymierzyli się z Vuguru, multimedialną firmą producencką założoną przez byłego szefa Disneya, Michaela Eisnera.

Jedną z popularniejszych regularnych serii pojawiających się na Stan Lee's World of Heroes okazały się „Stan's Rants", czyli coś w rodzaju aktorskiej wersji jego felietonów z Soapbox ukazujących się swojego czasu na łamach komiksów Marvela. W każdym odcinku Lee omawiał frapujący go temat z właściwą mu mieszanką przemądrzałości i zdrową dawką zrzędliwego uroku. Na przykład raz nabijał się z ludzi, którzy twierdzą, że są jego „największymi fanami", a przy innej okazji kazał oglądającym wymawiać słowo „komiks" tak, jak jemu się podobało bardziej. Diatryby Lee charakteryzował ten nieco staroświecki, żartobliwy styl. Tak wyzłośliwiał się na wersję samego siebie, która pojawiła się w grze wideo: „Każdy może być Stanem Lee! A co, jeśli nie jest tego wart? Jestem poza tym dość osobliwy! Nigdy więcej nie doprowadzę do tego, abyście wy, którzy na to nie zasługujecie, mogli być mną!".

Po dynamicznym starcie i zdobyciu całkiem sporej popularności (pod koniec 2016 roku kanał miał pół miliona subskrybujących i około 163 milionów wyświetleń) Lee stracił zapał. YouTube opiera się na niekończących się dostawach nowych treści przeznaczonych dla publiki, która ciągle domaga się świeżego materiału. Choć kanał Lee wydawał się obiecujący, Stan nie potrafił uporać się z bezlitosną presją. Podobnie jak inne inicjatywy POW! Entertainment, ta również rozpoczęła się z przytupem, a potem Lee skupił się na czymś zupełnie innym. Projekt był charakterystyczny dla wszystkich jego niedawnych starań: pędził na pełnej szybkości, kiedy Stan dysponował czasem, a potem zjeżdżał na pobocze. Lee to jednoosobowe show i trudność polega na przekazaniu pałeczki komuś innemu, bo gdy tylko oddaje lejce, wszystko skręca na wertepy.

Pierwsze filmy zamieszczane na rzeczonym kanale na YouTubie dawały fanom okazję pooglądać Lee, lecz jego kolejna inicjatywa umożliwiła im wcielenie się w swojego idola. Na potrzeby gry *The Amazing Spider-Man* z 2012 roku, wydanej z okazji premiery nowego filmu, spece z Activision stworzyły animowaną, superbohaterską wersję Stana. Jako Lee, gracze mogli huśtać się nad dachami Nowego Jorku, strzelać siecią i pojedynkować z przestępcami, zupełnie jak wymyślony przez niego ikoniczny heros. Stan użyczył postaci głosu i jego elektroniczna przygoda rozpoczęła się od zawołania, że jest „królem epizodu", a potem krzyczał „łap tego Hitchcocka!".

Pod koniec 2013 roku Lee pojawił się ponownie u boku postaci, które pomógł stworzyć. Gra role-playing *Lego Marvel Super Heroes* wyrosła z popularności, jaką cieszyły się klockowe wersje znanych marek, takich jak *Batman* czy *Gwiezdne wojny*. Umożliwiała ona objęcie kontroli nad 180 bohaterami, w tym Lee, i poruszanie się po zbudowanym z plastiku Nowym Jorku. Słynny scenarzysta pojawiał się w ramach misji „Stan Lee w opałach", która wymagała wyswobodzenia go z niebezpieczeństwa. Można też było nim zagrać. Dysponował wtedy rozmaitymi mocami, potrafił na przykład strzelać promieniami jak Human Torch albo Cyklop i stawał się kimś w rodzaju Hulka. Oprócz niego w grze wystąpili znani aktorzy w zminiaturyzowanej formie, jak Robert Downey Jr./Tony Stark i Samuel L. Jackson/Nick Fury.

W styczniu 2014 roku Lee powrócił do Springfield, fikcyjnego domu rodziny Simpsonów, w odcinku *Married to the Blob* z 25. sezonu. Raz jeszcze, tak jak w 2002 roku, Lee występuje z Comic Book Guyem. Na samym początku namawia przyjaciela, aby ten zaprosił na randkę Kumiko, japońską autorkę komiksów mangowych, która objeżdża najsmutniejsze amerykańskie miasta. W finale udziela im ślubu w słynnym sklepie komiksowym.

Na początku 2016 roku Lego podpięło się pod sukces *Avengers* i wypuściło grę *Lego Marvel's Avengers*. Lee raz jeszcze powrócił jako wygenerowana komputerowo postać i znowu samodzielnie podłożył pod siebie głos. Stan pojawia się tam jako „Iron Stan" (ma zbroję podobną do tej posiadanej przez Iron Mana) i – co zabawne – jego hełm ozdobiony jest charakterystycznym wąsem.

O ile mogło się wydawać, że podobne występy to nic więcej jak promocyjne sztuczki, młodzi gracze za ich pośrednictwem często stykali się z Lee po raz pierwszy, dzięki czemu chcieli się dowiedzieć więcej o nim i innych postaciach. Podobnie jak dzięki *Guitar Hero* legion nowych słuchaczy zainteresował się rockandrollowcami z Aerosmith, tak dzieciaki ciekawe były Lee, do którego prowadzili jego superbohaterowie. Mogli przemierzać nowojorskie ulice jako Lee, łoić skórę kryminalistom i skakać po dachach. Klipy z gry o Spider-Manie opublikowane przez ludzi grających jako Stan zgromadziły przeszło trzy miliony wyświetleń.

Fani mogli jednak nie tylko sterować Lee, ale także nabyć którąś z dostępnych na rynku wersji Stana, od dziesięciocentymetrowego, miniaturowego popiersia do wyrzeźbionej na jego podobieństwo ruchomej figurki, która ukazała się w 2015 roku za cenę 250 dolarów. Wyprodukowano ich jedynie tysiąc i wyposażono w wymienialne części, jak różne modele okularów, a nawet głów, które pozwalały, na przykład, stworzyć Lee z lat 70.

W styczniu 2016 roku brytyjska telewizja Sky 1 wyemitowała pierwszy odcinek *Stan Lee's Lucky Man*, serial o funkcjonariuszu policji z wydziału zabójstw, który potrafi kontrolować szczęście (od dziesięcioleci Lee opowiadał w wywiadach, że to jego wymarzona moc). Każdy odcinek oglądało około 1,9 miliona ludzi, co uczyniło z serialu najpopularniejszą, oryginalną produkcję stacji i zamówiono drugi sezon, który wyświetlono w 2017 roku.

W lipcu 2016 roku Lee ujawnił, że pracuje nad nową serią komiksową *Nitron,* opowiadającą o nadzwyczajnie inteligentnej rasie „Nitronian", która potajemnie żyje pośród nas. Chcąc na jej podstawie zrealizować filmy kinowe, programy telewizyjne i treści cyfrowe, Lee rozpoczął współpracę z Keyą Morganem i Michaelem Benaroyą, którego firma Benaroya Pictures wyłożyła 50 milionów dolarów na realizację projektu. Przy komiksach pracować miała cała trójka, a potem wspólnie produkować projekty filmowe. Publikację kolejnych zeszytów wzięło na siebie wydawnictwo Benaroya Publishing. „Stan Lee to największy bajarz wszech czasów", zachwalał Morgan. „Miliardy, jakie przyniosły w box offisie opowieści Stana, to dowód jego geniuszu".

W połowie 2016 roku „Hollywood Reporter" zaprezentowało pierwszą produkcję pod szyldem: *Stan Lee's Cosmic Crusaders*. Scenariusz do animowanego serialu sieciowego napisał Fabian Nicieza, który współtworzył Deadpoola. Koproducentami, prócz magazynu, byli Genius Brands International i POW! Entertainment. Lee wymyślił fabułę, zredagował scenariusze i podłożył głos pod samego siebie, jako że otrzymał jedną z ról.

Serial opowiadał o Kosmicznych Krzyżowcach, ekipie siedmiu obcych dowodzonych przez Lee, którzy rozbili się na Ziemi, gdzie stracili swoje supermoce. Pod okiem Stana uczą się jednak, jak wykorzystywać dostępne na naszej planecie możliwości. Komitywa z „THR" zbiegła się w czasie z publikacją magazynu *Stan Lee: 75 Years in Business* (Stan Lee: 75 lat w branży), wydanym specjalnie na Comic-Con. Dla Lee nowy serial był kolejną okazją do umocnienia swojej marki poza kręgiem Marvela. Dzięki organizatorom Comic-Conu pierwszy odcinek został zaprezentowany w wirtualnej rzeczywistości, a podczas konwentu rozdawano specjalne nakładki na smartfony. „THR" promowało serial na swoich platformach, w tym na stronie internetowej, YouTubie, Facebooku i Twitterze, co dawało miesięcznie około 15 milionów potencjalnych odbiorców obecnych w mediach społecznościowych.

Rok 2016 zmierzał ku końcowi. Lee przygotowywał się do świętowania dziewięćdziesiątych czwartych urodzin, które wypadały kilka dni po Bożym Narodzeniu. Rzadko kiedy zdarzało mu się próżnować i ogłosił wtedy dwa nowe projekty, które niejako symbolizowały rolę, którą odgrywał we współczesnej kulturze popularnej. Pierwszy z nich poruszał kwestię relacji rasowych w Stanach Zjednoczonych. Lee miał nadzieję znaleźć alternatywną ścieżkę dzięki Hands of Respect (Dłonie szacunku), kampanii stworzonej z córką, mającej na celu rozładowanie napięć pomiędzy czarnoskórymi i białymi. Razem z J.C., służącą mu pomocą i radą, Lee zaprojektował przypinkę, na której znalazł się rysunek przedstawiający złączone w uścisku dłonie, czarną i białą, z widniejącym nad nimi napisem „szacunek". Lee tak powiedział dziennikarzowi: „Jako człowiek wierzący we wrodzoną ludzką dobroć, liczę na to, że ta przypinka przypomni ludziom, że Ameryka to ludzie różnych ras... Wszyscy jesteśmy pasażerami tego okrętu kosmicznego, jakim jest Ziemia, musimy się szanować i sobie pomagać".

Uczucie, jakie Lee włożył w opis założeń Hands of Respect to na pewnym poziomie wspomnienie wartości uosabianych przez heroiczne, afroamerykańskie i kobiece postacie w komiksach Marvela, a także zwrócenie uwagi na kwestie różnorodności w *X-Men* i innych seriach. Słowa Stana o „dobroci", która drzemie w człowieku, odzwierciedla fundament jego podstawowego systemu wartości.

Pod koniec roku POW! Entertainment zdążyło ogłosić jeszcze zawarcie umowy z Box Blvd, które miało uruchomić usługę „The Stan Lee Box", czyli pewnego rodzaju prenumeratę. Co osiem tygodni subskrybenci mieli otrzymywać paczkę z rzeczami kolekcjonerskimi, której zawartość była „osobiście nadzorowana" przez Lee; znalazły się tam między innymi wydania komiksów Marvela, DC i innych oficyn ze specjalnymi okładkami, a także różne gadżety i rysunki poświęcone konkretnej postaci. Za mniej niż pięć dych za paczkę Lee obiecywał produkty o wartości detalicznej przeszło 125 dolarów. Do prenumeraty dochodził jeszcze jeden produkt, „The Limited Edition Stan Lee Block", będący wynikiem partnerstwa z Nerd Block. Kosztująca 49,99 dolara przesyłka zawierała „osobiście wybrane [przez Lee] niedostępne nigdzie indziej prezenty", łącznie z „oficjalnie licencjonowaną" koszulką Stana i innymi kolekcjonerskimi rzeczami (wycenionymi na przeszło 150 dolarów). Lee zamieścił w sieci krótką zapowiedź szykowanej przez niego nowej usługi i w ciągu godziny obejrzało ją ponad 27 tysięcy ludzi.

*

Po przestronnej hali wystawowej biega pięciu cosplayerów przebranych za Deadpoola, z zaangażowaniem odgrywając niewiarygodnie brutalne batalie na miecze, w które częstokroć angażuje się rzeczony bohater. Dwie dziewczynki w koszulkach z tarczą Kapitana Ameryki na piersi stoją w kolejce, ściskając w małych rączkach komiksy. Przez centrum konwentowe przelewa się morze ludzi z plecakami, butelkami wody, cykając selfiaki. Niektórzy cierpliwie wjeżdżają i zjeżdżają ruchomymi schodami, inni czekają po napoje. Przy stołach podenerwowani młodzi mężczyźni z komiksowymi logami na koszulkach grzebią w figurkach, plakatach, komiksach o pożółkłych już stronach i innych, zdawałoby się nieskończonych stertach rzeczy. Ludzie kłębią się dosłownie wszędzie, czekają w długich kolejkach, aby poznać faceta, który zagrał Lando Carlissiana (Billy Dee Williams) albo rysownika zajmującego się ich ulubionym superbohaterem.

Trzy dni, dziesiątki tysięcy najbliższych ci kumpli: witaj w świecie konwentu komiksowego.

Przez cały 2016 rok, w wieku 93 lat, Lee osiągnął najwyższy stopień popularności w swojej karierze, którego efektem były kolejne „ostatnie spotkania", na wzór finałowych meczy rozgrywanych przez profesjonalnych sportowców na wypełnionych stadionach czy halach w całym kraju. Niektóre miasta, łącznie z Los Angels i Kansas City, oddały mu hołd i ogłosiły „Dzień Stana Lee", co zagoniło do centrów konwentowych jeszcze więcej ludzi. Ogromny sukces filmów Marvela, coraz powszechniejsza akceptacja kultury geekowskiej i status komiksowego męża stanu, którym cieszył się Lee, napędzały nie tylko samą trasę, ale i dziesiątki tysięcy fanów gotowych zrobić wszystko – i zapłacić każdą sumę – aby zobaczyć Stana i zdobyć jego autograf. „Konwentom towarzyszy ekscytacja, z którą nic nie może się równać – tłumaczył Lee. – Ci ludzie naprawdę kochają komiksową popkulturę".

Stan objeżdżał również stosunkowo mniejsze imprezy, jak Cincinnati Comic Expo, lecz zaraz po niej pojechał na odbywający się na początku października gigantyczny New York Comic Con, gdzie zjawiło się ponad 180 tysięcy ludzi z całego świata. Lee, będąc w rodzinnym mieście, gdzie przeżył sporą część życia, udzielił wywiadu „New York Daily News":

„Niesamowite uczucie, że gdziekolwiek nie pojadę, fani proszą mnie o autograf i mówią »dziękuję za radość, jaką mi dałeś«... Chyba jestem jednym z najszczęśliwszych ludzi na świecie. Dobrze wiedzieć, że ktoś cię ceni i docenia też pracę, jaką wykonałeś".

W październiku 2016 roku Lee zrobił sobie przerwę i zorganizował swój konwent, „Stan Lee's Los Angeles Comic Con", który od 2012 roku prowadził go jako „Stan Lee's Comikaze".

Trzydniowe święto kultury geekowskiej rozpoczęło się od piątku przemianowanego na „Dzień Stana Lee". Na imprezie pojawiły się 92 tysiące fanów, co było rekordową frekwencją. Pod koniec roku Lee poleciał za ocean, gdzie odwiedził Tokyo Comic Con. Tamtejsi fani powitali go przypinkami z napisem „Stan Lee na prezydenta" tuż pod jego uśmiechniętą podobizną. Stan w maju 2017 odwiedził również meksykański konwent ConQue odbywający się w Querétaro City.

*

Od wyjazdu z Nowego Jorku do Kalifornii w latach 70. Stan Lee pracował bez wytchnienia nad promocją Marvela i ukochanych superbohaterów i złoczyńców, których stworzył lub współtworzył. Efekty tych wysiłków skumulowały się, gdy zrodzone z jego wyobraźni postacie zdominowały kino i telewizję. Co bardziej znaczące, narracja o superherosach zdominowała storytelling, gruntownie odmieniając oblicze rozrywki we współczesnym świecie. Lee znalazł się w samym centrum owej transformacji.

Wyzwaniem dla starzejących się ikon jest dorównanie dawnym osiągnięciom. A to trudne zadanie, bez różnicy, czy jest się Bobem Dylanem, Robertem De Niro czy członkiem The Rolling Stones. Stan w ostatnich latach stosunkowo łatwo koronował się na „króla epizodu" i fani pokochali jego kradnące całą scenę występy, ale owocna praca w branży rozrywkowej wymaga kooperacji i koordynacji, nie jest to samodzielne pisanie piosenek lub książek.

Film, telewizja, sieć i gry wideo to specyficzne gałęzie biznesu i stawiają człowieka przed ogromnie trudnymi wyzwaniami, aby ten mógł przepchnąć pomysł do realizacji. Lee tłumaczył: „Trwa to całą wieczność. Przywykłem do wydawania komiksów, gdzie co miesiąc wychodzi nowy numer! A przemysł filmowy to coś zupełnie innego. Nie pędzi z taką szybkością". Fakt faktem, że nie ma dnia, aby w fazie preprodukcji nie znajdowały się tysiące projektów, ale niewiele z nich koniec końców trafia na ekran, deski teatru czy do innego kanału dystrybucyjnego. Działalność POW! też zwolniła na tyle, że nowe przedsięwzięcia wydawały się jedynie ciurkać. Tak działa bowiem branża rozrywkowa i nie ma co porównywać tej sytuacji do cudownych lat Marvela w latach 60., kiedy Stan odpowiadał za znacznie prostsze procesy, które jednak odcisnęły się zdecydowanie mocniejszym piętnem na współczesnej kulturze.

Dlatego krytycy mogą wytykać Lee, że jego późniejsze dokonania nie równają się z tym, co zrobił niegdyś dla Marvela i od dawna tylko żeruje na minionych sukcesach (albo pracy Kirby'ego i Ditko). Wystarczy jednak przyjrzeć się temu nieco bliżej, a otrzyma się portret artysty, który nadal tworzy nowe rzeczy mimo dziewiątego krzyżyka na karku, utrwalając przy tym swoje dziedzictwo jako jednego z najbardziej wpływowych twórców w historii Ameryk. Stan Lee nadal jest postacią kultową.

Podczas Cincinnati Comic Expo w 2016 roku w kolejce do Lee stało kilkaset osób, a jeszcze więcej czekało pod halą, licząc, że uda im się zobaczyć Stana i zdobyć jego autograf. Ludzie przesuwali się powoli korytarzem wydzielonym barierkami, usiłując opanować ekscytację, po drodze rozmawiali z innymi fanami, udzielała im się atmosfera kolektywnego przeżycia. Gdy nadchodziła ta wielka chwila spotkania z Lee, praktycznie każdy z nich był tak osłupiały, że nie potrafił wykrztusić ani słowa do swojego idola. Niektórym udało się wyszeptać krótkie „dzięki".

Na papierze może się to wydawać rozczarowujące, lecz samo znalezienie się w obecności Lee było dla nich zupełnie wystarczające. Po tym jak podpisał im plakat ze Spider-Manem albo komiks o Doktorze Strange'u, odwracali się od Stana z szerokimi uśmiechami, jakby odnieśli ogromne zwycięstwo. Gdy już wyszli z kolejki i nieco ochłonęli, fani od razu zaczynali wypatrywać bliskich albo przyjaciół, którzy im towarzyszyli i dzielili z nimi tę radosną chwilę, chcąc przypieczętować jej wzniosłość. Niektórzy uważali autograf Lee na ulubionym komiksie za kulminację ich życiowych doświadczeń z Marvelem i superbohaterami, którzy rozsławili wydawnictwo.

Biuro POW! Entertainment w Santa Monica można by pomylić z muzeum na cześć Lee. Jasne pomieszczenie zastawione jest półkami uginającymi się od błyskotek związanych ze Stanem, w tym lalkami i figurkami przedstawiającymi komiksową ikonę i dzieci jego wyobraźni. Na biurku siedzi nieco staroświecki Kapitan Ameryka, jakby namawiając odwiedzających, żeby się do niego nachylili. Wypchany Hulk broni monitora. Na ścianach wiszą obrazki z Lee – od grupowej fotografii z planu *Teorii wielkiego podrywu* do rysunku przedstawiającego Stana jako Clarka Kenta rozrywającego koszulę, pod którą, na jego piersi, kryje się czerwone „S". Na innym zdjęciu Lee i Joanie idą czerwonym dywanem podczas jakiejś hollywoodzkiej premiery, na kolejnym Stan ściska dłoń prezydenta Reagana. Ścianę za biurkiem zdobi spory Silver Surfer o głębokim, niebieskim odcieniu, śmigający na desce w morskie paski, jakby wyłaniał się prosto z betonowego muru.

Max Anderson, wieloletni asystent Lee i współzałożyciel Stan Lee Collectibles, opowiadał kiedyś o dniu, kiedy Stan i Joanie zaprosili go po raz pierwszy do domu. Poprosili go o wywiezienie tony pamiątek, które nazbierali przez kilkadziesiąt lat od przeprowadzki do Los Angeles. Stan chciał to wszystko wyrzucić. Anderson zdawał sobie sprawę ze znaczenia tych fragmentów składających się na przeszłość Lee i zachował te rzeczy. Później przedmioty pochodzące z tego nietypowego sprzątania zostały pokazane podczas Comikaze w ramach zaimprowizowanego muzeum Stana Lee. Anderson nie pozbył się ich po imprezie, trzymając pod kluczem z myślą, że może kiedyś uda się otworzyć stałą wystawę poświęconą Lee i jego spuściźnie.

Jako ktoś tak głęboko zanurzony w historię komiksu i popkultury, a także twórca zupełnie nowej wrażliwości narracyjnej, Lee doskonale zdawał sobie sprawę z wagi przeszłości. Tyle że nie uważał nostalgii za coś pożytecznego i użytecznego. Zwykle dziennikarze i fani zadają Stanowi mało oryginalne i proste pytania, chociażby o jego ulubionego bohatera albo o czym myślał, gdy przed dziesiątkami lat wymyślał wszystkie te postacie. Lee zawsze był uprzejmy dla prasy i grzecznie opowiadał raz po raz o genezie tego czy innego herosa, bo chciało je usłyszeć kolejne pokolenie dziennikarzy i czytelników. Ale on sam ciągle patrzył przed siebie, nieustannie wybiegał myślami ku kolejnemu pomysłowi czy projektowi i zapisywał wszystko, co przychodziło mu do głowy w notesikach, które jak zwykle nosił w przedniej kieszeni koszuli.

Podczas spotkania z Lee czuje się, że dawno już opuściło go nastoletnie pragnienie, żeby zostać aktorem i że wypielęgnował celebrycką osobowość, która umożliwiła mu przesadne akcentowanie nowojorskiej pozy, jaką wyrobił sobie za młodu. Lecz ta karykatura rozmywa się przy rozmowie w cztery oczy. Stan jest życzliwy i bywa zamyślony, odpowiada na pytania, jakby po tych wszystkich latach nadal nie mógł uwierzyć w swoje szczęście albo nie rozumiał, czemu setki, tysiące ludzi czeka, aby się z nim spotkać. Młodzieńcze, ożywcze podejście Lee do życia wydaje się naturalniejsze niż publiczne fanfaronady. Będąc grubo po dziewięćdziesiątce nie słyszy już tak dobrze jak dawniej, a w 2012 roku założono mu rozrusznik, który reguluje rytm jego serca, ale nadal udziela się publicznie, ciesząc się rolą duchowego przywódcy Uniwersum Marvela.

Zapytano go w 2016 roku, jak się czuje, mając świadomość, że swoim pomysłem na superbohatera ze skazą zainspirował całe pokolenia fanów i artystów. Lee zamyślił się na chwilę. „To niesamowite i cudowne uczucie, choć tak naprawdę nie mam zbytnio czasu, aby się nim cieszyć, lecz kiedy już go znajdę…". Głos mu się załamał. Ikony kreatywności nigdy nie przestają tworzyć. Lee nie postrzega świata przez pryzmat tego, co osiągnął w latach 60. Nie przestał wierzyć, że iskra jeszcze zabłyśnie, że zrobi coś nowego. Nieustannie spogląda ku przyszłości.

KONKLUZJA

AMERYKAŃSKA IKONA

Na końcu filmu *Kapitan Ameryka: Wojna bohaterów* (2016) kurier FedExu podjeżdża pod należącą do Stark Enterprises kwaterę główną Avengers. Puka w szybę i pyta: „Pan jest Tony Stark?". James „Rhodey" Rhodes, najlepszy przyjaciel Tony'ego, wskazuje na swojego kumpla i mówi: „To jest Tony Stark… Dobrze pan trafił. Dziękujemy!".

Kuriera gra Stan Lee. Był to jego dwudziesty dziewiąty epizod w filmie o superbohaterach. Scena ma humorystyczny wydźwięk i – co ważniejsze – akcentuje miejsce, które Lee zajmuje w Uniwersum Marvela. Przywieziona przez niego paczka zawiera list od Kapitana Ameryki do Iron Mana, który przekazuje mu zwierzchnictwo nad grupą, jednocześnie informując Starka, że zjawi się niezwłocznie, jeśli Ziemi będzie groziło niebezpieczeństwo. Występ Lee może wydawać się mało znaczący, ale jest to chwila dla filmu istotna, bo wskazuje kierunek dalszego rozwoju Uniwersum Marvela. Jak mówi Rhodes, postać Lee „dobrze trafiła", bo znalazła się w samym centrum akcji.

Luźna konwersacja pomiędzy Starkiem a Rhodesem stanowi znakomitą przeciwwagę dla poprzedniej sceny, gdzie Rhodey – weteran wojenny i War Machine – przechodzi rehabilitację i próbuje odzyskać pełnię władzy w nogach po tym, jak podczas superbohaterskiej potyczki uszkodzono mu kręgosłup. Pomimo dramatycznego wydźwięku można by pomyśleć, że dialog ten wyrwano z komiksu Lee z lat 60. Rhodes i Stark przerzucają się docinkami i żartują z siebie. Rhodey śmieje się: „Poproszę stolik dla jednej osoby dla pana Smarka, najlepiej tuż przy toalecie". A to przecież ton charakterystyczny dla Lee, dialog rozgrywa się w stworzonym przez niego świecie i osadzono go w tej samej scenie. Osobowość Stana przebija z każdego ujęcia. Udało mu się wypełnić zadanie wyznaczone mu przed laty przez Martina Goodmana, stworzył mu paru superbohaterów. Nikt jednak nie zdawał sobie sprawy, że w efekcie zrewolucjonizuje nowoczesny storytelling i amerykańską popkulturę.

Kiedy Stanley Lieber został Stanem Lee, ukrył tym samym prawdziwą tożsamość pod pseudonimem, który miał go ochronić przed szyderczym lekceważeniem, z jakim ludzie spoglądali na jego bezsensowną pracę w trywialnej branży. Lee opowiadał: „Zanim moja kariera rozpoczęła się na dobre, czyli przed Fantastyczną Czwórką, męczyłem się. Czułem, że nigdy do niczego nie dojdę. Nawet i potem wstydziłem się mówić, że zarabiam na życie pisaniem scenariuszy komiksowych. Wstydziłem się tego". Podobne poczucie niższości wywołane przeświadczeniem, że robi coś, co zupełnie nie ma znaczenia, prześladowało go przez dziesiątki lat.

Lee udało się jednak przezwyciężyć tę udrękę (nie bez znaczenia pozostają szturchańce od Joanie) i zaakceptować to, kim jest, i co mógłby stworzyć, gdyby zmienił podejście i nareszcie zaczął pisać to, na co ma ochotę. Następne swoje pomysły zaprezentował jednym z największych rysowników, jacy kiedykolwiek pracowali w branży komiksowej, a oni przenieśli je na papier, dając życie Fantastycznej Czwórce i Hulkowi, niedługo potem z niebios zstąpił Thor i niezliczone postacie otrzymały nadludzkie moce. Do nich dołączyli też niebawem niegodziwi złoczyńcy. Co znaczące, Lee stworzył zupełnie nietypowego superbohatera: nieco sztywnego nastolatka przytłoczonego problemami osobistymi, którego życie zmienia się całkowicie, gdy zostaje ugryziony przez napromieniowanego pająka. Narodził się Niesamowity Spider-Man.

Uniwersum Marvela nie rozpoczęło się od niego, lecz to Pająk przemówił wtedy do czytelnika najgłośniej. Tak jak i do Lee. „Spider-Man to ktoś więcej niż bohater z komiksu" – mówił. – To stan umysłu. Symbolizuje nasze skrywane marzenia, lęki i frustracje, które nękają nas wszystkich. Bo każdy ma jakieś sny na jawie, kiedy jest silniejszy, zwinniejszy i odważniejszy, niż kiedykolwiek mógłby być. Ale dla Spider-Mana podobne marzenia stały się rzeczywistością".

Spider-Man był zarzewiem komiksowej rewolucji, to dzięki niemu czytelnicy spojrzeli na superbohaterów z innej perspektywy. Nareszcie wydali się prawdziwi, mieli nogi z gliny, tak jak zwyczajni ludzie. Postacie Marvela posiadały emocjonalne słabości, musiały radzić sobie z ludzkimi uczuciami, a nie – jak chociażby Superman – podatnością na moc dziwacznych kosmicznych kamieni, na które natykali się różni źli kolesie. Na ostatnim kadrze *Amazing Fantasy* #15, czyli pierwszego komiksu o Spider-Manie, Lee napisał słynne słowa, że jego bohater „nareszcie zrozumiał, że na tym świecie z wielką mocą musi iść w parze wielka odpowiedzialność!". Patrząc na to, jaką popularność osiągnął Spider-Man i jakie miejsce zajmuje w kulturze amerykańskiej, już samo to zdanie wystarczyłoby, aby Stan został na zawsze zapamiętany jako ikoniczny scenarzysta.

Lee w krótkim czasie udało się stworzyć gęstą sieć powiązań pomiędzy superbohaterami i postaciami drugiego planu. Przyświecało mu założenie odtworzenia hipotetycznych scenariuszy na temat tego, jak zachowywaliby się ludzie obdarzeni niezwykłymi mocami żyjący w prawdziwym świecie. Jeszcze na długo przed tym, zanim dało się ocenić wpływ Lee na kulturę jako taką, lektura jego komiksów pozwalała docenić geniusz, dzięki któremu Era Marvela stała się faktem, a który wyrażał się w tym, jak bohaterowie ze sobą rozmawiali, co czuli i z jakimi wyzwaniami musieli się zmierzyć. Równanie to wydawało się nawet zbyt proste: skoro superbohaterowie są tacy jak ty, to i ty możesz być taki jak oni. Czytelnicy zareagowali entuzjastycznie na pomysły Lee i jego autorski stempel, który z czasem stał się osią popkultury.

Ale nie kończyło się na utalentowanych rysownikach, inkerach, liternikach i kolorystach, którzy współtworzyli te fantastyczne postacie i pisali interesujące fabuły, wpływ Lee sięgał dalej. Pełnił w Marvelu wiele istotnych funkcji i pracował nie tylko ze swoim stałym zespołem kreatywnym, redagował komiksy napisane przez innych, akceptował okładki i zarządzał pracą personelu zatrudnionego na etat oraz freelancerami, pilnując, aby wyrabiali się w terminach narzuconych przez branżę wydawniczą. Tym samym, zdając sobie sprawę, że jego obowiązki nie kończą się na robocie redakcyjnej, przyjął rolę rzecznika Marvela, początkowo na łamach prasy, a potem objeżdżając kraj (i świat), odwiedzał uniwersyteckie kampusy i występował na scenach. Opowieści o superbohaterach rozprzestrzeniły się na cały świat. Lee opowiadał je bez końca tym, którzy chcieli ich słuchać.

Przy różnych okazjach Lee zastanawiał się, czy przypadkiem superbohaterski szał nareszcie nie dobiegnie końca i nie będzie musiał zająć się innym gatunkiem, spodziewając się, że utrzyma się dotychczasowa cykliczność branży komiksowej, przewidująca jej wzloty i upadki. Z tej perspektywy twórcze aspekty tej pracy były mocno powiązane z finansowymi. „Gdyby Spider-Man się nie przyjął, to byśmy o nim zapomnieli – powiedział Lee. – Dla nas były to tylko scenariusze i wymyślaliśmy je, licząc, że się sprzedadzą i trzymaliśmy te tytuły, które schodziły lepiej niż inne".

Przemysł rozrywkowy nie jest wolny od kontrowersji i kryzysu, bynajmniej. Częstokroć wydaje się raczej, jakby to one – a nie talent czy sukces – napędzały popkulturę. Lee przez całe dekady borykał się z brakiem akceptacji, czy nawet potępieniem. Krytycy zarzucali mu brak autentyczności i skoncentrowanie się na swojej korzyści i sławie kosztem innych, którzy również powinni znaleźć się w centrum uwagi. Nawet i dziś antagoniści Lee wytykają mu, że jego ostatnie dokonania zorientowane są na łatwy zarobek, a nie stworzenie czegoś znaczącego. I oczywiście nadal wytyczone są wyraźne linie frontu pomiędzy Lee a zwolennikami Kirby'ego czy Ditko odnośnie do tego, kto miał większy udział w stworzeniu Uniwersum Marvela.

Marvel jako organizacja na przestrzeni lat stawał przed rozmaitymi wyzwaniami, lecz popularność Spider-Mana zwykle ratowała wydawnictwo. Lee chętnie promował bohatera, dzięki czemu firma pozostawała na popkulturowym radarze.

Wysiłek ten opłacił się podwójnie, bo umocnił pozycję Stana w tymże panteonie. Lecz zwykle mówi się o roli Lee jako tego, który pomógł komiksom osiągnąć prestiżowy status i zapewnił Marvelowi miejsce pośród największych światowych marek, zapominając przy tym o jego talencie scenopisarskim. Tak jak powieściopisarze i filmowcy, Stan sięgał i wyrywał całymi garściami z rzeczywistości, idąc z duchem czasu. Jako scenarzysta, robił to, co zwykle robią ikony kreatywności: ulepszał i szlifował swój warsztat, tym samym wypracowując zupełnie nowy styl, który wywarł ogromny wpływ na całą branżę. I świat.

Gdy pojawił się Spider-Man, Lee pracował przy komiksach od przeszło 20 lat. Do tej pory zdążył opracować proces produkcji fabuł, który wynikał z jego fascynacji dialogiem. „Kiedy tylko piszę jakąś historię – mówił – zwykle równocześnie recytuję dialogi na głos… Odgrywam je z takim uczuciem i emfazą, jaką mogę z siebie wykrzesać”. Każdy dobry scenarzysta zrozumie, co daje podobne podejście do pisania: „Muszą bowiem brzmieć naturalnie”. Owe innowacje – przywiązanie do realistycznego dialogu, zwracanie się bezpośrednio do czytelnika i pozwolenie mu na prześledzenie myśli bohatera przez dymki – stworzyły styl Marvela, a ten zdominował przemysł komiksowy i stopniowo rozprzestrzenił się na film, telewizję, literaturę i inne formy opowiadania.

Całe pokolenia rysowników, scenarzystów, aktorów i innych artystów czerpały inspiracje do działania i zachętę z uniwersum, któremu Lee dał początek i głos. O ile to nie on wymyślił samą koncepcję niedoskonałego bohatera (ktoś mógłby powiedzieć, że tacy byli jeszcze i przed Homerem), jemu pierwszemu udało się dotrzeć z tą wiadomością do całego pokolenia spragnionego czegoś zupełnie nowego. Fabuła opowiadająca o kujonie, który został herosem, brzmi jak coś całkiem prostego do ograniа, lecz Stan pozwolił czytelnikom spojrzeć z innej strony na to, co oznacza bycie bohaterem i kto może nim zostać. Podobne podejście przemówiło do ludzi i grono kupujących szybko się powiększało, czytelnicy chętnie wydawali pieniądze na komiksy o superbohaterach. Popularność Spider-Mana pozwoliła odkryć potencjał kryjący się w postaci herosa ze skazą. Poza tym Pająk trafił na stojaki z prasą w idealnym momencie, kiedy pokolenie baby boomers osiągnęło odpowiedni wiek. Optymistycznie patrzyło w przyszłość dzięki kadencji Johna F. Kennedy'ego i jego Camelotu. Wszystko to przyczyniło się do nastania drugiej złotej ery komiksu.

Nieważne, co mówią krytykanci, jest coś heroicznego w samym Lee. Tak jak inni, którzy przyczynili się do wykucia współczesnej amerykańskiej popkultury, Stan zaczął od zrewolucjonizowania swojej branży, co miało daleko idące konsekwencje. Lee stał się szaleńcem Marvela, rzecznikiem, majstrem-klepką od wszystkiego, twarzą komiksu od lat 60., człowiekiem, który chciał napisać Wielką Amerykańską Powieść, a osiągnął o wiele więcej. Bez wątpienia Lee to jedna z najważniejszych ikon kreatywności we współczesnej historii Ameryki.

SPIS TREŚCI